Peter Krassa und Reinhard Habeck

DIE PALMBLATT BIBLIOTHEK

und andere geheimnisvolle Schauplätze dieser Welt

Peter Krassa und Reinhard Habeck

DIE PALMBLATT BIBLIOTHEK

und andere geheimnisvolle Schauplätze dieser Welt

Augenzeugen
berichten

Mit 75 Fotos
und 13 Zeichnungen

HERBIG

Bildquellen

Fotos:

Archiv Autoren: 2, 4, 6, 7, 8, 9, 10, 11, 16, 17, 18, 19, 20, 21, 23, 25, 27a, 29, 30, 31, 32, 33, 34, 35, 36, 37, 38, 47, 48a, 49, 53a, 62, 64, 65, 71a, 73, Vor- und Nachsatz; Erich von Däniken: 43, 44, 45, 46, 68; Trude Stemmer-Steinhäuser: 7a, 12; Oliver Stummer: 15, 15a; »Sputnik«, Stuttgart: 41, 42; Roger Patterson: 50, 51; Walter-Jörg Langbein: 69, 72; Palmblatt-Bibliothek Vaithisvarankoil: 1; Walter Felser/Heidi Riefler: 3; Paul Uccusic: 5; Busty Taylor: 13; Julia Zimmermann: 14; Bulloz: 22; Walter Scott: 24; City of Birmingham Museums and Art Gallery: 26; The Chalice Well Trust, Glastonbury: 27; Rodenbach: 28; Institut für Grenzgebiete der Psychologie, Freiburg: 39; Österreichische Nationalbibliothek: 40; »Fortean Times«, London: 48; René Dahinden: 52; Eric Shipton: 53; Gordon Wiltsie: 54; American Museum of Natural History: 55; Carolino Augusteum Salzburg: 56; Magda Koeberle: 57; Hjalmar von Lex: 58; Fremdenverkehrsverband Grödig: 59; Werner Burger: 60; Georg Rieder: 61; Nova Scotia: 63; Communication and Informations Centre: 63a; Max Scherer/Vienna Report: 66; Gianni Bodini: 67; Ausilio Priuli: 70; Silvestris/ Breig: 71; Johannes Steinhäuser: 74; UPI: 75.

Zeichnungen:

Archiv Autoren (6); Mary Shackley (2); AKG; Emmanuel Anati; Robin Rector Krupp; Hildegard Pezolt; »Fortean Times«, London.

Vor- und Nachsatz: »Astronauti« nennt die einheimische Bevölkerung eine Felsgravur im Zurla-Gebiet vom Val Camonica in Italien. Die Ähnlichkeit der dargestellten Wesen mit modernen Raumfahrern ist verblüffend. Sie wird auch von renommierten Archäologen nicht bestritten.

Gedruckt auf chlorfrei gebleichtem Papier

Umschlagentwurf: Wolfgang Heinzel
Umschlagbild: Rainer Binder Photo-Conceptions, München
Satz: Schaber Satz- und Datentechnik, Wels
Gesetzt aus der 10½/12 Punkt September auf Scantext 2000
Druck: Jos. C. Huber KG, Dießen
Bindung: Großbuchbinderei Monheim
Printed in Germany 1993
ISBN 3-7766-1805-1

Die Zeit an einem Zipfel zu »fangen«,
ist deshalb so wichtig,
weil von ihrer auch nur ungefähren Kenntnis
und Definition alles andere abhängt:
das Schicksal, und das,
was wir Zufall nennen,
die Einsicht und Erkenntnis der Zusammenhänge,
die über und hinter der uns bekannten Welt
wirklich sind und uns
vor immer neue Rätsel stellen.

(G. R. S.)

Gewidmet unserem unvergessenen Freund
und Mitstreiter, dem Schriftsteller
GERHARD R. STEINHÄUSER (1920–1989).
Auch ihn hätte die Thematik des Buches inspiriert,
denn die sichtbare Welt war ihm nicht alles ...

Dank

zu sagen jenen, die auf vielfältige Weise am Zustandekommen des vorliegenden Buches mitgewirkt haben, ist uns ein besonderes Anliegen.
Das gilt vor allem für Gretl Außerbichler, Dipl.-Psych. Eberhard Bauer (Institut für Grenzgebiete der Psychologie Freiburg), Erich von Däniken, Jörg Dendl, Dr. H. Dietrich (Institut für Meteorologie und Geodynamik Frankfurt/M.), Walter Ernsting, Walter Felser, Dr. Dipl.-Phys. Johannes Fiebag, Dipl.-Hdl. StR. Peter Fiebag, D. Greinwald (Deutsche Geophysikalische Gesellschaft e.V. Hannover), Prof. Dietmar Grieser, Ingrid Grömling, StR. Willi Grömling, Dr. Elmar R. Gruber, Dipl.-Ing. Dr. Karl Grün, Trude Hayer, Rainer Holbe, Gertraud Illmeier, Holger Kersten, Dr. Alexander Keul (Universität Salzburg), Prof. Dr.-Ing. Karl-Rudolf Koch (Deutsches Geodätisches Forschungsinstitut Bonn), Magda Koeberle, Karl Kovalcik, Walter-Jörg Langbein, Hjalmar von Lex, Ernst Meckelburg, Prof. C. Natavajan (Palmblatt-Bibliothek Vaithisvarankoil), C. Poosa Muthu (Nadi-Astrologe der Palmblatt-Bibliothek Vaithisvarankoil), Ferry Radax, Maria Reitinger (Fremdenverkehrsverband Grödig), Georg Rieder, Heidi Riefler, Hans-Werner Sachmann, Prof. Eva-Maria Sage, Johannes Steinhäuser, Trude Stemmer-Steinhäuser, Oliver Stummer, Dr. Lore Telsnig (Carolino Augusteum Salzburg), Andrea Weiß, Dr. Irene Wicher (Institut für Indologie Wien) und Julia Zimmermann. Nicht vergessen sei auch unser »guter Geist« im hektischen Verlagsgetriebe – Anneliese Blaumeiser.
Großen Dank schulden wir unserem Verleger Dr. Herbert Fleissner sowie seiner sehr um uns bemühten Verlagsleiterin Dr. Brigitte Sinhuber. Beide ermöglichten schließlich die Her-

ausgabe des Buches. Last but not least danken wir unserem stets kooperativen Lektor Hermann Hemminger für sein offenbar nie erlahmendes Engagement für die von uns vertretene Thematik. Er verstand es zudem überaus geschickt, den Autoren die Idee zum Inhalt ihres Buches als Floh ins Ohr zu setzen.

Peter Krassa
Reinhard Habeck

Inhalt

Prolog

Kennen Sie Ihr künftiges Schicksal? Wissen Sie konkret, was an Gutem oder Unangenehmen in den nächsten Jahren und Jahrzehnten Ihr Dasein bestimmen wird? Ist Ihnen Ihr genauer Todestag, der Zeitpunkt Ihres Ablebens geläufig? Können Sie sich vorstellen, daß dies alles vor Jahrtausenden bereits von jemandem gewußt und niedergeschrieben worden ist?
Sie schütteln ungläubig den Kopf? Tun Sie es lieber nicht, denn das hier Behauptete kann unter gewissen Voraussetzungen unwiderlegbar nachgewiesen werden. Das ist kein astrologischer Humbug aus der Regenbogenpresse. *Sie selbst* können der Sache jederzeit auf den Grund gehen. Hierfür ist nur eines erforderlich: zu verreisen. In den Fernen Osten – nach *Indien.* An bestimmten Orten und bestimmten Stätten finden Sie dort Ihr gesamtes Leben fein säuberlich vermerkt: vom Augenblick der Geburt bis hin zur Sterbestunde. Wiedergegeben in einer präindischen Sprache, die heute nur noch von einheimischen Priestern und besonders Ausgebildeten gelesen und verstanden werden kann. Abgelegt ist alles in einem Indexband, auf jeweils zwei Palmblättern, die mit alttamilischen Schriftzeichen übersät sind – Bestandteil sogenannter *Palmblatt-Bibliotheken,* von denen im indischen Raum etwa ein Dutzend existieren. Sie alle werden auf jene ursprüngliche Sammlung beschrifteter Palmblätter zurückgeführt, die vor 5000 Jahren von einem weisen Inder angelegt worden war.
Dieser wundersame Mann hieß *Bhrigu* und wird – mythologischen Überlieferungen zufolge – der legendären Gruppe der sieben heiligen *Rishis* zugezählt. Die spirituelle Macht dieser Rishis soll selbst jene der Götter Indiens übertroffen haben. Bhrigu, auch unter dem Namen *Vashista* bekannt, findet in

den heiligen Schriften des Landes – den *Veden* – ausdrückliche Erwähnung. Er gilt als der Stammvater der *Bhrigus,* eines Geschlechts, hinter welchem besonders befähigte Flugkonstrukteure vermutet werden müssen – werden doch jene Bhrigus von altersher als »Luftgötter« sowie als die Erbauer der *Himmelswagen* angesehen.
Woher nahm Bhrigu sein Wissen, das es ihm ermöglichte, den Ablauf des Lebens bestimmter Personen zu erkennen und auch schriftlich festzuhalten? Dem Vernehmen nach aus einer recht mysteriösen Quelle – der sogenannten *Akasha-Chronik.* Dieses Gebilde, vor allem im indischen Raum ein esoterisch-religiöser Begriff, wird in diesen Kreisen als »Weltgedächtnis« bezeichnet. Sowohl Vergangenheit als auch Gegenwart und Zukunft unseres Planeten sollen darin – vom Anbeginn der Welt bis zum Jüngsten Tag – angeblich »eingefroren« (modern gesagt: *gespeichert*) sein.
Die Akasha-Chronik ist kein Buch, keine Sammlung beschrifteter Blätter, sondern am ehesten mit einem Videoband vergleichbar, welches – allerdings unsichtbar – unsere Erde umgibt und alles enthält, was die endlose Zeitebene an Ereignisreichem für diesen Globus vorgesehen hat. Der Inder Bhrigu fand vor Jahrtausenden (auf welche Weise, das wissen die Götter) einen Weg, das »Akasha-Video« anzuzapfen und dadurch das Geschick jener Menschen in Erfahrung zu bringen, die zu irgendeiner Zeit in naher und ferner Zukunft eine der zwölf Palmblatt-Bibliotheken besuchen würden, um dort diese »Orakel des Unglaublichen« nach ihrem Lebensweg zu befragen.
Aber Indien ist nicht der einzige geheimnisvolle Schauplatz der Welt.
Wer kennt sie nicht, die Kreuzigung *Jesu* auf Golgatha? Unzählige Fresken, Ikonen und Gemälde zeigen diese historische Hinrichtungsstätte. Sie ist mit Sicherheit das bekannteste christliche Motiv überhaupt und kann auch über dem Hauptaltar der katholischen Klosterkirche von *Desani* im südjugoslawischen Kosovo-Metohija besichtigt werden. Es ist allerdings

nicht irgendein Bildnis, welches uns dort aus dem 14. Jahrhundert erhalten geblieben ist. Vielmehr zeigt es eine absolut ungewöhnliche Darstellung, die bislang in ihrer Bedeutung nicht erklärt werden kann: Zwei *bemannte* tropfenförmige Flugobjekte fliegen über dem Kreuz Christi hintereinander in östlicher Richtung. Aus dem Heck der Luftfahrzeuge schlagen stilisierte Flammen. Sollte es sich dabei um *Düsenaggregate* handeln? *»UFOs«* über Golgatha?

Das hier Dargestellte ist ebenso unfaßbar wie jenes Szenarium, das uns auf einem Gemälde in *Cambridge* entgegentritt. Das bewußte Bildnis entstand vor zwei Jahrhunderten und ist das Werk eines *Rembrandt*-Schülers. Es zeigt die Taufe Jesu im Jordan durch Johannes den Täufer. Was aber soll in diesem Zusammenhang der riesige Diskus bedeuten, der über dem allen schwebt und die Menschengruppen unter ihm in einen *Strahlenmantel* hüllt?

Schauplatzwechsel: Wer veranlaßte vor Tausenden von Jahren den biblischen Volksführer *Moses,* die ersten fünf Bücher des Pentateuchs (im Alten Testament) nach ganz bestimmten Anweisungen niederzuschreiben und dafür einen *Code* zu benützen, der erst jetzt, im Computerzeitalter, erkannt und nunmehr auch entschlüsselt werden konnte? Muß, ja *kann* dahinter ein göttliches Wesen ernsthaft vermutet werden?

Existiert auf unserem Planeten eine weltweit tätige Organisation, eine Art Geheimdienst – keiner Regierung hörig, mit Agenten, die sich ihrer Aufgabe zuweilen mit terroristischen Methoden entledigen? Deren Kleidung auffallend einheitlich zu sein scheint und die unter der Bezeichnung *»Männer in Schwarz«* vor allem in ufologischen Kreisen panisches Entsetzen hervorrufen.

Bleiben wir im Lande: Werden Bayerns Straßen seit Jahrzehnten durch einen rätselhaften Spuk verunsichert – einem Phantom in der Gestalt eines alten Weibes, das sich von arglosen Autofahrern gerne ein Stück Weges mitnehmen läßt, dabei dann Schlimmes prophezeit und während der Fahrt spurlos aus dem Fond des Wagens verschwindet? Welches erregende

Geheimnis umgibt den sagenhaften *Untersberg* an Bayerns Grenze nach Salzburg? Sein zu einem großen Teil noch unerforschtes Höhlensystem scheint in eine unbekannte unterirdische Welt zu führen, wo seltsame Wesen existieren und viele Bergwanderer mit unheimlich anmutenden Erlebnissen konfrontiert wurden.
War es wirklich die heilige Jungfrau *Maria,* die in den fünfziger Jahren in einem kugelförmigen Flugobjekt vom Himmel kam? Eine Erscheinung, die es bewirkte, die burgenländische Ortschaft *Eisenberg* in Ostösterreich zu einer Wallfahrtsstätte zu erheben.
Gibt es in Südtirol einen *»magischen«* Berg, der zu bestimmten Jahreszeiten von einer farbenprächtigen Aura umgeben ist – ein Phänomen, das bisher kein vergleichbares Gegenbeispiel gefunden hat? Ist Magie auch bei jenen Menschen im Spiel, die die außergewöhnliche Fähigkeit besitzen, mit ihren Blikken – gleich den Röntgenstrahlen – *jedes Hindernis* zu durchdringen? Solche und ähnlich provokante Fragen werden in diesem Buch gestellt und durch wahre Begebenheiten belegt. Augenzeugen berichten aus eigenem Erleben. *Nichts davon* verstößt gegen die Gesetze der Natur, sondern steht lediglich im Gegensatz zu dem, was wir bisher von ihr *wissen.*
So breitet sich vor dem Leser eine Palette wundersamer Ereignisse aus, wie sie in ähnlicher Fülle wohl noch kaum vorgelegt werden konnten. Er gewinnt somit einen ungeahnten Einblick in die Welt des Übersinnlichen, wo Unglaubliches zur Wirklichkeit wird.

Peter Krassa,
Reinhard Habeck

1 Die Palmblatt-Bibliothek

Indiens Orakel des Unglaublichen

Da stand ich also vor dem Ziel meiner anstrengenden Reise quer durch Indien – vor einem einstöckigen Gebäude in einem Nest mit Namen Vaithisvarankoil im südindischen Bundesstaat Tamil Nadu. Einem unansehnlichen Bauwerk mit einem aus Palmblättern geflochtenen und durch Bambusstangen abgestützten Vordach über dem schmalen Eingang. Nie und nimmer hätte ich dahinter jene legendäre Hinterlassenschaft vermutet, um derentwillen ich die körperlich strapaziöse Tour in das von Moslems und Hindus besiedelte riesige Land im Fernen Osten überhaupt unternommen hatte. 900 Millionen Menschen, deren Anzahl sich jährlich um fünf Millionen vermehrt, drängen sich auf 3,25 Millionen Quadratkilometern um die immer dürftiger werdende Futterkrippe. Hungersnot und Armut kennzeichnen die augenblickliche Situation Indiens, und Aufruhr mit Mord und Totschlag tun ihr übriges. Solchen Unbillen war unsere elfköpfige Reisegruppe glücklicherweise nicht ausgesetzt gewesen, hatten wir doch ganz anderes im Sinn.

»Da sind wir also«, rang sich auch unser rühriger Reiseleiter einen Stoßseufzer von der Seele, als wir in kleiner Besetzung (die Besucherfahrt nach Vaithisvarankoil war gedrittelt, somit auf drei Tage aufgeteilt worden) aus dem Taxi stiegen. Da waren wir also und endlich am Ziel unserer Wünsche angelangt. 26 Kilometer Fahrt über leidlich gute Straßen hatten uns – vom Hotel in Chidambaram aus berechnet – lediglich eine Stunde Wegzeit abverlangt, und voll neugieriger Erwartung stapften wir über die staubige Fahrbahn, die sich hochtrabend als »West Car Street« ausgab, jenem Haus entgegen, in dem wir mit großer Wahrscheinlichkeit die folgenden Stunden bis zum Abend verbringen würden. Dort stand uns eine

Begegnung bevor, welche erst der entscheidende Anlaß gewesen war, das »Abenteuer Indien« zu wagen:
Die geheimnisvolle Palmblatt-Bibliothek.
Ich hatte in den Jahren zuvor so manches darüber vernommen. Aber die Informationen waren durchweg unzureichend gewesen. Sie stammten aus zweiter und dritter Hand und waren schon deshalb nicht »das Gelbe vom Ei«. Mein Entschluß, der Sache auf den Grund zu gehen, um Klarheit zu gewinnen, reifte erst, als ich über diese außergewöhnliche bibliothekarische Einrichtung Näheres in einer TV-Sendung erfuhr. *Holger Kersten,* ein bekannter Reiseschriftsteller, dessen Jesus-Bücher ich mit großem Interesse gelesen hatte, war Gast in Rainer Holbes SAT-1-Reihe »Phantastische Phänomene« gewesen und hatte dort über einen Besuch einer Palmblatt-Bibliothek sehr anschaulich berichtet. Bei mir fiel endlich »der Groschen«. Von dieser Minute an stand es für mich fest: Dort mußte ich hin!
Und jetzt war ich wirklich da. Alle Anstrengungen (es sollten nicht die letzten gewesen sein) hatten sich gelohnt – ich gehörte zu den Glücklichen (oder soll ich sagen: Auserwählten?), denen es bestimmt worden war, dieses Orakel der Jetztzeit persönlich in Augenschein zu nehmen, um mein noch im Nebel der Zukunft verborgenes Lebensschicksal zu erfahren.
Unser Kommen war bereits Tage zuvor angemeldet worden (der Andrang zur Bibliothek, nicht zuletzt durch einheimische Besucher, ist enorm) – durch unseren Reiseleiter: jenen Holger Kersten, dessen Fernsehauftritt mich schließlich animiert hatte, indischen Spuren zu folgen. Am Eingang des Gebäudes erwarteten uns einige Hausbewohner, die offenbar zum Mitarbeiterstab der Palmblatt-Bibliothek gehörten. Wie an allen geweihten Stätten Indiens, wurden wir auch hier veranlaßt, uns der Schuhe zu entledigen und barfuß oder in Strümpfen die Räume zu betreten: Man geleitete unsere kleine Gruppe (sie bestand neben Kersten aus einer Dame sowie einem Herrn aus Bad Wörishofen – zwei erfahrenen Heil-

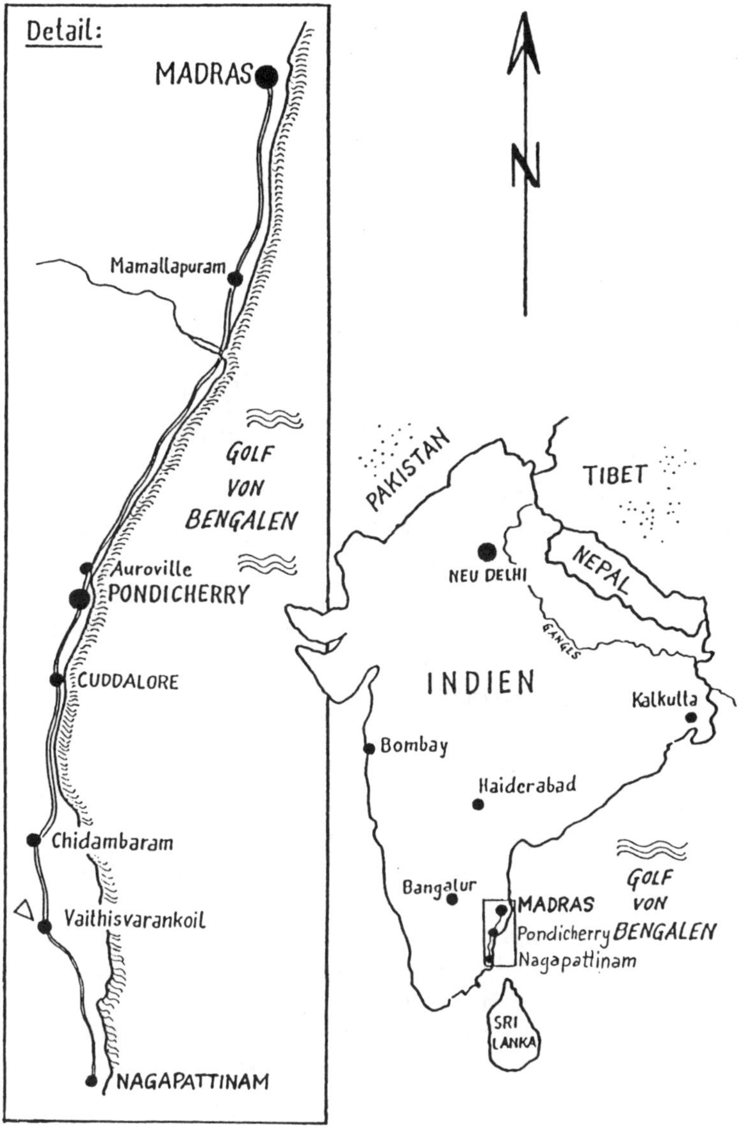

Gesamtüberblick Indiens sowie (links eingerahmt) Peter Krassas Reiseroute zur Palmblatt-Bibliothek in Vaithisvarankoil (Pfeil).

praktikern – und aus mir) in ein Zimmer, dessen einziges Inventar aus mehreren Fotografien bestand, die gleichmäßig verteilt an den Wänden hingen. Die Stirnseite der Räumlichkeit zierte das Porträt des »Vashistar« – des Priesters und Verwalters der Palmblatt-Sammlung. Es sollte nicht lange dauern, da bekamen wir ihn persönlich zu sehen. *Poosa Muthu*, so sein Name, betreut aber nicht nur den bibliothekarischen Nachlaß – er ist auch Herr jenes Tempels, der sich nur unweit von dem Gebäude befindet, wo wir nunmehr als Gäste empfangen wurden.

Um den Leser nicht länger im unklaren zu lassen, was es mit dem kostbaren Inventar des Hauses – der ominösen Palmblatt-Bibliothek – auf sich hat, möchte ich hier auf die »Eigenarten« dieser wahrscheinlich einzigartigen Sammlung näher eingehen. Sämtliche Palmblatt-Bibliotheken Indiens (und es gibt, wie mir Holger Kersten bestätigte, an die *zwölf* im Land) gründen sich auf die Ur-Aufzeichnungen eines Inders, dessen Weisheit sämtliche indischen Legenden überliefern, und dem es möglich wurde, die erste nur aus Palmblättern bestehende Bibliothek vor *5000* Jahren anzulegen. *Bhrigu*, wie sich jener Urahne nannte – auch unter dem Namen *Vashista* geläufig (wovon sich offensichtlich die priesterliche Bezeichnung »Vashistar« ableitet) –, besaß die unglaubliche Fähigkeit, sich Einblick in den Lebenslauf von -zigtausend Menschen zu verschaffen und deren Schicksal, vom Zeitpunkt der Geburt bis hin zur Todesstunde, zu erfahren. Er zeichnete alles auf, in einer damals geläufigen, heute nur noch einigen Priestern und Eingeweihten geläufigen Sprache – dem Alt-Tamil –, und zwar auf Tausenden von Palmblättern. Ob die Originale noch existieren, entzieht sich meiner Kenntnis, aber seither wurde das Niedergeschriebene vielfach kopiert und auf andere Palmblätter übertragen. Das Schicksal von etwa 80 000 Personen soll Bhrigu bzw. Vashista schriftlich der Nachwelt erhalten haben – nachzulesen auf sechs Zentimeter breiten und 50 Zentimeter langen getrockneten Niederschriften – in Versform. Bei dem Betrachten der Palmblätter fällt

auf, wie dünn dieses Material eigentlich ist. Jedes einzelne Blatt ist übersät mit Schriftzeichen, die millimetergroß gemeinsam mit »Mantras« (das sind Beschwörungsformeln aus den indischen Veden) seine gesamte Fläche beanspruchen.
Das Ungeheuerliche an der Sache ist die Behauptung, wie sie Überlieferungen und indische Tempelpriester übereinstimmend wiedergeben, wonach nur jene Wißbegierigen ihr Lebensschicksal in einer der Palmblatt-Bibliotheken in Erfahrung bringen können, die dort *persönlich* vorstellig werden. *Postalische* Voraussagen durch sogenannte *Nadi*-Leser (jene Ausgebildeten, die die alt-tamilische Sprache beherrschen und vom Palmblatt für den Bibliotheksbesucher spontan wiedergeben) *gibt es nicht.* Die Verwaltung der alten Dokumente wird von den Priestern sehr ernst genommen. Zumeist sind jene Palmblätter schon seit Jahrhunderten im Besitz der immer gleichen Familie und vererben sich nach dem Tod der Väter automatisch auf die Priestersöhne weiter. Natürlich stellt sich in dem Zusammenhang automatisch die Frage, woher Bhrigu/Vashista seine geradezu universellen Kenntnisse genommen hat. Die Antwort ist mindestens genauso mysteriös. Angeblich besaß der Inder Einblick in die sogenannte *Akasha*-Chronik – einem nicht weniger mysteriösen Gebilde, das keinesfalls mit einem Buch verwechselt werden darf. Die Akasha-Chronik ist nämlich *unsichtbar.* Sie umspannt unseren Planeten, wenn man es zeitgemäß erklären will, gleich einem *Videoband!* Das darauf »gespeicherte« Wissen (nach prä-indischer Meinung handelt es sich dabei um das eigentliche »Weltgedächtnis«) ist aber – sofern das entsprechende Know-how existiert – *abrufbar,* genauso wie bei einem modernen Computer.
Bei soviel mythologischem Ballast scheint es mir angebracht, vorerst wieder in die Jetztzeit bzw. in die jüngere Vergangenheit zurückzukehren.
Wer seiner Schicksalsoffenbarung in einer dieser Palmblatt-Bibiotheken beizuwohnen gedenkt, muß sich vorerst einmal bestimmten Zeremonien unterwerfen. Was auch uns widerfuhr.

Wasser, Feuer und heilige Asche (in die hohlen Handflächen gestreut und danach eigenhändig gegen die Stirn gedrückt) leiteten die rituelle Handlung ein. Kurz davor hatte Poosa Muthu den Raum betreten und die Weihe mit lautem Gebet eingeleitet. Sein hinter ihm gehendes Gefolge war aber nicht nur mit dem Austeilen der Asche befaßt, sondern auch damit, aus mehreren Töpfen jeweils einen Löffel voll gesalzenen Reisbrei jedem Besucher zu offerieren. Dabei darf der Beteilte lediglich die *rechte* Handfläche benützen – es mit der linken zu tun, gilt in Indien als unschicklich und beleidigend. Die linke Hand wird zwar für alles mögliche, aber nicht zur Essensaufnahme herangezogen. Sie »ersetzt« das in ärmeren Kreisen unbekannte Toilettenpapier.
Die Verteilung des Reisbreies kann durchaus mit dem christlichen Ritus der heiligen Kommunion gleichgesetzt werden – ist also, wie das christliche Sakrament, rein symbolisch zu werten. Während wir unsere zeremonielle Mahlzeit verzehrten, hatte sich der Priester in einen Nebenraum begeben, wo er vor einem altarartigen Aufbau, welcher sich in einer farbenfrohen Blütenpracht präsentierte, seine Gebete mit lauter Stimme verrichtete. Dann folgte der nächste Abschnitt des Zeremoniells. Poosa Muthu trat dabei nicht mehr in Erscheinung. Wir wurden nunmehr von Professor *Natavajan,* dem Bibliotheksdolmetscher, sowie einigen seiner Assistenten höflich begrüßt. Man bat uns, auf einem bereitgestellten Bogen Papier Name, Anschrift sowie Datum und Stunde der Geburt niederzuschreiben, und vergaß auch nicht, ein Stempelkissen beizusteuern. Dieses Requisit erwies sich als unumgänglich. Um unter den Tausenden im Bibliotheksarchiv aufbewahrten Palmblättern das jeweils richtige herauszufinden, benötigen die priesterlichen Helfer von jedem Besucher den Abdruck des rechten Daumens. Wieweit dies ausreicht, um die Suche zu beschleunigen bzw. zu erleichtern, vermag ich nicht zu beantworten – in jedem Fall bekam ich eine ungefähre Vorstellung davon, wie das mit den Fingerabdrücken auf den Verbrecherkarteien unserer Kriminalpolizei vor sich geht.

Mit blauen Daumenkuppen versehen, bat man unsere kleine Gruppe nach der Beendigung dieser Formalitäten in das oberste Stockwerk des Gebäudes. Man führte uns auf eine Terrasse, die ebenso wie jener Sonnenschutz über dem Hauseingang mit einem kunstvoll gefertigten Geflecht aus Palmblättern überdacht worden war, welches durch ein Bambusgestänge im Gleichgewicht gehalten wurde. An einem Tisch mit einer breiten Marmorplatte nahmen wir Platz und deponierten darauf unsere Schreibblöcke, Kulis, Diktiergeräte und Tonbandkassetten. Ehe die eigentliche Handlung eingeleitet wurde – jeder einzelne der Gruppe wurde nach bestimmten persönlichen Angelegenheiten befragt, durfte aber die Fragen nur mit »ja« oder »nein« beantworten –, hatten wir Gelegenheit, die Fotoapparate zum Einsatz zu bringen und einige lohnende Aufnahmen zu machen. Zwischendurch wurden Höflichkeiten mit unseren Gastgebern ausgetauscht.
Im übrigen war es keineswegs selbstverständlich gewesen, als Besucher der Palmblatt-Bibliothek auf die Dachterrasse gebeten zu werden. Dieser Vorzug wurde in erster Linie deshalb gewährt, weil wir Gäste aus dem fernen Europa waren. Einheimische müssen sich in der Regel mit einem Warteplatz vor der Haustür begnügen, was bei der gegen Mittag zunehmenden Hitze nicht vergnüglich sein dürfte. Wir hingegen genossen die hier oben herrschende angenehme Temperatur und die kühle Brise, welche von mehreren im Raum verteilten Ventilatoren erzeugt wurde. Selbst in einem »milden« Monat wie im Februar, den wir bewußt für den Indien-Trip ausgewählt hatten, klettert die Quecksilbersäule um die Tagesmitte auf gut 30 Grad im Schatten.
Die vormittäglichen Stunden waren ausgefüllt mit der Befragung meiner beiden Begleiter und mir. Danach wurden wir (einschließlich unseres Reiseleiters Kersten) zu einem vegetarischen Mittagessen auf der Bibliotheks-Terrasse eingeladen, was ebenfalls als eine besondere Auszeichnung durch unsere Gastgeber anzusehen war. Für unfreiwillige Unterhaltung sorgten zwei vorwitzige Äffchen, die hier in freier Wildbahn

leben und, nachdem sie unvermittelt über den Dachstuhl des Hauses hereingeturnt waren, sich frech daran machten, eine für uns vorbereitete Schüssel mit Reisbrei in Beschlag zu nehmen und ihren Inhalt zu verzehren. Versuche des Personals, sie daran zu hindern, beantwortete das geschwänzte Diebsgesindel mit grimmigem Zähnefletschen. Erst am frühen Nachmittag begann die eigentliche Vorlesung aus dem Palmblattbestand der Bibliothek.

Dazu erschien der hierfür zuständige Experte, Professor Natavajan. In seiner Begleitung befand sich ein Assistent, der ausersehen war, das eigentliche Leseritual vorzunehmen.

Sämtliche Palmblätter sind mit alt-tamilischen Zeichen beschriftet. Um Schicksalsprophezeiungen zu erhalten, ihren Inhalt zu bewahren, ist es erforderlich, etwa alle 800 Jahre die alten, brüchig gewordenen Dokumente zu erneuern. Das geschieht auf die Weise, indem man das Aufgezeichnete auf frische Palmblätter überträgt. Für jeden Wißbegierigen, der eine dieser Bibliotheken aufsucht, sind zwei Palmblätter reserviert: Auf dem einen ist das bisherige Leben und natürlich Name und Tätigkeit des Betreffenden verzeichnet, außerdem kann man darauf auch erfahren, in welchen Inkarnationen er in seinen Vorleben auf Erden weilte. Treffen die Angaben tatsächlich zu, kommt das zweite Palmblatt zu seiner Bedeutung. Der Besucher erhält Bescheid über seinen zukünftigen Lebenslauf. Es ist jedem überlassen, nur darüber etwas zu erfahren, was er ausdrücklich erfahren will. Im Extremfall sämtliche Ereignisse bis zum Jahr seines Todes.

»Bhrigu Santa« nennt man in Indien diese Zukunftsschau. Abgeleitet wird sie von dem indischen Rishi Bhrigu, dessen Weisheit es ihm vor fünf Jahrtausenden ermöglichte, nach jahrelanger *Meditation* Einblick in die ominöse »Akasha-Chronik« zu erhalten, wo unser aller Schicksal vom Anfang bis zum Ende dieser Welt enthalten sein soll.

Professor Natavajan hatte mich und meinen Lebenslauf für die erste Vorlesung bestimmt. Monoton begann sein Assistent in alt-tamilischer Sprache abzulesen. Es klang für meine Oh-

ren wie eine Gebetslitanei irgendwelcher Andachten in christlichen Kirchen.
Unser diplomierter Dolmetscher übersetzte übrigens simultan ins Englische. Ein Englisch allerdings mit für europäische Ohren ungewohntem harten einheimischen Akzent.
Schon auf meinem Flug nach Indien hatte ich mich entschlossen, mir mein gesamtes, zukünftiges Leben – und alles Schicksalhafte, was sich darin ereignen würde – vorzeitig mitteilen zu lassen. Ich wollte einfach alles wissen, ging deshalb auch das nicht unbedenkliche Risiko ein, sogar mein Todesjahr zu erfahren. Was ich in der nachfolgenden Stunde zu hören bekam, hat mich nicht enttäuscht. Dabei muß durchaus berücksichtigt werden, daß sich das Prophezeite auf den Palmblättern sehr oft einer bildhaften Sprache bedient. So wurden mir beispielsweise Erfolge mit künftigen Publikationen angekündigt, die sich vor allem auf *spiritueller* Ebene abzeichnen würden. Da ich mich bisher kaum mit rein esoterischen Themen befaßt habe und mein Interessensgebiet auch nicht unbedingt dort angesiedelt ist, deute ich das Vorausgesagte durchaus nicht in so engem Rahmen. Andererseits war ich überrascht, von einer diesbezüglichen späteren Tätigkeit auf schriftstellerischer Ebene zu erfahren, hatte ich doch längst ins Auge gefaßt, mein nächstes Buchvorhaben im indischen Raum anzusiedeln. Ist wirklich alles vorbestimmt?
Von einigem Interesse war für mich die Ankündigung, bald auch *politische* Biographien sowie Beiträge dieser Art zu verfassen. Etwas, woran ich bislang nicht gedacht hatte. Aber wer weiß denn schon, was ihm auf seinem Lebensweg an Unvorhergesehenem widerfahren wird? Das gilt auch für den Zeitpunkt meines vorhergesagten Todes. Gerade diese Wißbegierde kann für labilere Charaktere zu einem Bumerang werden. Nicht jedem ist es gegeben, unbefangen zur Kenntnis zu nehmen, *wann* er mit seinem Ableben zu rechnen hat. Für den Betroffenen kann das unter Umständen zu einer psychischen »Sperrschranke« werden, zu einem Problem, dem er vielleicht nicht gewachsen ist. Mit dem Bewußtsein, ja der

Last weiterleben zu müssen, das Jahr seines Todes zu kennen – selbst wenn man die Ankündigung negiert, sie einfach nicht zur Kenntnis nehmen will –, das alles kann in der Folge durchaus zu einer letztlich unüberbrückbaren Bürde im täglichen Existenzkampf werden und zu tragischen Entwicklungen führen. Wohl mit ein Grund, weshalb es manche Besucher der Palmblatt-Bibliotheken wohlweislich vermeiden, bis zur äußersten Konsequenz zu gehen.

Was mich betrifft, behaupte ich keineswegs, gegenüber solchen seelischen Belastungen immun zu sein. Ich war mir im Gegenteil von Anfang an bewußt, was da unter Umständen über mich hereinbrechen könnte. Wie würde ich reagieren, sollte mir womöglich nur noch eine kurze Lebensspanne beschieden sein? Wie würde ich eine derart schockierende Enthüllung verkraften? Würde ich versuchen, sie zu verdrängen? Alle diese Gedanken beschäftigten mich bereits, ehe ich die Palmblatt-Bibliothek in Vaithisvarankoil wirklich betrat. Dann aber stand mein Entschluß unwiderruflich fest: Ich wollte es wissen! Meine Neugier, hinter die Geheimnisse des Lebens blicken zu können, auch das verschleierte Unbekannte in Erfahrung zu bringen, war größer als jede Vorsichtsmaßnahme. Es zerstreute meine Bedenken.

Mein irdisches Dasein scheint vorderhand gesichert. Jedenfalls wurden mir via Palmblatt 77 Lebensjahre konzediert. Womit mir noch 22 Jahre Zeit bleiben, meine Träume zu verwirklichen. Mein irdisches Dasein, erfuhr ich weiter, würde ich – und das erscheint mir wirklich bemerkenswert – in Indiens spirituellem Zentrum *Sri Aurobindo* beschließen; einer heiligen Stätte Ashrams in der Nähe der Küstenstadt Pondicherry. Dieses Zentrum leitet zur Zeit Indiens größter geistiger Führer – *Sri Madhav Pundalik Pandit.*

Kann, ja *darf* man Voraussagen wie jene, die mir in der indischen Palmblatt-Bibliothek geoffenbart wurden, ernst nehmen? Muß man an sie »glauben«? Das scheint Sache der persönlichen Einstellung und ist von jedwedem Betroffenen allein nach eigenem Ermessen zu beantworten. Was mich betrifft, habe ich mich darauf eingestellt, die kommenden Ereignisse abzuwarten, das mir auferlegte Schicksal aufmerksam zu *beobachten.* Bewahrheiten sich die mir gemachten Prophezeiungen des »Orakels des Unglaublichen«, dann war meine Reise nach Indien nicht vergeblich. Dann hat es sich wirklich gelohnt, die Palmblatt-Bibliothek aufzusuchen. Erweist sich hingegen alles bloß als fromme Lüge, verbleibt mir zumindest die Genugtuung, eine (weitere) lehrreiche Erfahrung für das Leben gemacht zu haben.

Die Vorleseprozedur im Hause des Priesters Poosa Muthu dauerte faktisch einen ganzen Tag. Um neun Uhr vormittags waren wir in Vaithisvarankoil angekommen – erst gegen 18 Uhr abends verließen wir das Gebäude der Bibliothek. Nicht jeder von uns dreien hatte sein gesamtes Lebensschicksal erfahren. *Heidi Riefler* zum Beispiel, eine der beiden Heilpraktiker aus Bad Wörishofen, wurde beschieden, in einigen Jahren noch einmal die Palmblattsammlung aufsuchen zu müssen. Erst dann würde sie über den weiteren Verlauf ihres Daseins Bescheid erhalten. Weswegen sich das vorliegende Schriftgut ihr gegenüber verschwieg, vermochten wir nicht zu eruieren. Frau Rieflers Begleiter, *Walter Felser,* war besser dran: Ihm wurde sein weiterer Lebensweg vorgezeichnet.

Zur Verabschiedung unserer kleinen Gruppe hatte sich auch Poosa Muthu noch einmal eingefunden. Ohne weiteres erfüllte mir der asketisch wirkende, großgewachsene Mann, den ich auf etwa 70 Jahre schätze, mein dabei geäußertes Ersuchen, mir eine bildhafte Darstellung jenes Bhrigu zu überlassen, dem die Existenz des Palmblattorakels zu verdanken ist. Wie schon bei unserer Ankunft war der Priester wieder in einen weißen Kaftan sowie einen gleichfarbigen hemdartigen Überzug gehüllt. Sein Haupt trug er glattrasiert, und wie die meisten Inder ging er barfuß. Poosa Muthu selbst bezeichnet sich als Nadi-Astrologe – auch wenn das, was er im Rahmen seiner familiären Bibliothek »ideologisch« vertritt, herzlich wenig mit jenem astrologischen Humbug europäischen Zuschnitts zu tun hat.

Eine Frage bleibt für mich vorderhand ungeklärt: Wie es diesem Bhrigu vor fünf Jahrtausenden möglich geworden war, Einblick in die geheimnisvolle »Akasha-Chronik« zu erhalten. Meditation allein, so scheint es mir, kann ihm dazu nicht verholfen haben. War Bhrigu auch auf wissenschaftlicher Basis erfolgreich gewesen? Auf welche Weise verschaffte er sich Zugang zu dem sogenannten »Weltgedächtnis«? Werden wir die Antwort darauf jemals finden? Oder sollte man sich mit dem begnügen, was der berühmte Physiker und Mathematiker *Isaac Newton* (1643–1727) kurz und bündig in dem Satz formulierte: »Die Dinge brauchen nicht erklärbar zu sein – es genügt, daß sie wahr sind.«

2 Der schwarze Spuk

Wovor sich Autofahrer fürchten

Gerüchte haben es so an sich. Sie sind nie so ganz auszumerzen. Die meisten Menschen, die derartiges vernehmen, verhalten sich erst einmal reserviert. Man ist bemüht, nur ja kein böses Wort über das Zugetragene an anderer Stelle zu verlieren. Dann aber siegt nicht selten die uns allen angeborene Neugier: Es gelüstet uns, mehr über die vertrackte Angelegenheit zu erfahren. Später vielleicht vertraut man das Gehörte einer nahestehenden Person an, einem Freund, oder der Freundin, einem engen Familienangehörigen. Auf diese Weise schlägt das Gerücht Wellen – es verbreitet sich zwangsläufig weiter, bläst sich auf wie eine bunte Seifenblase —, bis es, weil oft genug unbeweisbar, gleich dieser, buchstäblich zerplatzt.

Ähnlich verhält es sich mit einer Legende, die vor allem im Umfeld des Bayerischen Waldes ihren Ausgang nahm und dort bis zum heutigen Tag hartnäckig kursiert. Davon betroffen sind, so erfährt man in diesem Zusammenhang, arglose Autofahrer, die dort angeblich unvermutet einem alten, verhutzelten Weiblein begegnen, das ihnen am Straßenrand zuwinkt und zu verstehen gibt, daß es in ihrem Wagen ein Stück Weges mitgenommen werden möchte. Die Greisin, wird übereinstimmend behauptet, sei völlig schwarz gekleidet und ein ebensolches Kopftuch verhülle teilweise ihr Gesicht.

Wer danach dem Wunsch der Alten entspreche, werde, wird weiter berichtet, mit einem unheimlichen Geschehnis konfrontiert, das berufsmäßige Überlandfahrer nunmehr inständig hoffen läßt, von einem Erscheinen der rätselhaften »Schwarzen Frau« verschont zu bleiben. Es scheint sich tatsächlich um einen Spuk zu handeln – das glauben jedenfalls Bewohner jener Ortschaften, die nördlich von Passau, nahe der österreichisch-tschechischen Grenze, zu Hause sind. Die dort kursierenden Horrorgeschichten gleichen einander aufs Haar und nehmen immer denselben Verlauf: Da winkt ein steinaltes Mütterchen auf der Schnellstraße WOS 1 zwischen den Ortschaften Freyung und Waldkirchen vorüberfahrenden Pkw-Besitzern. Fast immer sind die Betroffenen dabei allein unterwegs. Wird diesem Wunsch der Unbekannten entsprochen, wiederholt sich dann während der Fahrt eine gespenstisch anmutende Szene: Die schwarzgekleidete Frau im Fond des Wagens murmelt zunächst dem Fahrer Unverständliches vor sich hin, bis er plötzlich deutlich die Worte vernimmt: *»An guat'n Frihling kriag ma und an scheena Summa, oba an bluatig'n Herbst.«*

Wendet sich daraufhin der überraschte und irritierte Wagenlenker zu seinem Fahrgast um, erkennt er erschrocken, allein in seinem Fahrzeug zu sitzen. Die seltsame Alte ist spurlos verschwunden. Sie scheint sich buchstäblich in Luft aufgelöst zu haben. Da hilft es dem beunruhigten Autofahrer wenig, sein Fahrzeug anzuhalten, um nach der Fremden Ausschau zu halten. Der zunächst auftauchende Verdacht, die alte Frau könnte aus dem Wagen gefallen sein, wird schon dadurch entkräftet, daß die beiden Türen im Fond der Limousine fest verschlossen und gesichert sind. Verständlich, daß sich die von dem Vorfall Betroffenen keinen Reim darauf machen können, was da eigentlich geschehen ist. Später wird sich die Geschichte weiterverbreiten, wird die damit konfrontierte Mitwelt in Erstaunen versetzen – Konkretes hierzu kann jedoch, mangels entsprechender Zeugen, nicht beigetragen werden. Wir hatten mehr Glück, fanden deren gleich *vier,* die dem nebulösen »Schwarzen Spuk« begegneten. Die in Wien lebenden *Steinhäusers* verbringen nämlich regelmäßig ihren Sommerurlaub in der traditionsreichen Operettenstadt *Ischl.* Neben einem florierenden Kurbetrieb ist dort auch eine berühmte Konditorei – der »Zauner« – daheim. Bad Ischl ist zudem noch heute beliebter Treffpunkt der Hocharistokratie aus der ganzen Welt. Schon der selige Kaiser Franz Joseph

hatte das Juwel im oberösterreichischen Salzkammergut seinerzeit zur Sommerresidenz erkoren und war dort Anfang des Jahrhunderts gerne auf die Jagd gegangen.
Auch die Steinhäusers sind anhängliche Menschen. Seit Jahren fahren sie im Juli und August in die Kur- und Operettenstadt, um von dort aus gelegentlich mit dem Auto einen »Abstecher« nach Deutschland zu unternehmen, wo Verwandte in Karlsruhe besucht werden. Dabei widerfuhr ihnen, dem Elternpaar Gerd und Trude sowie den beiden Söhnen, Seltsames. Das Quartett befand sich gerade auf dem Rückweg nach Ischl; man näherte sich mit dem fahrbaren Untersatz der bayerisch-österreichischen Grenze – auf der ominösen Schnellstraße WOS 1 zwischen Freyung und Waldkirchen.
Die angeregte Plauderei im Wagen nahm ein abruptes Ende, als das Fahrzeug durch ein unvorhersehbares Bremsmanöver jäh zum Halten gebracht wurde. »Vor uns humpelte ein altes Weiblein über die Fahrbahn, ohne auf den Straßenverkehr zu achten«, erinnert sich einer der Söhne an die absurde Szene. Papa Gerd nickt zustimmend, meint dann: »Die gebückt gehende Frau fiel uns nicht so sehr wegen ihres verkehrswidrigen Verhaltens auf, sondern vor allem wegen ihrer ganz und gar unpassenden Kleidung, die in keiner Weise der trockenen und heißen Jahreszeit entsprach. Während uns nämlich der August-Schweiß von der Stirne lief und wir entsprechend luftig angezogen waren, trug die Alte ein sicher nicht sommerliches, pechschwarzes Gewand und ein ebensolches Kopftuch.«
Das Weiblein zeigte sich, ungeachtet des mit quietschenden Bremsen zum Stillstand gebrachten Autos, nicht im geringsten irritiert und humpelte gemächlich über die Fahrbahn. »Nicht einmal den Kopf wendete sie uns zu«, wundert sich der Familienvater. Papa Gerd kennt die unheimlichen Geschichten rund um die rätselhafte »Schwarze Frau«. Er hat darüber manches gelesen, Antworten, was hinter deren Identität zu sehen sein könnte, kann er aber auch nicht geben. »Hätte die Alte damals versucht, uns aufzuhalten, um mitge-

nommen zu werden – ich glaube, wir hätten es wahrscheinlich riskiert – schon aus Neugier, um zu erfahren, was dann passiert wäre«, fügt unser Augenzeuge hinzu.

Viele Leute, kompetente und hierfür weniger prädestinierte, haben bereits versucht, das Geheimnis um den »Schwarzen Spuk« zu entschleiern. So meldete sich zum Beispiel ein 22jähriger Fotolaborant und behauptete, einer seiner Freunde, ein Student, habe die Erscheinung aus dem Bayerischen Wald sogar *gefilmt.* Er sei dann von ihm mit der Ausarbeitung beauftragt worden. Zunächst habe er dem allen keine besondere Beachtung geschenkt, erst als auch an seinem Arbeitsplatz andere Laboranten über die dunkle Frauengestalt spekulierten, sei er aufmerksam geworden. »Es war dieses ungewöhnliche Motiv in jener Dämmerstunde, das mich verlockte, einige Filmmeter zu drehen«, erzählte der Student. »Die Szene wirkte irgendwie gespenstisch: der blutrote Abendhimmel, die Silhouette eines in der Ferne sichtbaren Hügelkammes – und plötzlich die schwarze Gestalt einer gebeugt gehenden Frau.« Eine Vergrößerung der Aufnahmen (siehe Bildteil) zeigt deutlich die vermummte Gestalt einer gebückt gehenden, offenbar alten Frau mit einem Kopftuch. Der Filmstreifen ist authentisch, das hat eine fototechnische Untersuchung bestätigt.

Ein österreichischer Journalist, *Paul Uccusic,* Verfasser mehrerer Bücher über parapsychologische Phänomene, beteiligte sich in diesem Zusammenhang an einer Untersuchung jener Vorfälle im bayerischen Raum, die von einer Gruppe in Wien tätiger Physiker, Psychologen und Parapsychologen vorgenommen worden war. »Die Echtheit jener Filmaufnahmen bedingt noch lange nicht den absoluten Beweis für die Existenz der ›Schwarzen Frau‹«, mahnt Uccusic zur Vorsicht. »Die meisten der von uns Befragten, die angeblich die Spukgestalt selbst gesehen haben wollen, erwiesen sich bei genauerem Verhör als nicht aussagesicher. Sie waren also letzten Endes keine brauchbaren Zeugen.«

Die Forschergruppe hatte sich alle erdenkliche Mühe gegeben, zu einem befriedigenden Ergebnis zu gelangen. Viele Stunden Tonbandprotokolle sowie viele hundert Fotos waren das Ergebnis der wissenschaftlichen Kleinarbeit. Sogar Infrarotkameras kamen zum Einsatz – und zwar vorwiegend an jenen Stellen, wo behauptet wurde, einer Erscheinung der rätselhaften Phantomgestalt beigewohnt zu haben: an der bewußten Schnellstraße WOS 1 zwischen den Ortschaften Freyung und Waldkirchen.

Dem Team glückte es schließlich, drei Personen zu eruieren, die anscheinend wirklich etwas gesehen hatten. Einer der Augenzeugen schwor Stein und Bein, daß die geheimnisvolle Frauengestalt ihn aufgehalten habe, in sein Auto gestiegen und daraus während der Fahrt spurlos verschwunden wäre. Genauere Nachforschungen in der Privatsphäre des Befragten erbrachten jedoch nicht wegzudiskutierende Unzukömmlichkeiten. Es stellte sich heraus, daß der Mann große Probleme an seinem Arbeitsplatz hatte und sein Zustand als äußerst labil angesehen werden mußte. Die Aussage dieser Person erwies sich daher als zumindest problematisch.

Paul Uccusic, der die in diesem Gebiet kursierenden Legenden und damit in Zusammenhang zu bringende Aktivitäten studiert und analysiert hat, gibt zu bedenken: »Die Gegend um den Bayerischen Wald ist seit Jahrhunderten als Keimzelle okkulter Vorgänge verschrieen. Immer schon machten dort schrullige Personen von sich reden. Man denke dabei an den heute bereits historischen ›Mühl-Hiasl‹. Auch dieser prophezeite zu seiner Zeit Mord und Totschlag, ohne aber hierfür mit präziseren Angaben aufzuwarten. Und was jenen Jungfilmer betrifft, welcher nun glaubt, die ›Schwarze Frau‹ leibhaftig vor die Linse seiner Kamera bekommen zu haben, so gibt es auch in diesem Zusammenhang ungeklärte Unstimmigkeiten!«

Uccusic bezieht sich auf die Aussage des Studenten, wonach während der Aufnahmen die mysteriöse Frauengestalt auf der Anhöhe plötzlich verschwunden gewesen sei. »Daraus bereits schließen zu wollen, der Spuk habe sich eben einfach in

Nichts aufgelöst, erscheint mir zumindest vorschnell.« In jener Gegend, so der Journalist, wo diese Aufnahmen entstanden, gibt es zahlreiche Hügel und Mulden. »Es wäre also durchaus denkbar, daß das plötzliche Verschwinden der dunklen Gestalt überhaupt nichts mit einer Spukerscheinung zu tun hatte. Vielleicht war unser Filmer bloß für ein paar Sekunden unaufmerksam oder durch irgend etwas abgelenkt – schon könnte die Unbekannte kurzfristig durch einen Hügel verdeckt worden oder in einer Mulde verschwunden gewesen sein, was zu der uns bekannten Fehlauffassung führte«, schwächt der Wiener PSI-Experte ab. Erkannte Paul Uccusic die wahre Ursache dieser seltsamen Beobachtung – oder bestehen tatsächlich irgendwelche okkulte Hintergründe? Ein Hauch von Ungewißheit bleibt jedenfalls bestehen ...

Nicht nur auf bayerischem Terrain munkelt man gerne über die unheimliche »Schwarze Frau«. Die Aufregung über ihr angebliches Erscheinen hat längst auch auf österreichisches Gebiet übergegriffen. Oberösterreichische Arbeiter aus dem Wacker-Chemiewerk Burghausen im bayerischen Grenzgebiet sind fast täglich mit dem Bus zwischen Burghausen und ihren Heimatorten unterwegs. Einer der Buslenker sowie ein Fernfahrer behaupteten hartnäckig, dem »Schwarzen Spuk« auf offener Straße begegnet zu sein. Einige Redakteure der »Rieder Volkszeitung«, einem dort erscheinenden Lokalblatt, schwärmten tagelang aus, um hierfür Zeugen aufzustöbern. Bereitwillig berichteten sie uns von ihren Nachforschungen: »Auf Umwegen hatten wir von einer Krankenschwester erfahren, die als Ordensfrau der ›Armen Schulschwestern‹ in unserer Gegend tätig ist. Diese Nonne, hieß es, kenne einen neunzehnjährigen Burschen aus ihrem Verwandtenkreis, der ebenfalls eine Begegnung mit der ›Schwarzen Frau‹ gehabt haben soll. Da es sinnlos gewesen wäre, hierfür die Gendarmerie zu bemühen – die sagt oder weiß einfach nichts –, sahen wir uns gezwungen, selbst eine Spur ausfindig zu machen. Mit einiger Mühe fanden wir schließlich den Wohnort des vermeintlichen Zeugen: er lebt in der Gemeinde Hochburg. Dort stellte sich aber heraus, daß nicht der Junge, sondern einer seiner Arbeitskollegen aus Pfaffstätt den Spuk gesehen haben will. Wir besuchten diesen Mann – wieder vergeblich. Von dem erfuhren wir nämlich, daß nicht er, sondern einer seiner Bekannten der gesuchte Augenzeuge gewesen war ...«

Irgendwann verlief dann die Spur im Sand, was die enttäuschten Zeitungsreporter zu der Feststellung veranlaßte: »Keiner glaubt die Geschichte von der ›Schwarzen Frau‹ so richtig, aber jeder spricht davon.«

Religiöse Spinner sehen in dieser Erscheinung untrügliche Anzeichen für den bevorstehenden Weltuntergang. Sie berufen sich auf *Nostradamus,* den französischen Astrologen, der im 16. Jahrhundert unser aller Ende angeblich für 1999, in sechs Jahren (!), vorausgesehen haben will. Die »Schwarze Frau« soll, so die Behauptung der Spintisierer, mit der heilig gesprochenen *Therese von Konnersreuth* identisch sein. Was wirklich bleibt, sind lediglich unbewiesene Gerüchte. Gleich einem Phantom scheint sich der »Schwarze Spuk« jedwedem realen Zugriff zu entziehen. Logische Erklärungen stoßen ins Leere; der Bayerische Wald hütet sein Geheimnis hartnäckig und konsequent.

3 Ein Alptraum des Grauens

Eingriffe aus dem Unerforschten

Wir alle träumen. Und das unentwegt. Jede Nacht. Auch wenn uns dies am nächsten Morgen gar nicht bewußt wird und wir alles Geträumte, ohne jede Erinnerung daran, völlig vergessen haben.

Träume lassen sich, phantasievoll übertragen, mit Spinnweben vergleichen. Sie scheinen ebenso zart und labil zu sein und entschweben unserer Vorstellung wie ein Häufchen Schnee, das in der warmen Hand sofort vergeht.

Manchmal allerdings, da bleiben schemenhafte Erinnerungen in unserem Gedächtnis erhalten. Und die Traumkonturen werden um so deutlicher, je näher unser Ausflug ins Unterbewußtsein dem morgendlichen Erwachen angesiedelt war. Viele kluge Leute haben sich über das Wesen unserer Träume ihre Köpfe zerbrochen, aber selbst Kapazitäten wie *Freud* oder *C. G. Jung* scheiterten bei dem Versuch, wissentlich jene Schwelle zu überschreiten, die Bewußtes von Unbewußtem trennt. Die undurchschaubaren Abläufe, die sich dort ereignen, blieben bislang ein verborgenes Geheimnis.

Vollzieht sich in Gestalt unserer Träume dabei ein Übergang in eine fremde, unbekannte Welt? Greift diese gelegentlich in unser bewußtes Dasein über? Ist sie imstande, unser Leben zu beeinflussen? Fast scheint es so zu sein. Dann ist uns, als blickten wir in einen Spiegel – und Geträumtes wird plötzlich zur Wirklichkeit. Manchmal mit positiven, gelegentlich aber auch mit negativen Folgen. Wie das am Beispiel zweier Betroffener deutlich wurde. So bei *Julia Z.*, einer ehemaligen Bibliothekarin. Jetzt ist sie pensioniert, was sie jedoch nicht hindert, auch weiter aktiv zu sein. Sie studiert Indologie, reist unentwegt und erinnert sich an ein ungewöhnliches »traumhaftes« Erlebnis mit unerwarteten Folgen.

Julia Z. lebt heute in Bonn. Vor fünfundvierzig Jahren aber, an jenem 24. Dezember 1948, wohnte sie in *Jena*. Nachmittags ist sie mit ihrem Mann unterwegs, um Besorgungen für den Heiligen Abend zu machen. Plötzlich rutscht sie auf dem vereisten Gelände aus – ihr Hausschlüssel fällt in den Gully. Der Gatte macht Julia keine Vorwürfe: Sie ist im vierten Monat schwanger. Danach trennt man sich für eine knappe Stunde, um persönliche Einkäufe zu erledigen. Aber zur vereinbarten Zeit läßt sich Julias Ehemann nicht blicken. Die Frau quälen dunkle Vorahnungen – es ist eine schlimme Zeit in der sowjetischen Besatzungszone. Julias Ängste sind begründet: Ihr Gefährte wurde aus politischen Gründen verhaftet. Sie eilt nach Hause, ein Schlosser öffnet mit einem Nachschlüssel die Wohnungstür. Weinend sitzt sie auf der Couch. Aus dem Radio tönt die berühmte Arie des »Evangelimann«. Die Worte »Selig sind, die Verfolgung leiden, um der Gerechtigkeit willen« sind grausam real. Da geschieht es …
»Ich bin auf einmal unterwegs. Um mich viele Bäume, es ist Sommer«, erinnert sich Julia Z. An ihrer Seite: der Ehemann. Er trägt ein Kind auf dem Arm, verspricht ihr: »Dort wird es dir gefallen – es ist ein schönes Haus.« Da steht es vor ihr – ein gelbgetünchtes Schlößchen auf einer Anhöhe, davor ein See. »Hier werden wir wohnen«, sagt ihr Gatte. Dann treten beide auf den Balkon. Julia erkennt am Horizont die Alpen – dann ist sie unvermittelt wieder in Jena, allein in der Wohnung. Und aus dem Radio tönt die Opernarie …
Monate später, Ende August 1949. Julias Mann ist wieder frei und geleitet sie und das Neugeborene in ihr neues Heim. »Nie zuvor war ich in Tutzing gewesen, in Deixlfurt, wo wir jetzt wohnten. Ich kannte weder den Namen noch die Gegend.« Sie gehen über den Wiesenweg, vorbei an dem See, hin zu einem Gebäude. »Vor mir stand jenes Schlößchen, das ich vor einem Jahr in meiner Traumvision gesehen hatte.« Jedes Detail stimmt überein: die Fenster, Stufen, das Zimmer, der Balkon, selbst die Fernsicht auf die Alpen. Julia Z. weiß, wovon sie spricht, sie vermag zu vergleichen. Sie hatte ihren selt-

samen Traum aufgeschrieben, vor fünfundvierzig Jahren, an jenem einsamen Heiligen Abend. Leise bekennt sie: »Damals begann ich sehr demütig zu werden ...«

Ganz anders verhielt es sich bei einem Mann, den wir zu unseren besten Freunden zählen dürfen. Ihn quälte ein entsetzlicher Alptraum bis zur schockierenden Wirklichkeit. Einer der Autoren (P. K.) hat alles »hautnah« miterlebt:

Es begann im April 1974. Ich war gemeinsam mit *Walter Ernsting* (der bekannte »Perry-Rhodan«-Autor »Clark Darlton«) von erwähntem Freund eingeladen worden, ihn auf seiner Amerika-Vortragstournee zu begleiten. Dieses großzügige Angebot hatte ein Prominenter ausgesprochen – ein weltweit gelesener Schriftsteller, dessen Name vorerst verschwiegen bleiben soll.

Wir trafen uns im Heim unseres Gastgebers – damals in Bonstetten, einer kleinen Ortschaft in der Nähe von Zürich. Unser Freund ist Schweizer. Am Vorabend unseres Abfluges saßen wir zu dritt am offenen Kamin und nippten mit Wohlbehagen an einem Glas des köstlichen »Bordeaux« – jenes französischen Rotweines, den unser Freund auch heute noch bevorzugt. Zwanglos plauderten wir über Belanglosigkeiten, bis unser Gastgeber unvermittelt das Thema wechselte. Er erzählte von einem Traumerlebnis, das ihn sichtlich bedrückte.

»Ich habe die Ereignisse jener Nacht noch immer so deutlich vor Augen, als hätte ich sie eben erst geträumt«, begann er seinen Bericht. Walter und mir war die Abwechslung unseres Gesprächsstoffes willkommen, und neugierig hingen wir an den Lippen des Erzählers. »Ich war zu irgendeinem Bankett geladen – wo, weiß ich nicht«, fuhr dieser fort. »Als ich den Saal betrat, bemerkte ich sehr viele Leute, die alle um eine festlich gedeckte Tafel Platz genommen hatten.«

»Was mir im Traum sofort auffiel, war das rote Tischtuch, welches über die Tafel gebreitet worden war, sowie die roten Kerzen, die sich in golden schimmernden Leuchtern befanden. Sie waren die einzige Lichtquelle, die den Raum erhellten. Aber nicht nur Tischtuch und Kerzen waren von gleicher

Farbe, auch die Saalwände besaßen rote Tapeten. Zunächst schien mir das alles nicht weiter beunruhigend – im Gegenteil: Soweit ich mich an die geträumte Szene erinnere, war ich bester Laune und gespannt, was da noch folgen würde.« Unser Träumer hielt kurz inne und nahm einen Schluck aus seinem Glas. Wir taten es ihm gleich, dann berichtete er weiter: »Ich hatte kaum an der Tafel Platz genommen, als unvermutet ein rotlivrierter Kellner an mich herantrat und mich in diskretem Ton bat, ihm in die Vorhalle zu folgen. Dort wünsche mich ein fremder Gast für ein paar Minuten zu sprechen. Wie schon so oft in meinem beruflichen Leben, sah ich auch im Traum keinen Anlaß, diesem Anliegen des unbekannten Besuchers nicht zu entsprechen. Ich folgte deshalb dem Kellner unauffällig in den Nebenraum, wo mich ein Mann erwartete. Ich sehe auch jetzt noch alles deutlich vor mir, weiß, daß ich auf den mir Unbekannten zutrat und ihn nach seinen Wünschen fragte. Was dann folgte, vergesse ich bestimmt nie mehr in meinem Leben ...« Unser Freund stockte kurz, um fortzufahren: »Der Mann zog plötzlich und ohne ein Wort zu sagen einen Revolver aus seiner Rocktasche, richtete die Waffe gegen mich und drückte ab. In meinen Ohren gellte ein Schuß – dann wurde es schwarz vor meinen Augen. Mein Alptraum endete so jäh wie ein gerissener schadhafter Film ...« Der Erzähler schwieg und ebenso auch wir. Walter und ich mußten das Gehörte erst verkraften, und ich leugne nicht, daß uns die eben vernommene Traumvision, auf die keiner von uns vorbereitet gewesen war, beträchtlich mitgenommen hatte. War das alptraumhafte Geschehen von Bedeutung? Handelte es sich hierbei um eine tödliche Vorahnung? Drohte unserem Freund allen Ernstes Gefahr an Leib und Leben?

Walter und ich mußten während dieser Minuten mehrere Male durchatmen, um unsere Fassung wiederzugewinnen. In dem ernsten, sorgenvollen Gesicht unseres Gastgebers sahen wir, wie sehr ihn der durchlebte Alptraum bedrückte. Um so eifriger waren wir im folgenden bemüht, dessen düstere Gedanken zu zerstreuen, ihn abzulenken. Wir wechselten des-

halb rasch das Gesprächsthema und wendeten uns anderen Ereignissen zu.
Der folgende Tag half uns allen, Unangenehmes beiseite zu schieben. Keiner erwähnte auch nur andeutungsweise jene erschreckende Traumvision – die Reisevorbereitungen nahmen uns voll in Anspruch. Auch Walter und ich hatten ja »drüben« beruflich zu tun, auf unserem Programm stand u. a. die Kontaktaufnahme mit einem New Yorker Buchverlag. Anschließend ging es weiter nach Chicago zur 1. Weltkonferenz der eben erst gegründeten »Ancient Astronaut Society«, wo unser Freund als Referent eingeladen worden war. Die sogenannte »AAS« – sie feiert 1993 das 20. Jahr ihres Bestehens – ist eine weltweite Vereinigung mit einigen tausend Mitgliedern. Es ist ein bunt gemischtes Völkchen, das sich in zweijährigem Abstand jeweils in einer Großstadt Europas oder sonstwo auf diesem Planeten versammelt, um über die Frage zu diskutieren, ob unsere Erde in ferner Vergangenheit schon Besuch aus dem Weltraum gehabt haben könnte – ob außerirdische Raumfahrer hierorts ihre Spuren hinterließen: Da trifft man renommierte Wissenschaftler ebenso wie verschiedensprachige Autoren und sich mit dieser aufregenden Thematik beschäftigende Laien.
Die dreitägige Veranstaltung wurde ein durchschlagender Erfolg, der auch den Fremdenverkehr belebte. Organisatoren, Referenten sowie Honoratioren Chicagos (und auch Walter und ich) trafen einander abschließend bei einem offiziellen Festbankett, zu dem der Bürgermeister der Stadt eingeladen hatte. Man hatte dafür eines der besten Restaurants ausgesucht, und diesem Anlaß entsprechend kleideten wir uns besonders festlich. Gutgelaunt betraten wir das Lokal, durchquerten die Vorhalle und erreichten so den Eingang zum Speisesaal. Erwartungsvoll blickten wir in den Raum – und erstarrten noch an der Schwelle! In stummem Entsetzen sahen wir drei uns an, denn was sich hier bot, war leider keine Sinnestäuschung, war schockierende Wirklichkeit: Der gesamte Saal war *rot* tapeziert, über die riesige Tafel war ein *rotes* Da-

mast-Tischtuch gebreitet worden, und vor jedem Teller stand ein golden schimmernder Kerzenleuchter, in welchen man eine *rote* Kerze gesteckt hatte. Das einseitige Farbenspiel ergänzten die Kellner, die geschäftig hin und her eilten: Jeder von ihnen trug eine *rote* Hose sowie einen ebensolchen Frack, dessen Ränder goldverbrämt waren. Alles war genauso, wie es unser unglücklicher Freund in seinem furchtbaren Alptraum wahrgenommen hatte. Walter und mich überlief es siedendheiß: Drohte sich nunmehr ein Schicksal zu erfüllen?

An diesem Abend ließen wir den Gefährdeten keinen Augenblick unbeobachtet. Unser Vorhaben wurde insofern erleichtert, als unser Freund einen für diese Aufgabe günstigen Platz an der Festtafel erhalten hatte: er saß uns direkt gegenüber. Aber auch das hielt uns beide nicht davon ab, immer wieder verstohlene Blicke zum Saalausgang zu werfen, stets darauf vorbereitet, einer etwaigen Bedrohung zuvorzukommen. Unsere verständlichen Ängste erwiesen sich glücklicherweise als unbegründet – das Bankett verlief störungsfrei und ohne jeden Mißklang. War unser Freund noch einmal davongekommen? Apropos, damit ich es nicht vergesse: Unser Freund heißt – *Erich von Däniken* …

4 Die Agenten des Terrors

»Männer in Schwarz« bedrohen UFO-Zeugen

Der Sonntag versprach idyllisch zu werden. Milde Frühlingstemperaturen verlockten dazu, den Nachmittag für einen Familienausflug zu nutzen. Das eben erst erworbene Auto, ein chromblitzender, silbergrauer Opel *Kapitän,* sollte bei seiner Jungfernfahrt entsprechend getestet werden. Die Wiener Höhenstraße, die zu einem beliebten Ausflugsziel auf den Kahlen- oder Leopoldsberg führte (den beiden »Hausbergen« der Stadtbewohner), besaß hierfür den richtigen Schwierigkeitsgrad.

Trude Stemmer hatte sich bereits vordem als Familienchauffeuse bewährt und saß auch an diesem wunderschönen Tag am Lenkrad des vierrädrigen Schmuckstückes. An ihrer Seite der Ehemann Gerd, im Fond des Wagens die beiden Söhne Hannes und Alexander. Die Stimmung des Quartetts war prächtig, Trude Stemmer, in früheren Jahren eine weit über Österreichs Grenzen hinaus bekannte Operettensängerin, trällerte fröhlich ein Lied vor sich hin, und jeder der vier freute sich bereits auf diese Fahrt ins Grüne.

Alles schien programmgemäß zu verlaufen. Das Fahrzeug kurvte über die Serpentinen der Höhenstraße und funktionierte prächtig. Bis etwas Unvermutetes geschah: Ein großer schwarzer Rolls Royce näherte sich plötzlich von hinten mit großem Tempo, erzwang rücksichtslos die Vorfahrt und drängte den Opel von der Straße ab. Mit quietschenden Bremsen gelang es der Fahrerin, das Auto kurz vor einem Abhang zum Stehen zu bringen. Der Lenker der dunklen Limousine war ohne jedes Hupsignal weitergerast. Während des riskanten Bremsmanövers hatten Gerd und die beiden Jungen unwillkürlich einen Blick in das Innere des Rolls Royce geworfen. Was die drei dabei zu sehen bekamen, hinterließ bei

ihnen im nachhinein einen unvergeßlichen Eindruck: Drei Männer in schwarzen Anzügen, breitkrempigen schwarzen Hüten, kalkweißen Gesichtern, die durch spiegelnde Sonnenbrillen unkenntlich gemacht wurden. Keiner der dunklen Gestalten blickte während des rücksichtslosen Überholmanövers ihres Fahrzeugs auch nur andeutungsweise zur Seite, wie erstarrt waren ihre Gesichter nach vorne gerichtet.
Von dem erschrockenen Ausruf des Jungen bis zu nachfolgender Szene vergingen bloß Sekundenbruchteile. Dann war der böse Spuk schon wieder zu Ende und der schwarze Rolls Royce hinter der vor ihnen liegenden, nächsten Straßenkehre ihren Blicken entschwunden. Alles war so überraschend gekommen und so schnell abgelaufen, daß keiner der Wageninsassen die Möglichkeit gehabt hatte, nach dem Kennzeichen des fremden Autos zu schauen. Und an eine Verfolgung der Verkehrsrowdys war natürlich ebenfalls nicht zu denken.
Wer waren diese Leute gewesen? Handelte es sich um die gleichen Personen, denen auch der Mexikaner *Carlos de los Santos Montiel* begegnet war? Weit weg von Wien – auf einer verkehrsreichen Straße in Mexiko City?
Der 23jährige Hobbyflieger war auf recht dubiose Weise in die Geschichte verstrickt worden. Während eines Übungsfluges mit seiner *Piper Pa-24* hatte er eine unerwartete Begegnung mit drei unbekannten Flugobjekten, die ihn, am hellichten Tag, gegen seinen Willen fast bis zum Landeplatz der mexikanischen Hauptstadt begleiteten. Während dieser Phase waren an Bord von Carlos' Maschine sämtliche elektronischen Geräte ausgefallen. Daß er nicht abstürzte, war kein Wunder, sondern offensichtlich irgendwelchen Kräften zu verdanken, die von jenen UFOs ausgingen und ihn den Übungsflug mit 120 Meilen die Stunde unbehindert hatten fortsetzen lassen. Erst kurz vor seinem Landeziel schwirrten die rätselhaften Flugkörper ab, die Geräte funktionierten plötzlich wieder, und der geschockte Pilot konnte mit seiner Maschine unbeschadet landen.
Was ihm widerfahren war, hatten auch die Leute im Kontroll-

turm des Flugplatzes auf den Radarschirmen und zuletzt mit eigenen Augen beobachtet. Neugierigen Journalisten schilderte später der zuständige Luftfahrtkontrolleur *Emilio Estanol* aufgeregt: »Diese Dinger flogen mit fast 518 Meilen die Stunde einen Winkel von 270 Grad. Und das in einem Bogen von nur drei Meilen.« Normalerweise erfordere das einen Bogen von *zehn* Meilen. In seinen siebzehn Jahren als Kontrolleur des Luftverkehrs sei ihm dergleichen noch nicht untergekommen.

Carlos selbst war bemüht, sein außergewöhnliches Erlebnis zu verdrängen. Er unterzog sich zwar einer freiwilligen medizinischen Untersuchung, doch bestätigten ihm danach die Ärzte, vollkommen gesund zu sein und keinerlei psychische oder physische Schäden davongetragen zu haben. Damit war für den jungen Mann aber sein unfreiwilliges Abenteuer noch längst nicht ausgestanden: Jetzt interessierte sich auch die Presse für das seltsame Geschehen. Tagelang gaben sich Reporter die Klinke seiner Wohnungstür in die Hand, wollten von ihm unentwegt nähere Einzelheiten seines UFO-Erlebnisses erfahren. Als Krönung des Ganzen wurde er dann auch noch zu einer Fernsehdiskussion zum leidigen UFO-Thema eingeladen, die der populäre TV-Moderator *Pedro Ferriz* durchgesetzt hatte. Wenig begeistert, aber um endlich danach in Ruhe gelassen zu werden, sagte Carlos zu.

An dem bewußten Abend fuhr der junge Mexikaner mit seinem Auto zum Fernsehstudio. Zunächst war ihm in dem dichten Straßenverkehr von Mexikos Metropole nichts Besonderes aufgefallen – erst nach und nach kam ihm zu Bewußtsein, daß unmittelbar *vor* ihm immer dasselbe Fahrzeug – eine schwarze Limousine vom Typ *Galaxy* – fuhr, und ihr Lenker offenbar bestrebt war, ihn nicht aus den Augen zu verlieren. Carlos registrierte dies mit Verwunderung, doch wandelte sich sein Erstaunen in Bestürzung, als er im Rückspiegel ein weiteres typengleiches Fahrzeug dunkler Tönung erblickte, das sich auf seine Fahrspur gesetzt hatte und ihm hartnäckig zu folgen schien.

Der Mexikaner fühlte sich jetzt unbehaglich. Ihm war klar, daß dies irgend etwas zu bedeuten hatte. Instinktiv erkannte er eine undefinierbare Bedrohung.
Er war mit seinem Auto inzwischen in eine weniger frequentierte Seitenstraße eingebogen – und hier wurde es ihm zur Gewißheit: man verfolgte ihn! Nach wie vor hielten die beiden Fahrzeuge vor und hinter ihm seine Spur. Unvermittelt versuchte er nunmehr ein Ausbruchmanöver, aber offenbar hatten damit auch seine unbekannten Verfolger gerechnet. Im nächsten Augenblick sah sich Carlos mit seinem Wagen von den beiden Limousinen eingekeilt und zum Straßenrand gedrängt. Jetzt kam in dem Jungen Panik auf. Er versuchte das Auto zu verlassen, um der Gefahr zu entrinnen. Auch dieses Vorhaben scheiterte bereits im Ansatz: Aus beiden Fahrzeugen, vor und hinter ihm, sprangen je zwei große, breitschultrige Gestalten – schwarzgekleidete Männer – und blockierten beide Türen seines Wagens. Dann vernahm der Überfallene eine Stimme, deren Herkunft er während dieser Schrecksekunden nicht festzustellen vermochte. In schnell gesprochenem Spanisch wurde er angesprochen und unmißverständlich gewarnt: »Passen Sie auf, junger Mann! Wenn Sie Wert auf Ihr Leben und das Ihrer Familie legen, dann sprechen Sie künftig mit niemandem mehr über Ihr Erlebnis! Auch nicht im Fernsehen!«
Der alarmierende Zwischenfall hatte nur ein paar Sekunden gedauert. Ehe sich Carlos von seinem ersten Schrecken erholt hatte, war die Sache auch schon wieder vorüber. Die vier Drohgestalten waren in ihre Autos gesprungen und in schnellem Tempo davongefahren. Erst jetzt kam der Junge dazu, einen klaren Gedanken zu fassen, obwohl er sich auf den Vorfall keinen Reim machen konnte. Weshalb war man so interessiert daran, sein totales Stillschweigen über jenes UFO-Erlebnis von ihm zu erzwingen? Verletzte er mit seinen Aussagen irgendein militärisches Geheimnis? Fragen, auf die Carlos keine Antwort wußte. Aufgefallen war ihm allerdings zweierlei: Zunächst die irgendwie »mechanisch« klingende Stimme,

die ihn scheinbar aus dem Nichts gewarnt hatte. Und dann die käsig-blasse Gesichtsfarbe der Fremden, die ihn unwillkürlich an das Aussehen von »Skandinaviern« erinnerte.
Dem sich nur langsam von seinem Schrecken erholenden Hobbyflieger war nach dem bedrohlichen Vorfall die Lust vergangen, an der abendlichen TV-Diskussion teilzunehmen. Kurzentschlossen wendete er seinen Wagen und fuhr nach Hause zurück. Die UFO-Debatte mußte ohne ihn abgewickelt werden. Das führte erwartungsgemäß zu einer Reaktion. Zwei Tage später erhielt Carlos Besuch: Pedro Ferriz erkundigte sich neugierig, was seinen Gast bewogen hatte, nicht zu erscheinen. Zögernd berichtete Carlos, was ihm widerfahren war. Der Moderator war darüber nicht wenig erstaunt, und sein Interesse wuchs, als er für eine neuerliche Fernsehdiskussion mit einem dazu eingeladenen prominenten Gast dieses Thema erörterte. Professor Dr. *J. Allen Hynek,* in den USA gemeinhin als »UFO-Papst« bezeichnet – ein bekannter Astronom, der eine Zeitlang an dem »Project Blue Book« (dem offiziellen UFO-Forschungsprogramm der amerikanischen Regierung) mitgearbeitet hatte –, zeigte sich nämlich zu Ferriz' Überraschung ausnehmend gut über Existenz und Tätigkeit der sonderbaren Leute informiert. »Wir nennen sie bei uns ›MIBs‹«, erfuhr der Moderator. »Was soviel bedeutet wie ›Men in Black‹ – ›Männer in Schwarz‹«, ließ ihn Hynek wissen.
Jetzt war Ferriz erst recht bestrebt, seinen unfreiwillig verhindert gewesenen Diskussionsgast dabei zu haben. Kurzentschlossen suchte er Carlos ein weiteres Mal auf. Es bedurfte seiner ganzen Überredungskunst, den Hobbyflieger umzustimmen. Das war dem Moderator nur deshalb möglich gewesen, weil es ihm gelang, den zunächst widerstrebenden Piloten von der angeblichen Harmlosigkeit solcher Drohgebärden zu überzeugen. Niemals habe es, bei ähnlichen Vorfällen, danach tatsächliche Übergriffe gegeben, log Ferriz – obwohl er von Hynek anderes gehört hatte.
Die Diskussion im Fernsehstudio verlief angeregt und lebhaft.

Vor allem Allen Hynek war sehr beeindruckt, und da ihn noch einiges an dem Vorfall in der Seitenstraße interessierte, was bei der Sendung selbst nicht von Belang war, lud er Carlos, als die Jupiterlampen erloschen waren, spontan ein, ihn am nächsten Morgen zu einem gemeinsamen Frühstück bei sich im Hotel zu besuchen. Carlos, vom Wissen des Astronomie-Professors angetan, sagte gerne zu.
Tags darauf, gegen sechs Uhr morgens, verließ der Junge seine Wohnung und fuhr mit dem Wagen zunächst zu seiner Arbeitsstätte – dem »Mexicana-Airlines«-Büro. Dort parkte er das Auto und machte sich zu Fuß auf den Weg zu Hyneks Hotel. Gut gelaunt eilte Carlos die Stufen zum Hauptportal des Gebäudes empor – da stellte sich ihm unvermittelt ein Hindernis in den Weg: ein schwarzgekleideter, großer Mann mit bläßlichem Gesicht! Mit weit ausgestreckten Armen hinderte er den Besucher am Weitergehen. Drohend klang die Stimme des Unbekannten: »Wir haben Sie schon einmal gewarnt«, vernahm Carlos – und wieder schien es ihm so, als spreche ein Automat. »Warum haben Sie sich nicht an unsere Aufforderung gehalten, nichts mehr über ihr Erlebnis zu berichten? Was haben Sie hier verloren?«
»Ich wurde eingeladen«, wagte der Junge zu erwidern.
»Von Herrn Hynek«, entgegnete der Schwarze wissend. »Und ihm wollen Sie neuerlich von Ihrer Sichtung erzählen.« Bei diesen Worten machte er einen drohenden Schritt auf Carlos zu, stieß ihn mit beiden Händen zurück. Dabei waren die Augen des Mannes starr auf den eingeschüchterten Piloten gerichtet. Wieder vernahm dieser die »mechanische« Stimme: »Hören Sie, Carlos: Wenn Sie unsere Warnungen auch weiter nicht beachten, dann werden Sie große Probleme kriegen.« Mit diesen Worten drängte der Unbekannte sein Gegenüber weiter zurück. »Das alles würde für Sie sehr unangenehm werden, und Sie würden es bereuen!« Wieder ein Stoß mit beiden Händen. Carlos hatte alle Mühe, dabei nicht über die Stufen des Portals zu stolpern und zu stürzen. Schritt um Schritt wich er furchtsam zurück, hörte die Warnung seines

Gegners: »Vergessen Sie schnell, was Sie vorhatten! Verschwinden Sie schleunigst aus dieser Gegend! Und kommen Sie ja nicht wieder hierher zurück!« Dann drängte der Blaßgesichtige sein Opfer mit einem kräftigen Stoß zur Seite und eilte die Stufen zur Straße hinunter. Gleich darauf mengte er sich unter die Passanten, um im Gewühl der Massen zu verschwinden.

An diesem Morgen wartete Professor Hynek vergeblich auf seinen Gast. Carlos hatte von dieser Sache die Nase voll. Er fühlte sich ernstlich bedroht. Eilig machte er kehrt und eilte zu seiner Arbeitsstätte zurück. Irgendwann später einmal, als das Gespräch zufälligerweise das Thema »MIB« berührte, verriet der Hobbyflieger eine weitere Einzelheit, die ihm während seines unfreiwilligen Zusammentreffens mit den Unbekannten besonders aufgefallen war. »Als sie mit mir redeten, starrte mich jeder von ihnen, ohne mit den Wimpern zu zukken, unverwandt an. Ihre Blicke besaßen eine geradezu hypnotische Kraft«, vermochte sich Carlos auch dann noch nicht dieses Phänomen zu erklären. Hatte er sich in jener Zeitphase in einem Trancezustand befunden?

Von der alarmierenden Tätigkeit der unheimlichen Gesellen wird im übrigen nicht nur aus den USA berichtet. Personen, die ihnen begegneten, bestätigen das forsche Auftreten der Fremden, schildern sie als Männer in schwarzen Anzügen oder ähnlich gefertigten Air-Force-Uniformen. Mit dunkler Kopfbedeckung – Hut oder militärischer Schirmmütze – sowie mit beeindruckenden (offensichtlich gefälschten) Militär- oder Regierungspapieren ausgestattet. Stets sind diese Unbekannten (die selten allein, gerne aber zu zweit oder zu dritt in Erscheinung treten) darauf aus, Augenzeugen von UFO-Sichtungen oder solche Leute, denen davon sogar Fotos geglückt waren, einzuschüchtern und ihnen ihr Beweismaterial abzuverlangen – angeblich, um es im Labor untersuchen zu lassen. Nachfragen ergaben dann allerdings immer, daß weder die angegebenen Laboratorien noch die Personalien der Uniformierten auf Tatsachen beruhten. Bereits 1967 sah sich die US-

Air Force gezwungen, die Existenz solcher Störfaktoren zuzugeben und auch deren illegale Tätigkeit einzugestehen. »Diese Leute dürfen aber in keinerlei Zusammenhang zur Air Force gesehen werden«, dementierte der offizielle Sprecher des Pentagon für das damals gerade angelaufene, höchst offizielle Vorhaben zur Erforschung des UFO-Phänomens »Project Blue Book« Colonel *George Freeman.* Tatsächlich sieht es so aus, als agierten die »MIBs« autonom und aus eigenem Antrieb.

In ihren Mitteln sind die »Männer in Schwarz« nicht wählerisch, wenn sie es darauf anlegen, einen unliebsamen Zeitgenossen zum Schweigen zu bringen, ihn zu veranlassen, seine Beschäftigung mit UFO-Phänomenen zu neutralisieren. Ein klassisches Beispiel hierfür bietet der Fall des amerikanischen UFOlogen *Albert K. Bender.* »Ich beschäftigte mich mit dem Unwahrscheinlichen und kehrte mit einer Antwort zurück«, trumpfte er zunächst in der Öffentlichkeit auf. Er wisse jetzt, wo er die UFOs zu suchen habe. Das war aber auch alles, was er großartig von sich gab – dann wurde es still um ihn.

Bender war zunächst als Gründer des »Internationalen Büros für Fliegende Untertassen« bekannt geworden. Er hatte vor, seine bombastisch angekündigten Erkenntnisse zum UFO-Phänomen in der eigenen Zeitschrift »Space Review« (Weltraum-Rundschau) zu veröffentlichen. Aber nach einem Jahr Tätigkeit gab Bender unvermittelt klein bei. In der allerletzten Ausgabe seiner Publikation, die er über sein in Bridgeport, Connecticut, befindliches Büro herausbrachte, äußerte sich der UFO-Forscher nur noch in dürren Worten: »Das Geheimnis der fliegenden Untertassen ist kein Geheimnis mehr. Ihre Herkunft ist bekannt, aber jede Information darüber wird auf Anordnung höherer Stellen zurückgehalten. Wir hatten die Absicht, die ganze Angelegenheit ... darzustellen. Aber aufgrund der Natur der erhaltenen Informationen müssen wir uns entschuldigen, daß wir dies nicht tun werden. Wir raten jedem, der sich in Fragen der UFO-Forschung engagiert hat, äußerst vorsichtig zu sein.«

Zwischen Ankündigung und Absage lagen kaum 365 Tage. Was war während dieser Zeitspanne geschehen? Keine Frage: Wesentliches mußte sich ereignet haben, Gravierendes in jedem Fall, denn Albert Bender weigerte sich über Jahre hinweg, darüber zu sprechen oder zu schreiben. Eines Tages jedoch durchbrach er die selbsterrichtete Barriere. Er veröffentlichte ein ungewöhnliches Buch, nannte es »Fliegende Untertassen und die drei Männer in Schwarz«. Erstmals berichtete er darin über die Gründe, die ihn veranlaßt hatten, das UFO-Thema fallen zu lassen.
Seine Publikation liest sich wie eine Horrorgeschichte, und sie stieß bei den meisten Lesern auf Ablehnung und Unglauben. Nur in der näheren Umgebung Benders wußte man, daß seine Angaben auf Richtigkeit beruhten. Mancher hatte nämlich jene drei schwarz gekleideten Gestalten aus der Ferne gesehen, die Albert Bender besuchten, niemand aber vermochte Näheres über die geheimnisvollen Fremden zu sagen oder ihre Identität zu ergründen.
Es hatte damit begonnen, daß der UFOloge seinen für »Space Review« vorbereiteten Enthüllungsbericht zunächst einem Kollegen zur Ansicht und Beurteilung überlassen hatte. Die Antwort kam prompt – aber anders, als sich das Bender vorgestellt hatte. »Ich hatte mich gerade ein wenig aufs Bett gelegt«, schildert er in seinem Buch, »weil mich plötzlich ein Schwindelgefühl überkommen hatte – da bemerkte ich drei schattenhafte Gestalten im Zimmer. Da es draußen bereits dämmerte und im Raum kein Licht brannte, mußte ich meine Augen sehr anstrengen, um deren Aussehen zu erkennen. Nach und nach schälten sich die Fremden aus dem Dunkel, und jetzt sah ich, daß jeder von ihnen in Schwarz gekleidet war. Sie sahen aus wie Geistliche, trugen aber dunkle, breitkrempige Hüte. Ihre Gesichter waren nicht genau zu erkennen, denn die Hüte verdeckten sie teilweise und warfen Schatten auf sie. Ich wurde von einem Angstgefühl übermannt, denn die drei waren mir unheimlich. Ihre Augen leuchteten plötzlich auf wie Blitzlichter. Sie waren starr auf mich gerich-

tet und schienen sich in meine Seele einzubrennen. Gleichzeitig wurde der Schmerz über meinen Augen fast unerträglich. Jetzt wurde mir klar, daß mir die drei eine telepathische Botschaft übermittelten ...«

Bender will, laut Buch, bereits kurz nach der Eröffnung seines Büros einem psychologischen Druck ausgesetzt gewesen sein. Damals schon seien ihm telepathische Warnungen zugegangen sowie die gedanklich übermittelte Aufforderung, alle weiteren Untersuchungen des UFO-Phänomens sofort einzustellen. Später will der Forscher leuchtende Objekte in seinem Zimmer gesehen haben, die einen penetranten Geruch hinterlassen hätten. Und schließlich habe während einer Kinovorstellung, die er besuchte, ein neben ihm sitzender Mann ihn auf sich aufmerksam gemacht, der »zwei seltsame Augen besaß, die in seinem unkenntlichen Gesicht im Dunkel des Kinosaales wie kleine Taschenlampenbirnen aufleuchteten«. Als er seinen Nachbarn genauer fixiert habe, behauptet Bender weiter, sei dieser plötzlich verschwunden gewesen – um ebenso unversehens an seiner anderen Seite wieder sichtbar zu werden. »Erschrocken rief ich damals den Billeteur zu Hilfe. Der kam auch sofort, und er versuchte auf mein Betreiben, meinen unheimlichen Nebenmann anzuleuchten. Aber – da war nichts mehr. Beide Plätze an meiner Seite waren leer. Nichts deutete darauf hin, daß hier irgend jemand gesessen hatte.«

Bender wurde – so schreibt er – in der Folge auch weiterhin von »glühenden Augen« geängstigt. Jene unbekannte Macht habe ihn damals mit andauerndem Psychoterror nervlich fertiggemacht – und schließlich sei es zu jenem Besuch der drei Männer in Schwarz in seinem abgedunkelten Zimmer gekommen.

»Als ich einmal nach Hause kam und die Treppe zu meinem Zimmer emporstieg, schimmerte mir aus der Dunkelheit des Raumes, dessen Türe offenstand, ein seltsam bläuliches Licht entgegen«, erinnert sich der UFO-Forscher. »Im gleichen Augenblick wußte ich, daß sich jemand im Zimmer befinden mußte. In Ermangelung einer Waffe griff ich daraufhin nach dem nächstbesten Gegenstand, der mir als Schutzmittel geeignet schien – einem Besen. Dann betrat ich kurzentschlossen jene Räumlichkeit, wo ich meine Schreibarbeiten zu erledigen pflegte. Das geisterhafte Leuchten kam aus einer Ecke, und in der Mitte der bläulichen Lichtquelle schien sich ein undefinierbares Ding zu befinden.«

Albert Bender hatte, was er gar nicht bestreitet, in jenen Sekunden Angst. Dennoch faßte er allen Mut zusammen und rief in Richtung der Lichtquelle: »Laß den Unsinn und komm heraus!« Nun habe das intensive Leuchten nachgelassen, nur ein glühendes Augenpaar habe ihn aus der Dunkelheit angestarrt. Schließlich sei auch dieses verschwunden, im Raum sei jedoch noch einige Zeit ein unangenehmer Geruch, der Bender an *Schwefel* erinnert haben will, feststellbar gewesen.

Ein plötzlich einsetzendes Schwindelgefühl veranlaßte den geschockten Mann, sich im abgedunkelten Zimmer auf eine dort befindliche Couch zu legen – dann zeigten sich ihm in nicht weniger beklemmender Weise jene drei Gestalten, die Bender als »Männer in Schwarz« bezeichnet. Plagten ihn in diesen Minuten bloß Halluzinationen? War der fanatische UFOloge geistig verwirrt? Jedenfalls sollen ihm damals die drei unheimlichen Besucher die von ihm zuvor entwickelten Schlußfolgerungen über die wahre Identität der UFOs bestätigt haben – ja sogar jenes Schriftstück, das er einem Kollegen zur Begutachtung überlassen hatte, war im Besitz der Fremden. Bender beschreibt, was er empfand: »In meinem Kopf hämmerte es, mein Körper wurde immer leichter. Ich hatte das Gefühl, gewaschen zu werden. Jetzt sah ich meine drei Besucher deutlich vor mir. Sie sahen wie Geistliche aus, trugen aber Hüte aus weichem Filz. Ihre Gesichter waren nicht klar erkennbar, weil die Hüte sie teilweise bedeckten und beschatteten. Dann leuchteten unvermittelt die Augen der Männer wie Taschenlampen auf, und sie fixierten mich in beängstigender Weise.« Befand sich Bender nunmehr unter hypnotischem Einfluß? Keiner der drei sagte ein Wort – aber er »hör-

te« ihre Gedanken. Es war ihm, als spreche eine innere Stimme. Eindringlich warnte sie ihn, sich nicht mehr in die Rätsel des Universums einzumischen. Bender versuchte zu widersprechen, da klang es in ihm: »Wir sind unter euch und kennen eure Gedankengänge. Nimm zur Kenntnis, daß wir hier auf eurer Erde sind!«
Der UFO-Forscher verschweigt in seinem phantastischen Buch, *was* ihm die Männer in Schwarz im Detail über die wirkliche Herkunft der unbekannten Flugobjekte verraten haben sollen – aber was er erfuhr, versetzte ihn offenbar in solchen Schrecken, daß er nur zu gerne bereit war, ihre Forderung zu erfüllen: nämlich sofort seine Organisation aufzulösen und die Herausgabe von »Space Review« einzustellen. Beugte sich Albert K. Bender letztlich jenem Psychoterror, dem er durch die MIBs ausgesetzt gewesen war? Oder muß seine Story auf die überhitzte Phantasie dieses Mannes zurückgeführt werden?
Wie immer man darüber auch denken mag – die Berichte vom Auftauchen dieser dubiosen, unerfreulichen Gestalten können nicht so einfach unterschätzt werden. Was im übrigen auch nicht geschieht. Selbst die innerhalb der UFO-Forschung als seriös arbeitende Gruppierung, in welcher ausschließlich Wissenschaftler der verschiedensten Spezialdisziplinen tätig sind, das »Mutual UFO Network« – kurz MUFON –, nimmt derartige Aussagen aus dem Volk bitter ernst. Der deutsche Diplomphysiker *Illobrand von Ludwiger* übermittelte uns einen Fall, für dessen authentische Herkunft und Wahrheitsgehalt er einsteht. Illobrand von Ludwiger ist uns persönlich bekannt und über jeden Verdacht erhaben, sektiererischen UFO-Kreisen nahezustehen. Das von ihm geschilderte Ereignis liegt noch nicht sehr lange zurück und war deshalb für die MUFON-Leute problemlos nachprüfbar.
Passiert war es auf einer einsamen Straße vor Las Vegas, USA. Dorthin waren spätabends der 29jährige Hundetrainer *Roy Thomas* und seine Frau *Cathy* mit dem Auto unterwegs. Über ihnen ein dunkler Nachthimmel – und plötzlich ein hel-

les, im Mondlicht strahlendes Flugobjekt, das sich vor ihren Augen in einiger Entfernung zur Erde senkte und auf der Straße landete. Später darüber ausführlich befragt, schätzten beide das UFO auf ungefähr zwölf Meter im Durchmesser. Deutlich wären auf dem Objekt dunkelblaue Landevorrichtungen zu erkennen gewesen und auf dem kuppelförmigen Aufbau Schriftzeichen. Hier waren sich allerdings Roy und Cathy nicht einig, ob es sich dabei um die Buchstaben *TLK* oder *TLE* gehandelt habe.
Das unfreiwillige Zusammentreffen mit einem Ding aus einer anderen Welt dauerte nur ein paar Sekunden. Dann erhob es sich wieder, um senkrecht in den Nachthimmel emporzusteigen.
War das Erlebnis, von der obligaten Schrecksekunde abgesehen, relativ problemlos an dem Ehepaar vorübergegangen, so hatte es sich bei ihrem im Fond mitfahrenden Schäferhund weit besorgniserregender ausgewirkt. »Duke«, der von Roy Thomas ausgebildet werden sollte, zeigte plötzlich ein merkwürdiges Verhalten. Das Tier wirkte apathisch und krank, und obwohl es von seinem Ausbilder nach dem Vorfall sofort zu einem Tierarzt gebracht wurde, kam jede Hilfe zu spät: »Duke« mußte eingeschläfert werden.
Natürlich wollte der Hundetrainer den unerklärlichen Grund für das Ableben des Hundes erfahren, und so ließ er den Kadaver des Tieres bei dem Tierarzt zurück. Dieser versprach ihm, eine genaue Untersuchung vorzunehmen. Zwei Tage nach dem traurigen Ereignis klopfte es an der Wohnungstür des Ehepaares. Roy Thomas öffnete – und stand zwei Männern in dunkelblauen Anzügen gegenüber, die sich mit Ausweisen der amerikanischen Luftwaffe legitimierten und Einlaß begehrten. Auf einem der offiziellen Dokumente las er den Namen sowie den Dienstgrad von seinem seiner Besucher: *»Major Painter«.*
Roy Thomas hatte zum Zeitpunkt des Geschehens keine Veranlassung, an der Identität der beiden Air-Force-Angehörigen zu zweifeln. Er vermutete damals, daß die Männer von der

nicht weit entfernten *Nellis Base* gekommen waren. Und so war er auch nicht überrascht, daß sich die beiden ziemlich gut über sein UFO-Erlebnis informiert zeigten. Er selbst war es ja gewesen, der noch spätabends diesen Luftwaffenstützpunkt benachrichtigt und auch vom tragischen Ableben seines Schäferhundes erzählt hatte. Bei jenem Telefonat hatte sich Roy jedoch der Verdacht aufgedrängt, daß seine Schilderung dort nicht ernst genommen worden war. Offenkundig erwies sich das jetzt als gravierender Irrtum. Die beiden Besucher sprachen Mr. Thomas gerade darauf an, legten ihm einige Formulare zur Unterschrift vor und verlangten zu guter Letzt die Ausfolgung der Hundeleiche. Das war aber dem Besitzer gar nicht recht. Er setzte den Männern auseinander, daß »Duke« der Liebling seiner Frau gewesen sei und diese darauf bestünde, das Tier auf einem der nahegelegenen Hundefriedhöfe begraben zu lassen. Die nachfolgende Reaktion der vermeintlichen Air-Force-Angehörigen überraschte Roy Thomas. Beide Männer nahmen plötzlich eine geradezu drohende Haltung gegen ihn ein und forderten abermals kategorisch die Ausfolgung der Hundeleiche. Beharrlich weigerten sich die Eheleute, dieser Anordnung nachzukommen. »Wir bekommen ihren Hund so oder so«, wurde ihnen daraufhin in drohendem Unterton beschieden, ehe ihre Besucher das Haus verließen.
Erst hinterher wurde dem Hundetrainer klar, was mit diesen Abschiedsworten gemeint gewesen war. Als nämlich Roy und Cathy wieder beim Tierarzt vorsprachen, um sich nach dem Ergebnis seiner Untersuchung zu erkundigen, teilte ihnen dieser mit, daß die Leiche des Tieres nicht mehr in seinem Besitze sei. Zwei Air-Force-Leute seien bei ihm erschienen, hätten die Herausgabe des Kadavers verlangt und ihm, bei einer Weigerung, ihrem Befehl nachzukommen, mit Repressalien gedroht.
Empört über den Eingriff der Fremden in seine Privatsphäre, beschloß der Hundetrainer, die »Nellis Base« der Air Force aufzusuchen, um gegen das Verhalten der beiden Abgesandten zu protestieren. Dort war man jedoch nicht geneigt, sich

seine Beschwerde anzuhören. Roy wurde kurzerhand abgewimmelt. Seine Verblüffung war groß, als er sich, kaum nach Hause zurückgekehrt, neuerlich mit den unwirschen Besuchern konfrontiert sah. Diesen behagten offenbar die eigenmächtigen Nachforschungen der jungen Leute nicht, die inzwischen auch gewisse Zweifel an der wahren Identität der angeblichen Air-Force-Angehörigen hegten. Jetzt drohten sie dem Ehepaar mit Gefängnis, sollte es auch weiterhin wagen, nach dem Verbleib der Hundeleiche zu forschen.

Roy Thomas riß die Geduld. In scharfen Worten wies er den unerwünschten Besuchern die Tür, und diese folgten zu seiner Überraschung widerspruchslos der Aufforderung. Jetzt wollte es der junge Mann aber wirklich genauer wissen. Noch einmal telefonierte er mit der Air-Force-Basis und versuchte dort Näheres über jenen undurchsichtigen »Major Painter« zu erfahren. Mit Erfolg. Allerdings trug die bereitwillig gegebene Auskunft nur noch mehr zu seiner Verwirrung bei: In »Nellis Base« war ein Major namens »Painter« nicht bekannt. Auch über die Beschlagnahme des Tierkadavers behauptete man nichts zu wissen. Roy war ratlos. Schließlich wandte er sich an das »Center for UFO-Studies« (CUFOS), das »Zentrum für UFO-Studien«, in Evanston, Illinois. Eine Adresse, die ihm Amerikas prominentester UFO-Experte, Professor Dr. *J. Allen Hynek,* auf Anfrage mitgeteilt hatte.

Dort erinnerte man sich sehr gut an einen Mann namens »Major Painter«. Mehrmals waren ein solcher Herr sowie anonyme Helfer unter verschiedenen Bezeichnungen schon in Erscheinung getreten – und nicht immer hatten sie sich als Air-Force-Abgesandte ausgewiesen. Auch als Angehörige eines imaginären »Schutzdienstes« waren diese Leute bereits unliebsam aufgefallen. Nachforschungen des CUFON, das sich der Mithilfe eines Air-Force-Sergeants versichert hatte, ergaben, daß im Gästebuch der Air-Force der Besuch von Roy und Cathy Thomas überhaupt nicht verzeichnet worden war! Was um so verwunderlicher erscheint, als sich jeder Zivilist vor dem Betreten des Luftwaffenstützpunktes auszuweisen hat sowie strenger Kontrollen unterziehen muß und selbstverständlich als Außenstehender registriert wird, ehe man ihm gestattet, das Gelände von »Nellis Base« zu betreten. Jetzt sah es aber so aus, als hätte der Kurzaufenthalt des Ehepaares Thomas im Inneren der Air-Force-Anlage niemals stattgefunden. Oder war er, aus welchem Grund auch immer, bloß einfach »wegretuschiert« worden?

Roy und Cathy kamen nicht zur Ruhe. Anonyme Anrufer störten ihren Schlaf und warnten sie davor, mit dem »Center for UFO-Studies« zusammenzuarbeiten. Und um dem allen offenbar Nachdruck zu verleihen, stellten sich »Major Painter« und sein Begleiter zum dritten Mal bei Mr. Thomas ein. Der war mehr als überrascht über die Unverfrorenheit dieser Leute. Abermals verlangte er von den beiden Besuchern, sich zu legitimieren. Aufmerksamer als zuvor studierte er den Inhalt von »Painters« Ausweis, der scheinbar von einer Air-Force-Dienststelle ausgestellt worden war. Später erinnerte sich der Hundetrainer, darauf auch die Bezeichnung *Superior Officer* gelesen zu haben – was diesen »Painter« (wenn er tatsächlich so hieß) de facto als höhergestellten Offizier legitimierte. Der angebliche »Major« sowie sein militärischer Begleiter zeigten sich diesmal weitaus gesprächsbereiter als bei den vorherigen Besuchen. Verwundert erfuhren Roy und seine Frau, daß »Painter« und seine Leute den Inhalt ihres Gesprächs mit Professor Hynek »auf paranormalem Weg« erfahren hatten. Auf die erstaunte Frage des jungen Mannes, weshalb bei der Air-Force so großes Interesse daran gezeigt würde, ausgerechnet den Kadaver ihres eingeschläferten Hundes zu konfiszieren, ließ ihn der »Major« wissen, daß man sich bei seiner Dienststelle interessiert gezeigt habe, das tote Tier auf »nicht entdeckte Effekte« zu untersuchen. Was bei Roy Thomas den Verdacht aufkommen ließ, das von ihm und seiner Frau gesichtete UFO sei vielleicht Besitztum der Luftwaffe.

Da die beiden Besucher weiterhin ein aggressives Verhalten an den Tag legten, verlor ihr unfreiwilliger Gastgeber die Geduld. Die unverhüllt ausgestoßenen Drohungen der Fremden, die seine Frau ängstigten, ließen Roy zu einem spontanen Entschluß kommen. »Jetzt habe ich von euch endgültig genug!« schrie er plötzlich in aufkeimender Wut und packte sein in Griffnähe befindliches Gewehr. Die Fremden wurden durch diese überraschende Attacke überrumpelt. Während der mutige Hundetrainer mit einer Hand nach der Flinte griff und damit die beiden angeblichen Air-Force-Leute in Schach hielt, drehte er mit der anderen die Wählscheibe des Telefons. »Ich werde Sie beide der Polizei übergeben«, sagte er kurz angebunden. »Dort wird man feststellen, wer Sie nun wirklich sind.«

Das wollten »Painter & Co.« natürlich nicht. Als sich der vermeintliche Offizier unvermittelt zur Türe wandte, um zu fliehen, traf ihn die Faust des erbosten Gastgebers voll im Gesicht. »Painter« schlug zurück. Ein kräftiger Tritt seines Schuhs traf Roy schmerzhaft am Knöchel – im nächsten Moment ergriffen »Painter« und sein Gefährte die Flucht. Roy Thomas versuchte zwar den panikartigen Abgang der zwei zu vereiteln, kam aber zu spät. Bevor das Auto der Fremden mit aufheulendem Motor davonraste, gewahrte der junge Mann auf der dunklen Limousine die Aufschrift: »For Air-Force Use Only« – *Nur für den Gebrauch der Air-Force.* Roy und Cathy Thomas hatten seither Ruhe. Sie wurden von MIBs nicht mehr belästigt.

Es gibt zahlreiche ähnliche Fälle von bedrohlicher Tendenz. Nicht nur in den USA. Auch in Mexiko (wie wir wissen), Italien, Schweden oder Großbritannien. Männer in Schwarz zeigen sich auch keineswegs erst in der Gegenwart oder jüngeren Vergangenheit. Es gibt sie – wer immer sie auch sind – seit langer Zeit.

Wer oder was sind die MIBs? Wer oder was verbirgt sich hinter ihrer uns so beunruhigenden Organisation? Gehören ihre Angehörigen etwa zum Geheimdienst irgendeiner *Großmacht?* Auf welche Weise wahren sie ihre oft unheimlich anmutende Anonymität? Wer oder was bewirkt die erstaunlichen *paranormalen* Fähigkeiten der Männer in Schwarz? Wo

verbergen sie sich jeweils vor und nach ihren zumeist überraschenden Einsätzen? Werden sie über eine bestens informierte Zentrale gesteuert? Wo muß deren Hauptquartier vermutet werden? Vor allem aber: Welchen Zusammenhang gibt es zwischen den weltweit registrierten UFO-Phänomenen und jenen Männern in Schwarz?
Über alle diese Fragen existieren viele Theorien. Sie reichen von der Annahme, MIBs seien lediglich ein Ausbund krankhafter Phantasien – bis hin zur nicht weniger extremen Behauptung, sie einer *außerirdischen* Herkunft zu bezichtigen. Aber noch eine weitere Überlegung darf in diesem Zusammenhang nicht ganz außer acht gelassen werden: Sie transferiert die dunkle Agentengruppe in eine *andere Daseinsebene!* Handelt es sich bei den Männern in Schwarz um *Zeitreisende?* Ist ihnen zur Aufgabe gestellt, bestimmte *Zeitkorrekturen* in die Wege zu leiten? Sind die MIBs eine Polizeieinheit aus der *Zukunft?*
Wer solche Möglichkeiten auf Anhieb verneint, die MIBs und ihre unheimlichen Aktivitäten bagatellisiert, sollte sein Urteil auf seine Stichhaltigkeit revidieren. Es gibt keinen Rauch ohne Feuer! Und kein Gerücht enthält nicht auch ein Körnchen Wahrheit! Er sollte uns animieren, danach zu suchen. Auch wenn dies alles sämtlichen logischen Erkenntnissen widerspricht. Nicht alles ist so, wie es scheint ...

5 Unerklärliche Kräfte

Das Mysterium der Kreise im Korn

Begonnen hatte es im Sommer 1978. Und zwar in England. Nimmt man es ganz genau, dann muß man allerdings eingestehen, daß die seltsamen, kreisförmigen Gebilde sich auch schon früher in den Getreidefeldern des Kingdoms vereinzelt gezeigt hatten. Die überraschten Bauern hatten aber dem Ganzen, trotz allgemeiner Verwunderung, keine allzu große Bedeutung beigemessen und mit ihren Mähdreschern die dabei aufgetretenen Formen wieder zerstört. Anders hatte *Ian Stevens* reagiert, als er in jenen Sommermonaten vor fünfzehn Jahren eines Morgens in seinem Weizenfeld eine große Kreisfläche entdeckte, die am Vortag nachweislich noch nicht dagewesen war.

Stevens, mit seinem Mähdrescher unterwegs, um die Getreidefläche abzuernten, bemerkte zu seiner Verblüffung, daß das Korn im Innern des Kreises flach auf den Boden gedrückt worden war und sämtliche Weizenhalme in gebogenen Strahlen vom Kreismittelpunkt bis zu dessen Rand spiralförmig im Uhrzeigersinn gewunden waren. Das merkwürdige Aussehen der Formation ließ Stevens von einer Zerstörung absehen. Ihm war inzwischen bewußt geworden, daß sich in seinem Feld nicht nur ein, sondern gleich *fünf* solcher ungewöhnlichen Kreise gebildet hatten. Um den zuerst entdeckten großen Mittelkreis postierten sich in gleichmäßigen Abständen vier kleinere kreisförmige Gebilde mit den gleichen Symptomen. Die gesamte Formation glich in gewisser Weise fünf Augen auf einem Spielwürfel.

Es dauerte eine Weile, bis der Bauer sich von seinem Erstaunen erholt hatte und in der Lage war, wieder seinen eigentlichen Verpflichtungen nachzukommen.

Schließlich betätigte er kurzentschlossen seinen Mähdrescher

und setzte die Arbeit ohne Unterbrechung bis Mittag fort. Dann aber eilte er nach Hause, um seine Familie, Frau und Töchter, über das Phänomen der Getreidekreise zu informieren.
Auch Stevens hatte sich inzwischen erinnert, bereits vor zwei Jahren, 1976, in einem fremden Getreidefeld einen Einzelkreis gesehen zu haben, doch hatte er darüber nicht weiter nachgedacht, hatte alles für die Spielerei irgendwelcher Spaßvögel gehalten. Jetzt aber waren deren gleich fünf in seinem eigenen Bereich aufgetaucht, und er hatte sich dafür – umständehalber – mehr Zeit genommen und ihr Aussehen studiert. Dabei war ihm auch klar geworden, daß es zu einfach war, irgendwelchen Witzbolden die Konstruktion jener Kreise zuzubilligen. Wie hätten sie es nämlich zuwege bringen sollen, die Getreideähren spiralförmig und im Uhrzeigersinn zu winden, ohne sie bei dieser Prozedur auch zu *brechen?* Immer mehr wurde Stevens bewußt, daß hier Kräfte am Werk gewesen sein mußten, die zwar einerseits die Halme niederzudrücken imstande gewesen waren, es aber gleichzeitig verstanden hatten, das Korn nicht zu beschädigen, geschweige zu zerstören.
Da es natürlich nicht anging, die fünfkreisige Formation so zu belassen, wie sie nun einmal war, und letztlich die Erntearbeit auch in diesem Abschnitt des Getreidefeldes geleistet werden mußte, kam Ian Stevens die rettende Idee, die seltsamen Gebilde einfach zu fotografieren, um sie auf diese Weise der Nachwelt zu erhalten. Und das tat er denn auch. Aber erst in den Sommermonaten des Jahres 1981 zeigte es sich, daß der Bauer damit klug gehandelt hatte.
Pat Delgado hatte sich an einem dieser Tage mit seinem Partner *Dave Pemberton* zum Golfspiel verabredet, und dieser hatte ihn so nebenbei nach seiner Ansicht über die möglichen Ursachen der seit einiger Zeit in verschiedenen Getreidefeldern festgestellten rätselhaften Kreisformationen befragt. Delgado, bereits im Ruhestand, während seiner aktiven Zeit als Ingenieur für Elektromaschinenbau tätig gewesen, war ahnungslos. Erstaunt, aber zunehmend neugieriger werdend,

vernahm er durch seinen Freund Einzelheiten über dieses immer häufiger sichtbar werdende Phänomen. Spontan entschloß er sich, das eine oder andere Gelände, wo jene Kreise aufgetaucht waren, persönlich anzusehen.
»Ich fuhr nach Cheesefoot Head; wie in ein natürliches Amphitheater sah ich dort auf das Feld hinunter. Unter mir erstreckten sich in einer Linie drei große Kreise aus flach gelagertem Korn. Sie beeindruckten mich zutiefst. Ich weiß nicht, wie lange ich dort stand und auf sie niedersah, doch ich erinnere mich, daß ich bei ihrem Anblick im Geiste alle Möglichkeiten ihrer Entstehung durchging. Später kam ich zu dem Schluß, daß ich diese Erfahrung anderen mitteilen sollte ...«
So schreibt Pat Delgado in der Einleitung zu dem erfolgreichen Buch »Kreisrunde Zeichen«, das er 1989 gemeinsam mit *Colin Andrews,* einem leitenden Elektroingenieur beim Test Valley Borough Council, verfaßt hat. Seither ist England nicht mehr zur Ruhe gekommen. Auch andere Leute begannen sich jetzt für die Kornkreise zu interessieren, und natürlich blieb es dabei nicht aus, daß weitere Publikationen wie die Pilze aus dem Boden schossen und – aufgrund ihrer außergewöhnlichen Thematik – die Neugier der Öffentlichkeit weckten. Hier soll aber nicht eine Chronologie über die diversen und zahlreichen (um nicht zu sagen: *zahllosen*) Veröffentlichungen in Büchern oder in Form von Zeitungsartikeln ausgebreitet werden – wir wollen uns, von ein paar besonderen Kostproben abgesehen, lieber mit einigen *neuen* Aspekten innerhalb des Kornkreisrätsels auseinandersetzen. Und es ist ein Rätsel, das uns da von anonymer Seite zum Knacken gegeben wurde. Lösungen hierfür wurden bereits die verschiedensten angeboten, sie reichen von UFO-Erscheinungen über Wirbelwinde bis hin zu Studentenulken. Dazwischen finden sich noch jede Menge diskutable und indiskutable Abwandlungen. Das Seltsame an der Sache ist jedoch, daß sich immer dann, wenn sich einer der selbsternannten Rätselknacker der Lösung des Kreisphänomens nahe glaubte, plötzlich völlig neue und andersartige Gebilde – in Fachkreisen *Piktogramme* genannt –

zeigten, in geometrischen Darstellungen, die sich schon längst nicht mehr darauf beschränkten, kreisförmig aufzutreten.
Zieht man, aus der gegenwärtigen Situation heraus betrachtet, eine subjektive Zwischenbilanz, dann ist man versucht, mit dem griechischen Philosophen *Sokrates* zu spötteln: »Ich weiß, daß ich nichts weiß ...«
Unerklärliche Kräfte scheinen am Werk zu sein. Und ihr Wirken beschränkt sich schon längst nicht mehr auf England allein. Piktogramme und damit einhergehende kreisförmige Formationen zeigen sich weltweit: In Kanada ebenso wie in Australien, in den USA, Japan sowie auf russischem Gelände. Auch in Deutschland sind da und dort derartige Gebilde aufgetaucht, und Experten sind sich ähnlich wie Amateurforscher nicht einig, welche Kreise nun echt und welche vielleicht gefälscht worden sind. Inzwischen beginnt sich das Phänomen auch in den ehemaligen Ostblockstaaten auszubreiten. Zuletzt war *Ungarn* davon betroffen, wo im Umkreis der Ortschaft *Szekesfehervar* bei Budapest in einem der Weizenfelder im Sommer 1992 eine Reihe von Kornkreisfiguren sichtbar wurden. Wie weit es sich dabei um »echte« handelt, ist noch Gegenstand von Untersuchungen. Fälschungen (und solche hat es natürlich ebenfalls gegeben) können zwar nie ausgeschlossen werden, doch ändert das alles nichts an jenen einzigartigen Phänomenen, wie sie die Getreidefeldformationen zweifellos darstellen.
Wer hat sie angelegt? Welcher tiefere Sinn ist ihnen gegeben? Was haben ihre immer komplizierter werdenden Piktogramme zu bedeuten? Alles Fragen, deren Beantwortung in einem uns alle befriedigendem Maß noch nicht gefunden werden konnte. Lediglich bestimmte Symptome scheint es zu geben, von denen vor allem solche Personen betroffen wurden, die sich auch *geistig* mit den Kreisen befaßten und die ihr jeweiliges Terrain testmäßig betraten.
Wie dies auch dem Wiener Tontechniker *Oliver Stummer* widerfahren ist, dessen »Kreiserfahrungen« eine wichtige Komponente bedeuten.

Vorausgeschickt muß werden, daß der 25jährige junge Mann außerordentlich sensibel zu sein scheint, was möglicherweise mit den ihn belastenden gesundheitlichen Problemen in Verbindung gebracht werden muß. Oliver Stummer leidet unter einer Art Fehlfunktion des vegetativen Nervensystems, was nicht als akute Krankheit angesehen werden darf, sondern eher als eine Reaktion seelischer Schwierigkeiten. »In der Praxis bedeutet dies eine äußerst große Empfindlichkeit auf Reizungen des Körpers«, erklärt uns der vielfältig Interessierte (Stummer beschäftigt sich nebenher mit Mineralogie, Paläontologie, Anthropologie, Archäologie sowie mit später Geomantie, das ist die Erforschung terrestrischer Strahlungsphänomene). Olivers Allergie richtet sich gegen die Konsumierung selbst der geringfügigsten Mengen von Koffein, er verträgt Reisen mit dem Flugzeug nicht, und er ist dermaßen wetterfühlig, daß eine sich ändernde Witterung manchmal im buchstäblichen Sinn »niederschlagende« Wirkung auf seinen Organismus zeigt. Von hier bis zu (wie er selbst nicht ausschließt) »hysterischen Ursachen« ist es dann wohl nur ein kleiner Schritt. Was immer dies alles auch zur Folge haben mag – sicher scheint, daß Oliver Stummer sensitiv veranlagt sein dürfte und in bestimmten außergewöhnlichen Situationen entsprechend sensibel zu reagieren pflegt.
Der Wiener hatte 1989 erstmals etwas über das Mysterium der englischen Kornkreise vernommen und auch darüber, daß solche Formationen oft im Umfeld prähistorischer Kultstätten aufgetreten waren. Zunächst neigte er zu der Auffassung, wonach das Phänomen (Fälschungen ausgeklammert) aus dem Zusammenspiel von meteorologischen und geologischen Einflüssen resultierte. »Und bis zum 20. Juli vor zwei Jahren erschien mir diese Theorie durchaus ausreichend«, erinnert sich unser Berichterstatter. An dem bewußten Julitag ereignete sich jedoch etwas, das den jungen Mann mit völlig neuen Aspekten über das Wesen jener unerklärlichen Kräfte in den zum Vorschein gekommenen Piktogrammen konfrontierte.
Oliver hatte zuvor schon mehrere Getreideformationen in Au-

genschein genommen, dabei aber bis auf leichte Kopfschmerzen keinerlei negative Reaktionen verspürt. Am Morgen des 20. Juli waren er und seine ihn auf der Englandreise begleitende Freundin *Daniela* von der Wirtin vor allem auf die Kreise im nahegelegenen Gebiet von *Barbury Castle* aufmerksam gemacht worden – wobei sie nicht vergessen hatte hinzuzufügen, daß es sich dabei um Fälschungen handeln sollte. Doch das tat der Neugier der beiden jungen Leute keinen Abbruch.

»Nachdem wir am Rande des betreffenden Weizenfeldes eine dort plakatierte Luftaufnahme von den Kreisformationen bestaunt hatten, waren auch wir uns ziemlich sicher, hier keine Originalgebilde vorzufinden. Die dargestellten Piktogramme erschienen uns zu kompliziert«, erzählt der Tontechniker. Das Pärchen bezahlte Eintritt in Höhe von einem Pfund und stapfte dann in Richtung einer Traktorspur, die direkt zu einem der Getreidekreise führte. »Aber dann geschah etwas Merkwürdiges. Je mehr wir uns dem ersten Piktogramm näherten, um so flauer wurde mir zumute. Ich bekam plötzlich weiche Knie, und mein Gesichtsfeld begann sich einzuschränken. Der graue Himmel blendete mich, ich hörte das Blut in den Ohren rauschen, mir wurde schwindelig, und ein unangenehmer Druck lastete im Nacken.« Oliver war leicht benommen, und dieses Symptom verstärkte sich, als er dennoch die Kreisfläche betrat. Gegenüber der Freundin verschwieg der Junge zunächst diesen kritischen Zustand, erst als er rasendes Herzklopfen bekam, beichtete er ihr seine schlimme Verfassung. Eilig verließen beide den Bereich des Piktogrammes, da aber sowohl Oliver als auch Daniela das alles einer hysterischen Anwandlung des Betroffenen zuschrieben, kehrte der Wiener kurzentschlossen wieder zu dem Kreis zurück, um darin noch ein paar Fotos aufzunehmen. Er hätte es lieber unterlassen sollen: »Kaum war ich dabei abzudrücken, als sich in mir irgend etwas zusammenbraute. Ich ließ es deshalb bleiben, verließ fast panikartig die für mich so unheilvolle Stätte.«

Aber es schien, als sollte Oliver Stummer für seine Anmaßung, das Innere des Kornkreises betreten zu haben, bestraft werden. Als er eben Anstalten machte, in sein Auto einzusteigen, traf ihn unvermutet ein Schlag im Genick. »Es war wie ein Elektroschock«, erzählt er uns von seinem bösen Erlebnis. »Ich sah Lichtflecke vor meinen Augen tanzen, und alles ließ mich in jenen Sekunden an die typischen Symptome von Kreislaufstörungen denken. Ich befand mich in einem grauenvollen Zustand. Ich hatte plötzlich das Gefühl, aus meinem eigenen Körper zu fließen. Gleich darauf hörte ich mich angstvoll schreien, während ich wie verrückt die Traktorspur entlangzulaufen begann. Dann fiel ich erschöpft zu Boden ...«

Oliver zitterte am ganzen Körper, er fühlte sich vollkommen ausgelaugt. Daniela brachte ihren Freund vorsichtig zum Auto zurück, setzte sich dann selbst ans Steuer, um zu ihrer Unterkunft heimzukehren. Den Rest des Tages verbrachte der Wiener in horizontaler Lage. Sein Magen schmerzte, wie von einem Boxhieb getroffen.

Jetzt vermeinte auch die Freundin ein Schwindelgefühl und Benommenheit im Inneren des Piktogramms verspürt zu haben. Allerdings führte sie ihr körperliches Unbehagen in erster Linie auf Olivers schockierendes Verhalten in dem Getreidefeld zurück. Dessen Zustand währte bis zum nächsten Morgen, »aber Angst blieb fortan mein ständiger Begleiter«. Und eine Erkenntnis, deren Konsequenz ihn selbst überraschte: »Irgendwie dämmerte mir plötzlich, daß die von uns in dem Piktogramm festgestellten Figuren nicht unbedingt gefälscht sein mußten. Sie erschienen mir in Barbury Castle eher als symbolträchtige Botschaften, waren in ihrem Erscheinungsbild in beeindruckender Weise kompliziert dargestellt worden – was ich letztendlich für bedeutsam erachtete.« Viel später erfuhr der Wiener, längst schon nach Hause zurückgekehrt, daß die nämliche Formation auch noch andere »Opfer« gefordert hatte: so die Lebensgefährtin des prominenten Geomanten und Autors *John Michell, Adrian Dexter-Seiter,* ein Mitglied jener Gruppe, die den Wettbewerb der Kornkreisfäl-

1

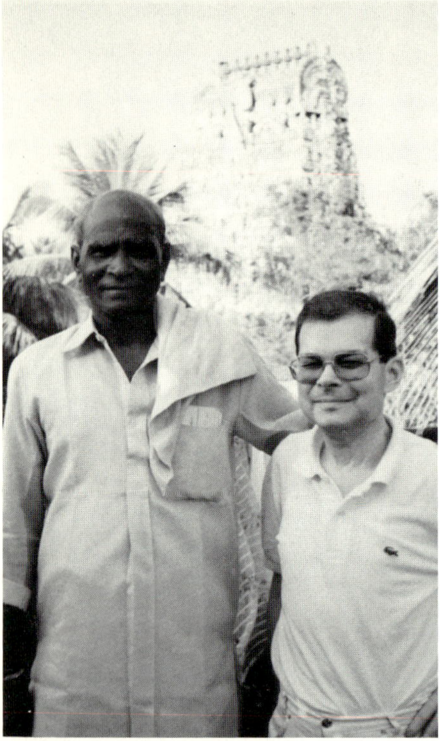

2

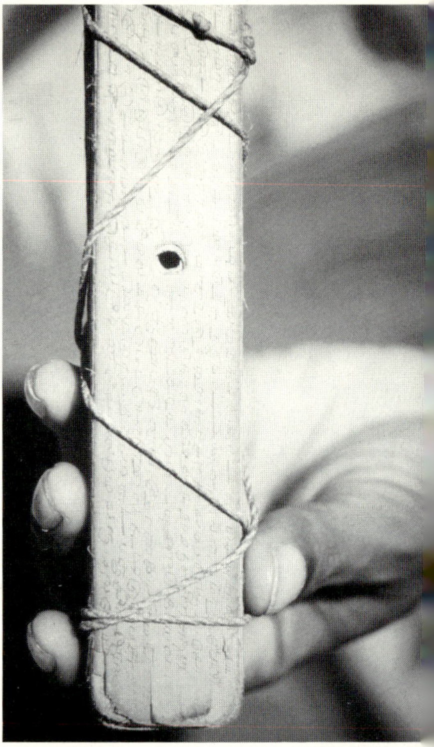

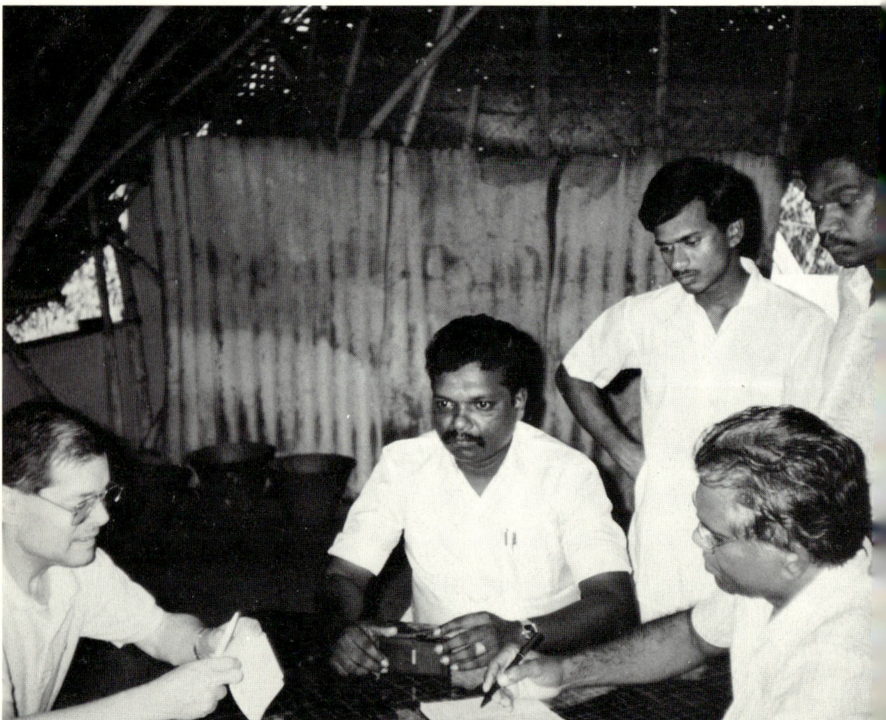

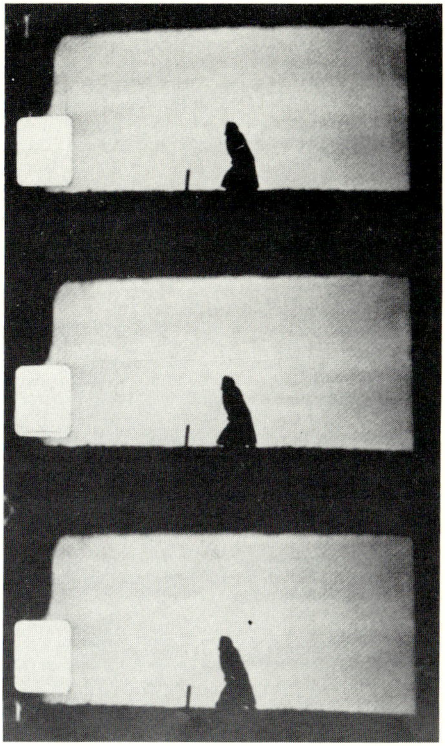

6

7

8

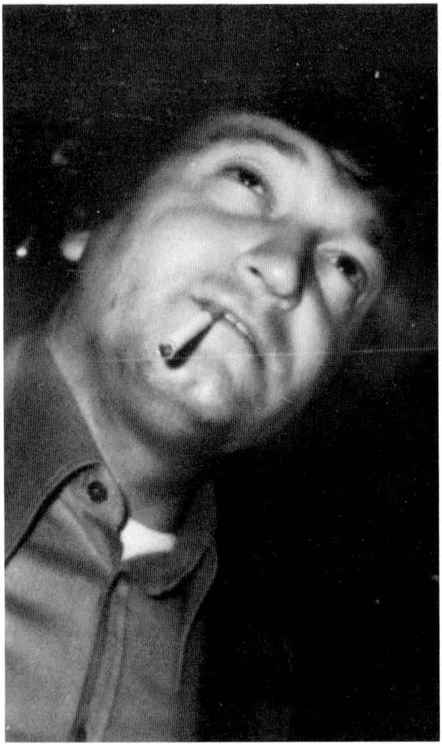

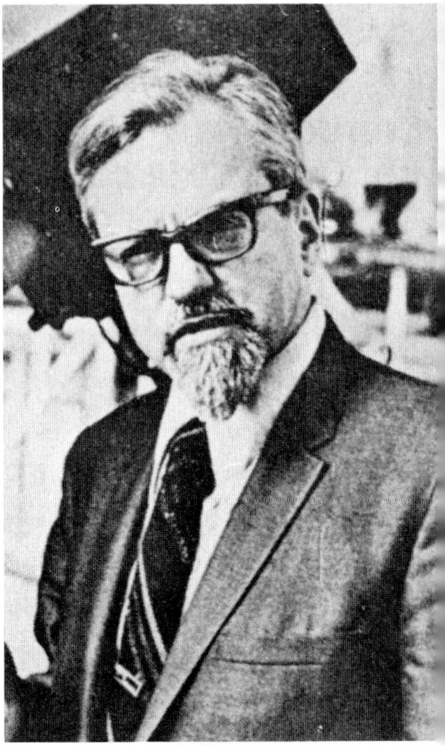

1 *Fiktive Darstellung des weisen Inders Bhrigu und seiner Frau.*

2 *Poosa Muthu (links) leitet die Palmblattbibliothek in Vaithisvarankoil. Hier gemeinsam mit Co-Autor Peter Krassa.*

3 *Auf unzähligen Palmblättern ist das Schicksal jener Personen verzeichnet, die die Bibliothek besucht haben und besuchen werden.*

4 *Co-Autor Peter Krassa erfährt seine Zukunft. Professor Natavajan (rechts) übersetzte ihm, was die Palmblätter offenbarten.*

5 *Der Journalist Paul Uccusic folgte mit einem Team von Wissenschaftlern und Parapsychologen den Spuren des »Schwarzen Spuks«.*

6 *Bilder aus einem Amateurfilm, den ein Student in Bayern drehte. Verbirgt sich hinter der Silhouette die ominöse »Schwarze Frau«?*

7 *Die Schnellstraße WOS 1 zwischen Freyung und Waldkirchen in Bayern gilt als berüchtigter Erscheinungsort der »Schwarzen Frau«. Trude Stemmer (Abb. 7 a) begegnete der Spukgestalt.*

8 *Der grauenhafte Alptraum des prominenten Autors Erich von Däniken verwirklichte sich in Chicago auf beängstigende Weise.*

9 *Der verstorbene Astronom und »UFO-Papst« Dr. J. Allen Hynek.*

10

12

13

14

15

16

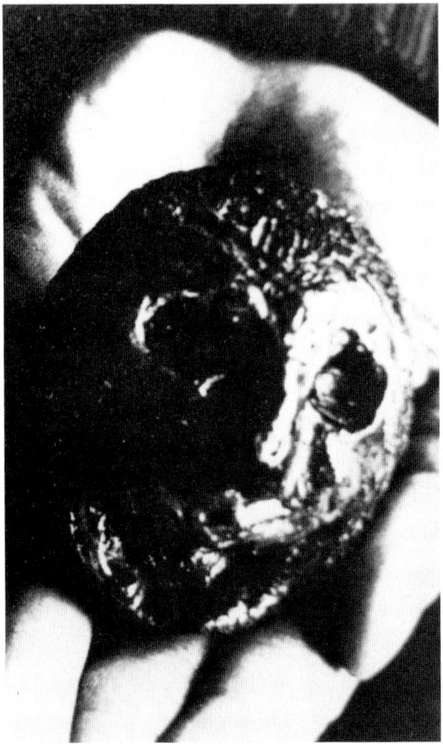

17

10 Wie Phantome treten sie in Erscheinung, um ebenso unerkannt wieder zu verschwinden: »Männer in Schwarz«, Agenten des Terrors.

11 Vergeblich versuchte sich der amerikanische UFO-Forscher Albert K. Bender den düsteren Gestalten zu widersetzen.

12 Drei dunkle unheimliche Gestalten in einer schwarzen Limousine rammten fast das Auto einer Wiener Familie. Die Männer in Schwarz?

13 Einer von vielen Kornkreisen auf den Feldern der englischen Grafschaft Wiltshire. Sein Aussehen gleicht dem ...

14 ... Grundriß des chinesischen »Himmelstempels« in Beijing. Bloß ein seltsamer Zufall – oder steckt mehr hinter diesem Doppelgänger?

15 Violett leuchtende Strahlen, die am Boden des Marchfeldes in Niederösterreich sichtbar wurden und himmelwärts zeigten, fotografierte der Wiener Tontechniker Oliver Stummer (Abb. 15 a) nahe von Prottes.

16 Co-Autor Reinhard Habeck im Zentrum eines Kornkreises in Cheesefoodhead, Wiltshire. Ihm blieben unangenehme Folgen erspart.

17 Einer von zwei abstoßenden Totenschädeln aus Stein, die in der Folge im englischen Ort Hexham eine wahre Gespensterorgie entfesselten.

18 Auch die Mumie des ägyptischen Pharaos Tut-ench-amun scheint durch eine Fluchformel belastet. Rätselhafte Todesfälle schufen Unruhe.

scher im Juli des Vorjahres gewonnen hatte, wie auch die Partnerin von *Andrew Collins,* Autor von »The Circlemakers«.
Oliver Stummers körperliche Probleme verebbten am darauffolgenden Tag, und auch danach schien bei ihm gesundheitlich alles glattzugehen. Bis zum 25. Juli, wo er und Daniela einen Spaziergang zu der Alton Priors Formation unternahmen. Sie waren auf diese Getreidezeichen mittels Feldstecher aufmerksam geworden und waren nun neugierig, sämtliche dort aufgetretenen Piktogramme persönlich in Augenschein zu nehmen. »Auf direktem Weg begaben wir uns also in das betreffende Gebiet und parkten unser Auto östlich des Standortes«, erinnert sich unser Erzähler. »Während wir entlang der Asphaltstraße zum Eingang in das betreffende Feld schlenderten und wir von hier aus bereits den unteren Abschnitt des Piktogramms erkennen konnten – traf mich unvorbereitet ein elektroschockartiger Schlag im Nacken. Ich blieb stehen. Es war dasselbe Gefühl wie beim erstenmal. Wieder hatte ich dieses mir nun schon wohlbekannte ungewöhnlich tiefe Klingen in meinem linken Ohr.«
Ein Symptom übrigens, das sich im Zusammenhang mit Kornkreisen bereits mehrmals bei verschiedenen Personen gezeigt hat. Eine Untersuchung des Phänomens durch die englische Medizinerin *Diana Clift* im Frühjahr 1992 ergab jedenfalls, daß bei *16 Prozent* der von ihr getesteten Kreisbesucher, die dabei entweder körperliche oder geistige Veränderungen an sich festgestellt hatten, genau jener Klangeffekt aufgetreten war, den auch Oliver Stummer zu verspüren bekam. Ein Gefühl, das von den Betroffenen durchweg als *negativ* empfunden wurde. Nur *zwölf Prozent* der von der Ärztin Untersuchten vermochten, so teilte sie später mit, mit *positiven* Erfahrungen aufzuwarten, während sie im Inneren eines Kreises oder Piktogramms geweilt hatten.
Auch bei Oliver traten die unangenehmen Begleiterscheinungen nicht regelmäßig auf. Ein Umstand, der sich vielleicht so erklären läßt, daß derartige, vielleicht von der jeweiligen Psy-

che des betroffenen Besuchers stärker oder schwächer beeinflußte Kreissymptome sich überhaupt nur dann äußerten, wenn diese Personen ein »echtes« Gebilde im Getreidefeld betraten. Für diese Überlegung spricht auch das Empfinden von Olivers Freundin Daniela, die – ohne von krankheitsbedingten Faktoren (wie ihr Freund) belastet zu sein – ihren Begleiter zu dessen Überraschung fragte, ob es ihm gut ginge. Beide hatten gerade zuvor wieder ein Piktogramm betreten. Auf Olivers erstaunte Frage, was sie damit meine, gestand ihm Daniela, vom ersten Moment an im Inneren der Kreisformation ein Schwindelgefühl verspürt und weiche Knie bekommen zu haben. Im Gegensatz zu dem jungen Wiener, den noch zwei Stunden nach ihrer Exkursion Erschöpfungszustände plagten, gab es bei dem Mädchen keinerlei körperliche Probleme und auch keine sonstigen Folgen.
Trotz seiner oftmaligen Schwierigkeiten, die ihn daran hinderten, jene mysteriösen Formationen in Englands Getreidefeldern selbst zu betreten, war Oliver Stummer nicht davon abzuhalten, sich mit diesem einzigartigen Phänomen auch weiterhin zu beschäftigen. Was ihm die Praxis manchmal verwehrte, durchdachte er um so intensiver auf theoretischer Basis. Er legte sich, nach eingehenden Studien jener Symptome, die sich im Zusammenhang mit den Kornkreisen gezeigt hatten, eine Theorie zurecht, die das alles mit psychoaktiven Energiefeldern in Einklang zu bringen versuchte – »um dann bei näherer Betrachtung des Ganzen alles wieder zu verwerfen«. Gesteht der wißbegierige Wiener offenherzig. Es erschien ihm auch das »an den Haaren herbeigezogen«.
Eine Erkenntnis aber scheint er gewonnen zu haben, und an der hält er auch weiterhin fest: Jene Kraft, die imstande ist, Kreise und Piktogramme zu formen, muß der gleichen »Ursuppe« entstammen, die in einigen Fällen normale *Windbrüche* herbeizuführen imstande ist. Stummer leitet seine Annahme von bestimmten Eigenschaften dieses Phänomens ab, die in der Regel dem Entstehen der Gebilde in den Getreidefeldern allein zugeschrieben werden:

- Bei der Bildung mancher Windbrüche ist die Folge schmaler, abrupt richtungsändernder und klar definierter Störungen feststellbar, welche durch das Auftreten von Wind, Regen, Hagel, Überdüngung sowie Tier- oder Traktorspuren *nicht hinreichend erklärt* werden können.
- Windbrüche entwickeln sich circular, radial oder linear von einem überraschend *kleinen Zentrum* aus.
- Sie sind scharfkantig und *übergangslos* begrenzt.
- Sie lassen schmale »Getreidevorhänge« *an ihren Rändern* stehen.
- Sie überschreiten *keine Feldgrenzen.*
- Sie orientieren sich *entlang der Traktorspuren.*
- Das noch nicht verholzte Korn in den Gebilden ist *gebogen* und nicht gebrochen.
- Die Getreideknoten sind *geschwollen.*
- Kreise oder Piktogramme können in Verbindung mit »trokkenen« Gewittern auch bei Niederschlagslosigkeit und Windstille entstehen (das Problem ist aber noch nicht restlos geklärt, da erst ein einziger Fall dokumentiert werden konnte).
- Der Beobachter beeinflußt durch seine Tätigkeit möglicherweise den Prozeß der Windbruchbildung (ist allerdings nur schwer beweisbar; es spricht jedoch einiges dafür, da auf den regelmäßig überwachten Getreidefeldern die erwarteten Muster bedeutend häufiger auftraten als auf bäuerlichen Besitztümern, die man weniger beachtete).

Oliver Stummers Auffassung wurde insofern bestätigt, als nach dem jeweiligen Auftreten von Kornkreisen (die seltsamerweise Felder meiden, wo ähnlich geartete Strukturen beschädigt oder unkenntlich gemacht worden sind) solche Windbrüche in der Regel binnen kurzem (manchesmal sogar parallel dazu) in unmittelbarer Nachbarschaft dieser Formationen folgten. Viele angenommene Windbrüche (so etwa *»Dragon's Footprints«* in Cornwall) konnten nachträglich eindeutig als Bestandteil des Kreisphänomens identifiziert werden.

»Damit lag es für mich auf der Hand«, erzählt uns Oliver, »daß ich nach einer Energieform suchen mußte, die dazu neigte, sich unter bestimmten meteorologischen und geologischen Bedingungen über das Korn auf den Feldern zu entladen – zudem aber noch zusätzlich mit dem (Unter-)Bewußtsein von uns Menschen in eine Wechselbeziehung zu treten vermag. Was vielleicht jene unerklärlichen Kräfte erst zur vollen Wirkung kommen läßt.« Diese seine – manchem sicher gewagt scheinende – Theorie auch *praktisch* zu bestätigen, hatte sich der junge Tontechniker aus Wien fest vorgenommen. Den Bereich seiner persönlichen Forschung verlegte er deshalb (wohl auch aus Kostengründen) zurück nach Österreich. Zwar begann sich jetzt bereits der Winter bemerkbar zu machen, aber auch rauher werdende Tage hielten Oliver Stummer nicht davon ab, gemeinsam mit seiner Freundin die Randgebiete des niederösterreichischen *Marchfeldes* abzusuchen. Ihm war seit längerem bekannt, daß es gerade dort in den frühen siebziger Jahren zu ähnlichen Phänomenen wie in England gekommen war. Und wie das so ist mit besonders Ersehntem: Wenn man daran ganz fest glaubt – geht der Wunsch gar nicht so selten in Erfüllung. Vielleicht durch die Macht des Unterbewußtseins, wer weiß ... Unser Kreisforscher sollte es noch erfahren.

Als Zielgebiet hatten sich die beiden jungen Leute den Bereich um die Ortschaft *Prottes* ausgewählt. Hier befand sich der östlichste Punkt jener Region, der Oliver und seine Gefährtin ihre ungeteilte Aufmerksamkeit geschenkt hatten. Bislang war die Exkursion allerdings erfolglos verlaufen. Der Tag begann sich zu neigen, es dämmerte bereits, und die leeren Mägen des Paares machten sich unangenehm bemerkbar. Oliver Stummer berichtet:

»Auf einer Landstraße außerhalb des Ortes machte mich Daniela plötzlich auf eine Erhöhung inmitten der sich weit ins Land dehnenden Felder aufmerksam. Und als wäre es ein zusätzlicher Fingerzeig, führte außerdem sogar ein Feldweg direkt dorthin. Ich war darüber weit weniger erstaunt als über das so unerwartet aufgekeimte Interesse meiner Freundin. Hatte doch Daniela noch kurz davor hartnäckig darauf gedrängt, endlich den Heimweg anzutreten. Das auch deswegen, weil es hier anscheinend nur holprige Straßen zu geben schien, die unser Auto gehörig strapazierten. Dennoch: der Meinungsumschwung meiner Begleiterin kam mir gelegen, weil ich inzwischen meine besondere Sympathie für dieses Prottes entdeckt hatte – eine Ortschaft mit einer, wie ich fand, besonders interessanten Ausstrahlung. So steuerten wir also, unsere knurrenden Mägen tapfer ignorierend, mit dem Pkw dem sich einsam inmitten der kargen Landschaft erhebenden Hügelchen entgegen. In einer Senke, die nur durch ein schmales Feld von unserem eigentlichen Ziel getrennt war, parkten wir den Wagen. Daniela klagte jedoch nunmehr über eine unerwartet einsetzende Müdigkeit, deshalb machte ich mich allein auf den Weg.

Während ich mich dem Hügel näherte, wurde ich plötzlich, wie aus heiterem Himmel, von einer merkwürdigen Unruhe befallen. Ich kannte diese Symptome. Sie hatten sich schon in England auf beängstigende Weise bemerkbar gemacht, als ich gerade das Umfeld jener Formation bei Barbury Castle betreten hatte, die mir gleich darauf so niederschmetternd zu schaffen machte. So nah am Ziel gedachte ich unter keinen Umständen klein beizugeben. Mit aller Anstrengung unterdrückte ich die Anwandlung eines sich abzeichnenden körperlichen Unbehagens. Zielbewußt marschierte ich also über den Acker – und hielt überrascht inne: Mitten drin gab es eine nicht zu übersehende Spur. Sie glich im wesentlichen dem Abdruck eines ›Mofa‹-Reifens, nur war das Ganze nicht gleichmäßig geformt. Zudem endete die Spur übergangslos im unberührten Ackerboden.

Obwohl der reifenähnliche Abdruck wahrscheinlich tierischer Herkunft war, wirkte diese einfache Struktur irgendwie rätselhaft. Ich hielt mich nicht länger damit auf und begann zielbewußt den Hügel emporzusteigen. Der Weg, unter normalen Umständen eine problemlose Angelegenheit, wurde mir aber zur Strapaze. Es bedurfte von meiner Seite nunmehr schon einiger Disziplin, um ihn zu Ende zu gehen. Die Symptome hat-

ten sich empfindlich verstärkt. Doch dann hatte ich es geschafft. Ich stand jetzt auf dem Hügel. Hier oben bot sich jedoch nur ein mittelmäßiger Ausblick auf die von Feldern und Wiesen übersäte Umgebung. Aber dann wurde ich unversehens durch ein Geräusch aufgeschreckt, das ich kannte und (wie auch viele andere Besucher) gelegentlich innerhalb von Piktogrammen und Kornkreisen vernommen hatte: Es klang wie ›Zikadenzischen‹. Zikaden sind Insekten mit vorstehenden Augen. Sie ernähren sich von Pflanzensäften und erzeugen ungemein schrille Töne. In mir sträubte sich der logische Verstand, ausgerechnet an diesem Platz, auf jenem einsamen Hügelchen, mit einem ähnlich gearteten Phänomen konfrontiert zu werden. Also führte ich die Zirplaute auf ein vielleicht im Wind vibrierendes, vertrocknetes Blatt zurück, ohne allerdings dergleichen wahrzunehmen.
Da ich es dennoch genauer wissen wollte, bewegte ich mich aufmerksam in die Richtung, aus welcher das merkwürdige Geräusch an meine Ohren gedrungen war. Aber kaum hatte ich den ersten Schritt getan, verstummte schlagartig jegliches Geräusch. Abwartend hielt ich inne – und gleichzeitig setzte das ›Zikadenzischen‹ erneut ein. Diesmal kam es allerdings aus zwei oder drei verschiedenen Richtungen. Leider wurde mir jegliche Lust vermiest, dem wirklichen Ursprung jener Laute nachzuspüren, denn mein Körper begann wieder zu rebellieren, und leichte Attacken meines vegetativen Nervensystems zwangen mich, etwas überstürzt den Rückweg zu Daniela anzutreten, die im Auto auf mich wartete.«
Olivers Freundin befand sich ebenfalls in keiner sehr guten Verfassung. Standhaft weigerte sie sich, auch nur einen Schritt aus dem Fahrzeug zu machen, um sich die seltsame Spur im Ackerboden anzusehen. Ihr sei aus unerfindlichen Gründen äußerst unheimlich zumute, gestand sie ihrem Begleiter. Zudem erinnere sie dieser Ort in bedrückender Weise an Barbury Castle – was den Freund ungemein verwunderte, da dem Anschein nach kaum Ähnlichkeiten festzustellen waren. Unwillkürlich begann er sich zu fragen, ob Daniela womöglich viel

sensibler veranlagt war, als er bisher vermutet hatte, und sie in den Einflußbereich dieser unerklärlichen Kräfte geraten war, welche vielleicht auch hierorts wirksam waren. Freimütig berichtete Oliver nunmehr auch über seine zum Teil recht merkwürdigen Empfindungen auf dem kleinen Hügel und von den undefinierbaren Lauten, die er dort oben vernommen hatte. Überraschend schnell waren beide sich einig, das Gebiet um Prottes schleunigst zu verlassen.

Der junge Tontechniker setzte sich ans Steuer, und gleich danach rumpelte der Pkw über den holprigen Feldweg. Da bremste der Fahrer ganz plötzlich. Er hatte aus den Augenwinkeln deutlich einen gelblich-weißen Lichtstrahl wahrgenommen, der von dem Hügel aus schräg in den bereits dunklen Himmel geschossen war. Hatte sich Oliver bloß von dem Schein eines Blitzes täuschen lassen? Gut möglich, denn schon ein paar Minuten später zog ein Gewitter über die Landschaft, und es regnete in Strömen. Das mulmige Gefühl in der Magengrube, das den Wiener auf seinem Weg zum Hügel befallen hatte, verschwand erst wieder am späteren Abend. Drei Fotos, die er am angegebenen Ort gemacht hatte, blieben zunächst unentwickelt. Eine dieser Aufnahmen sollte jedoch noch eine besondere Bedeutung erlangen.

Eine weitere Englandreise ließ Oliver Stummer die Bekanntschaft mit einem Kreisforscher und Buchautor machen, dessen These ein neues Licht auf den Ursprung jener seltsamen Gebilde in den Getreidefeldern des Kingdom zu werfen begann. *Andrew Collins,* Verfasser des bei den Briten erfolgreichen Werkes »The Circlemaker« (Die Kreismacher), hatte sich zwar in seiner Forschungsarbeit nur in geringem Maße mit der Herkunft von Windbrüchen befaßt, allerdings die günstige Gelegenheit, sozusagen Tür an Tür mit jenen eigenartigen Feldformationen zu leben, vorteilhaft genützt, um intensive Untersuchungen an den rätselhaften Strukturen vorzunehmen. Er berücksichtigte alles ihm zugängliche in- und ausländische Material über die Getreidekreise sowie die Begleitphänomene, die sich in diesem Zusammenhang gezeigt hatten.

Collins beruft sich in seinem Buch auf den österreichischen Psychoanalytiker *Wilhelm Reich,* der bereits in den dreißiger Jahren eine Energieform entdeckt hatte, die er *Orgon* nannte. Andrew Collins meint nun herausgefunden zu haben, daß hier der Ansatzpunkt für das Entstehen der Kornkreise und Piktogramme zu suchen sei, daß »Orgon« hinter den Circlemakers, den »Kreismachern«, vermutet werden müsse.

»Orgon« ist laut Wilhelm Reich eine Energie, die aus der Einwirkung von Sonnenlicht auf organische Substanzen hervorgeht. Ungebunden sei sie hauptsächlich in der *Ionosphäre* (der *obersten* Schicht unserer Atmosphäre) zu finden und verdichte sich dort zu unsichtbaren, von tennisball- bis zu über ein Kilometer großen wolkenähnlichen Gebilden. Andrew Collins geht konform mit Reich, wenn er behauptet, daß diese Energiewolken unter bestimmten Voraussetzungen sogar bis zum Erdboden gelangen können, eine gewisse Affinität zu Wasser und geologischen Störzonen zeigen und sich mit Vorliebe dort zu entladen pflegen. Dabei käme es zu jeweils sicht- und hörbaren Begleiterscheinungen. Was dann im Fall der zufälligen Anwesenheit eines Lebewesens an jenem kritischen Ort bei dem Individuum – je nach Sensibilität des Betreffenden – zu euphorischen oder visionären Halluzinationen, Kopfschmerzen, Kreislaufzusammenbrüchen und Schlimmerem führen kann. In vielen Fällen, so Collins, ändere sich auch abrupt die Wetterlage zu Wind, Hagel und Gewitter. »Orgon« wurde von Wilhelm Reich vor allem als *Wettermacher* angesehen.

Es gibt im übrigen noch Film- und Fotoaufnahmen von damals, auf denen derartige Energieverdichtungen sichtbar sind. Unseren Augen hingegen bleiben sie verborgen. Wilhelm Reichs Experimente offenbarten schließlich die wahrscheinlich interessanteste Eigenschaft seiner Entdeckung: »Orgons« Fähigkeit nämlich, auf unsere *Gedanken* sowie auf unser *Unterbewußtsein* in bestimmter Weise zu reagieren. Die dabei gegebenen »Antworten« aus dem energetischen Bereich verrieten aber lediglich das Vorhandensein einer *Pseudo-Intelli-*

genz. In ihnen spiegelten sich im wesentlichen bloß Erwartungen und Ängste des »Fragestellers« wider. Reich erklärte das mit jener besonderen Fähigkeit des Menschen, letztlich selber wie ein eigenständiger *Generator* dieser »Lebensenergie« zu fungieren, was auch die sichtbar enge Beziehung zueinander verdeutliche.

Andrew Collins zeigte im folgenden lebhaftes Interesse an Oliver Stummers Beobachtungen und selbstgemachten Erfahrungen bei seinen Kreisexkursionen. Eine gemeinsam vorgenommene analytische Betrachtung der dabei aufgetretenen Ereignisse ergab, daß auch der Engländer zu ziemlich genau gleichen Erkenntnissen gelangte. Besondere Aufmerksamkeit schenkte Collins jenem Erlebnis seines Gastes, das dem Österreicher auf dem einsamen Hügel im Gebiet von Prottes widerfahren war. Die dort aufgetretenen Geschehnisse sieht der Engländer als ein Musterbeispiel einer Orgonentladung. Das hätte sich, seiner Meinung nach, sowohl bei den nervlichen Attacken, denen der Junge ausgesetzt gewesen war, als auch bei jener geheimnisvollen Lichterscheinung bestätigt, welche dem heftigen Gewitter vorausging. Andrew Collins riet Oliver, der ihm auch berichtet hatte, im Marchfeld einige Fotos von dem Phänomen gemacht zu haben, den Film bald entwickeln zu lassen. Dann erst würde es dem Betroffenen möglich werden, den *realen* Hintergrund der mysteriösen Beobachtungen zu überprüfen und hieb- und stichfest zu belegen.

»Die ›Orgon‹-Hypothese hat mir auch klar gemacht, weshalb sich zuletzt die Anzahl wirklich echter Kreise und Piktogramme deutlich verringerte«, glaubt Oliver Stummer erkannt zu haben. Nach seiner Auffassung wurde die Reduktion jener Gebilde durch Zeitungsmeldungen herbeigeführt, in denen von diversen Kreisfälschungen in den Getreidefeldern berichtet worden war. Dies habe die ursprünglich vorhandene weltweite Aufmerksamkeit und das allgemeine Interesse an dem rätselhaften Phänomen sehr schnell drastisch gesenkt. »Was blieb und sich jetzt weiter um eine Lösung des Ganzen bemüht, ist ein sogenannter ›harter Kern‹ an Forschern«, meint unser Berichterstatter. Er stellt sich nunmehr die Frage, »ob vielleicht den vielen Menschen, die sich zunächst mit jener Erscheinungsform beschäftigten, danach aber enttäuscht abgewendet haben, das eigentliche Entstehen der vielfältigen Formationen mit ihren oft komplizierten Strukturen zu verdanken ist, weil sie ursächlich zu ihrem Entstehen beitrugen, ihnen als eine ›Quelle der Kraft‹ gedient haben könnten, diese aber nach dem plötzlich um sich greifenden Desinteresse natürlich schwächer wurde?«

Zurückgekehrt nach Wien, ließ Oliver die Prottes-Fotos sofort entwickeln. Als er die Aufnahmen später betrachtete, bestätigten ihm diese, was er bereits im Marchfeld vermutet hatte: Sie bewiesen ihm die Richtigkeit seiner dort empfundenen Eindrücke. Eines der Bilder zeigt deutlich *violett leuchtende Strahlen,* die anscheinend aus dem Boden kommen und schräg himmelwärts weisen (siehe Bildteil). »Für mich die Bestätigung der ›Orgon‹-Hypothese«, sagt der Hobbyforscher, und die Genugtuung darüber ist ihm ins Gesicht geschrieben. Immerhin hatte auch sein Vorbild, der österreichische Psychoanalytiker Wilhelm Reich, die Farbe von »Orgon« mit *azurblau bis violett* angegeben.

Bevorzugter Erscheinungsort der Kornkreise in England ist die sagenumwobene Grafschaft Wiltshire im Süden des Landes. Wie von Geisterhand geschaffen, bilden sich dort im Dunkel der Nacht riesige Kreisstrukturen und Liniensysteme.

Natürlich werden dahinter von UFO-Gläubigen wieder einmal die unvermeidlichen »Außerirdischen« vermutet. Handelt es sich bei den rätselhaften und oft so unterschiedlich aussehenden Piktogrammen tatsächlich um »Visitenkarten« aus einer anderen Welt? Skeptiker sind davon nicht zu überzeugen. Sie bevorzugen eine irdisch-logische Erklärung, halten alles eher für einen Studentenulk. Jüngste Vorfälle in Deutschland scheinen ihnen dabei recht zu geben. Dort konnte im Juli 1991 eine Kornkreisansammlung in Feldern von Schleswig-

Holstein, Niedersachsen und Nordhessen den wirklichen Übeltätern – Jurastudenten aus Kiel – nachgewiesen werden. Mit einem hölzernen Balken als Walze hatten sie sich unbemerkt und auf Stelzen gehend in die Kornfelder geschlichen, um daselbst die eigenen Fähigkeiten zu demonstrieren. Als Zirkel diente eine Wäscheleine, und während einer der Studenten sie hochhielt, griffen sich die anderen Spaßvögel das andere Ende der Leine, um dann, immer im Kreis herum, das Korn niederzutreten. Das war alles gewesen. Mußte nunmehr das Kornkreisrätsel als gelöst betrachtet werden? Noch dazu, wo auch im »Mutterland« vielfältiger Piktogramme, in England, Fälschungen nachgewiesen werden konnten. Damit sind weniger die beiden angeblichen Kornkreis-»Erfinder« *Doug Bower* und *Dave Chorley* gemeint, die auf intensive Befragung inzwischen kleinlaut zugeben mußten, nur einen verschwindenden Prozentsatz jener Kornkreise gefälscht zu haben, die sie ursprünglich pauschal auf ihre Kappe genommen hatten. Vielmehr ist hier von Imitatoren die Rede, die es tatsächlich geschickt verstanden haben, auch ernsthafte und seriöse Forscher zu täuschen, sie aufs »Glatteis« zu führen. Die sind nunmehr aus Schaden klug geworden und prüfen jede Neuerscheinung in den Kornfeldern höchst penibel. Dabei hat sich gezeigt, daß die Mehrzahl der Zeichen letztlich doch sehr unsauber geformt worden ist. Die Kreise der Fälscher erweisen sich als nicht wirklich rund, ihre Ränder sind häufig ausgefranst, vor allem aber vermochten die Nachahmer eines nicht nachzuvollziehen: das Korn ordentlich und sauber in waagerechter Stellung am Boden weiterwachsen zu lassen. Was jene unerklärlichen Kräfte scheinbar mühelos zuwegebringen – die Getreidehalme zwar zu biegen, jedoch *nicht* zu brechen –, war selbsternannten »Entlarvern« bisher nicht vergönnt, nachzuvollziehen. Das bewies ein offizieller Kornkreismacher-Wettbewerb am 11. und 12. Juli 1992 in Südengland, der von englischen und deutschen Zeitschriften veranstaltet worden war und an dem (in Buckinghamshire) immerhin zwölf Teams teilgenommen hatten. Dem Sieger dieser hochdotierten Konkurrenz winkten 3000 Pfund (9000 DM). So bewundernswürdig die Bemühungen der Fälscher dabei auch gewesen sind, das Phänomen der bei den »echten« Kornkreis-Piktogrammen unbeschädigt gebliebenen Halme konnte von ihnen nicht nachgeahmt werden. Außerdem befand die Jury, daß den »offiziellen« Fälschungen das *Fließende* gefehlt habe, das einen Großteil der Ästhetik der »echten« Kornkreise auszeichnet. Es bleibt also auch weiterhin rätselhaft, was für Kräfte (die, wie wir eingangs vernommen haben, oft geradezu *magisch* anmuten und bei davon Betroffenen die unterschiedlichsten, nicht immer angenehmsten Reaktionen auszulösen vermögen) hier am Werk sind und welche intelligente Macht sie kontrolliert.

Zudem ist es ja auch nicht so, daß dieses sich über England hinaus bereits weltweit verbreitende Phänomen erst Ende der siebziger Jahre erstmals in Erscheinung trat – vielmehr reicht das Kornkreis-Mysterium viel weiter in die Vergangenheit zurück.

Englische Farmer haben mehrfach bestätigt, kreisförmig plattgedrückte Getreideähren seit Generationen zu kennen. Allerdings schenkte man damals derartigen Vorfällen keine besondere Aufmerksamkeit. Und im Mittelalter, wo sich ähnliches ereignete, war man im Hinblick auf den »Täter« mit einer – religiös verbrämten – »Deutung« schnell zur Stelle. Da liest man in einem historischen Dokument anno 1678, Stichtag 22. August: »Bei seinem Weizenfeld sah der Bauer zu seiner Verblüffung, daß das Getreide geschnitten war ... Doch *der Teufel* hatte es nicht in der üblichen Weise gemäht, sondern *in Kreisen,* und *jeden Strohhalm legte er mit solch einer Genauigkeit,* daß es für Sterbliche ein Menschenalter gedauert hätte, zu bewerkstelligen, *was er in einer Nacht getan ...*«

Zur Zeit unserer Ururgroßeltern entzog sich das Phänomen aus verständlichen Gründen jeder vernünftigen Erklärung. Der Teufel höchstpersönlich, Kobolde und sonstiger Spuk mußten dafür herhalten. Aber ist es heute sehr viel anders? UFO-Fanatiker »glauben« an Außerirdische, »ungläubige«

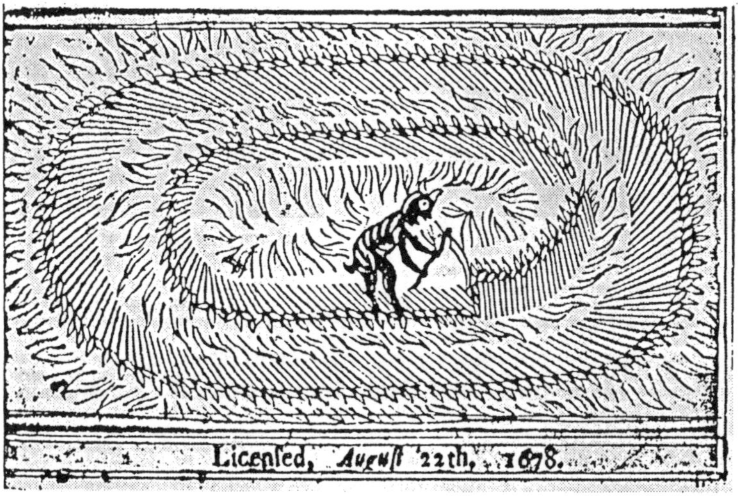
Licensed, August 22th, 1678.

Historisches Dokument aus dem 17. Jahrhundert. Bauern machten damals »den Teufel« für die kreisförmig niedergedrückten Ähren in Englands Getreidefeldern verantwortlich.

Wissenschaftler finden solche Auslegungen unerträglich und »erklären« solche Geschehnisse als das Werk von Scherzbolden, Hubschraubern, Pilzen oder liebestollen Igeln, die im Kreise laufen.

Einer der führenden Kornkreisspezialisten Englands, *George Wingfield,* Naturwissenschaftler sowie Leiter der 1990 gegründeten Forschungsgruppe *»Centre for Crop Circle Studies«,* hat die damit verbundene Problematik auf den Punkt gebracht: »Das Phänomen der Kornkreise hat eine materialistische Welt, die auf solch eigentümliche Begebenheiten nicht vorbereitet ist, klammheimlich überfallen. Dennoch sind die Kreise und Zeichen im Getreide objektiv erschienen. Über das, was die Zukunft bringen wird, kann jeder nur rätseln. Die jedenfalls, die sich mit diesen Vorfällen und deren Untersuchung beschäftigen, haben ihre Weltanschauung grundlegend geändert.«

Was haben diese Untersuchungen an bedeutsamen Merkmalen ergeben? Was bereitet den Kornkreisforschern nach wie vor arges Kopfzerbrechen? Zum Beispiel

- die geometrische Gestalt, jedoch *unvollkommene* Präzision der meisten Kreise. Nur aus größerer Höhe betrachtet, zeigen sie harmonische Formen;
- gekrümmte Kornhalme in *unbeschädigtem* Zustand;
- fortgesetztes Wachstum sowie ein Weiterreifen der flachgedrückten Halme in *horizontaler* Lage;
- die *Vielfalt* der Kornschichten: Manche liegen im Uhrzeigersinn, manche entgegengesetzt, einige liegen gradlinig, andere strahlenförmig, und dann gibt es auch noch Mischformen;
- die *verschiedenen* Verflechtungen, Schichten und Strähnen sowie »Zöpfe« des Korns;
- die Vergleiche der Getreidehalme unter dem *Mikroskop*. Dabei konnte festgestellt werden, daß sich die Molekularstruktur der normalen von den durch das Phänomen betroffenen Stengeln deutlich unterscheidet;
- die »Wiederkehr« sowie spätere Ergänzung *schon existierender* Kreise;
- das Auftreten nichtkreisförmiger Merkmale und immer *komplizierter* werdender Muster in den vergangenen Monaten;
- die Anhäufung von Kornkreisen im Bereich *prähistorischer* Anlagen;
- tatsächliche *UFO*-Beobachtungen im Umkreis neugebildeter Piktogramme;
- eigentümliche *visuelle* Effekte: blaue Blitze, schwarze Pfeile, kleine leuchtende Punkte über dem »Tatort«;
- ungewöhnliche *akustische* Effekte (auf Tonband aufgezeichnet): Trillertöne bei fünf Kilohertz, Klopfgeräusche und ähnliches;
- *Wünschelrutenausschläge* im Umfeld der Kreise.

Einer der Autoren (R. H.) war vor Ort. Er berichtet: Scharen von Abenteuer-Touristen strömen ins Land. In der legendenumwobenen Grafschaft *Wiltshire* begegnet man ihnen auf allen Wegen. Ihr Tun und Treiben hat längst schon wallfahrtsähnliche Ausmaße angenommen. Esoteriker, Mystiker, Druidenverehrer, Geisterjäger, aber auch sogenannte Jenseits-, Chaos- und Plasmaforscher liegen auf der Lauer. Ebenso sektiererische UFOlogen und, natürlich, die unvermeidlichen – Zeitungsreporter. Mit ihnen haben auch Wissenschaftler, Militärpersonen sowie Polizeikräfte Beobachtungsposten bezogen.

Der Hobby-Kreisforscher »*Ozzy*«, unterwegs mit einem ausgedienten Militärfunkwagen (in dem er auch wohnt), weist mir den Weg zum »Stempel im Korn«. Ozzy beobachtet das Phänomen seit Jahren und versichert mir, daß ihm eine Struktur wie die nunmehr sichtbare noch nie untergekommen sei: ein größerer Hauptkreis mit flachgedrücktem Getreiderand, zwei kleinere Kornkreise, deren Halme bis zur Hälfte gebogen seien, ein noch kleinerer Kreis mit »Antennen«-Abdruck sowie ein größerer Halbkreis mit einer »Leiter«. Fürwahr: ein Mysterium!

Zwei Deutsche, *Chris Burton* und *Hans Christian Meiser,* begegnen mir und geben sich als die Übersetzer des faszinierenden Buches »Die Kreise im Korn« zu erkennen. Konfrontiert mit dem »Stempel im Korn«, jenem gerade erst entdeckten »frischen« Abdruck, gestehen beide ein: »Wir hätten nicht gedacht, daß das Phänomen in natura einen solch überwältigenden Eindruck macht!«

Was zwangsläufig noch mehr Neugierige in die Getreidefelder lockt, durchweg ausgerüstet mit Infrarotkameras, Tonbändern, Feldstechern und Meßbändern. Frischgetretene Trampelpfade machen so manchen Farmer rebellisch, lassen ihn gelegentlich sogar zur Schrotflinte greifen, um sein Eigentum vor den einfallenden Horden zu beschützen. Andere Bauern haben aus der unerfreulichen Situation auf ihren Feldern das Beste gemacht: Sie bitten die Schaulustigen kräftig zur Kasse. Manch einer hat sich damit in den vergangenen Monaten saniert. Bis zu zwei Pfund (rund sechs Mark) kostet durchschnitt-

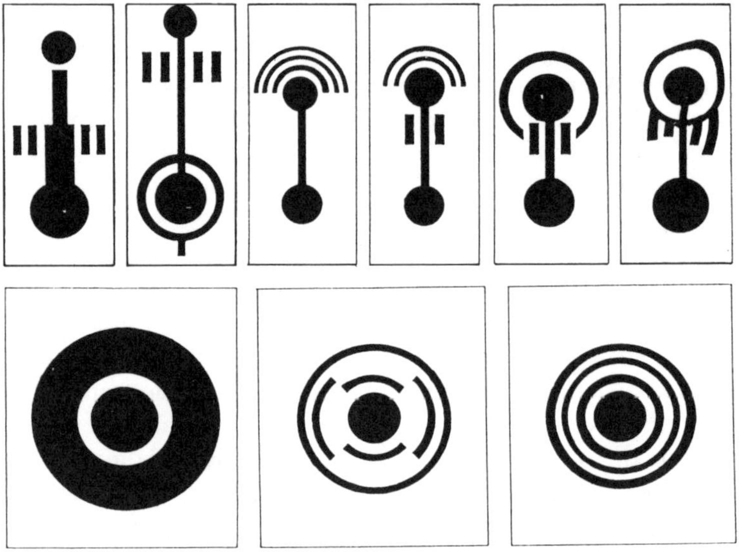

Die Kreismuster haben inzwischen immer ungewöhnlichere Formen angenommen. Handelt es sich um Botschaften einer fremden Welt?

lich der Zutritt mit Fotoerlaubnis. Die Schattenseiten eines Phänomens ...

Der Physiker *Terence Meaden,* ein streng realistisch denkender Kornkreisforscher aus England, ist hingegen ziemlich beunruhigt. Einen Sommer lang lag er auf der Lauer. Alles mit der Absicht, mit den dabei gewonnenen Erkenntnissen seine von ihm zuvor engagiert vertretene Hypothese beweisen zu können. Meaden vertritt nämlich die Meinung, die Gebilde seien insgesamt auf elektrisch geladene Wirbelwinde zurückzuführen, die unter bestimmten meteorologischen Bedingungen in besonders geformten Landschaften vor allem nachts aufzutreten pflegen. Das Ergebnis seiner nächtlichen Beobachtungen war jedoch deprimierend: Die Formationen im Getreide zeigten plötzlich völlig anders genormte Strukturen – so etwa vier- und mehreckige Piktogramme, deren Entstehen

und Aussehen sich nicht mehr mit Meadens Wirbelwindtheorie vereinbaren ließen. Viele vormalige Sympathisanten haben deshalb dem enttäuschten Wissenschaftler bereits die Gefolgschaft aufgekündigt.
Auch ein japanisches Forscherteam hat sich während meines Aufenthaltes in Südengland bemerkbar gemacht. Ausgesandt von der Tokioter *Waseda*-Universität (die sich auch mit den Pyramiden Ägyptens befaßt) und geleitet von Professor *Yoshihiko Ohtsuki,* beobachtet man das Gebiet zwischen den Ortschaften *Devizes* und *Avebury* sehr genau. Mittels spezieller Radarmeßgeräte und Sonden sind die Japaner bemüht, die unsichtbaren Kreiskonstrukteure ausfindig zu machen. Sind hier tatsächlich *Außerirdische* im Spiel? Kornkreisexperte *George Wingfield* vermutet dahinter eher »eine Intelligenz, die vielleicht nicht gegenständlicher Natur ist und außerhalb der Dimension unserer physikalischen Welt angesiedelt werden muß«. Zwangsläufig stellt sich die Frage, was wohl jene anonyme Lebensform mit ihren Botschaften (so es welche sind) eigentlich bezweckt? Sind dahinter Versuche einer Kontaktaufnahme einer *Parallelwelt* zu vermuten? Dienen wir bloß als Spielball eines größeren kosmischen Experiments? Benützt man uns als Versuchskaninchen? Setzte man uns deshalb solche »Wunder im Korn« gleich intellektuellen Mohrrüben vor die Nase? Können sich die dafür verantwortlichen »Laboranten« nunmehr genüßlich zurücklehnen und konstatieren: »Bravo! Sie haben angebissen!«?
Offene Fragen. Doch was wäre sonst über jene »unerklärlichen Kräfte« zu sagen, die sich seit mindestens eineinhalb Jahrzehnten so auffällig in unseren Getreidefeldern bemerkbar machen? Vielleicht hilft da ein wenig der sinnvolle Ausspruch des englischen Zoologen und Philosophen *Thomas Henry Huxley* (1825–1895) in Verbindung mit einer nicht weniger beherzigenswerten Anregung des überzeugten Darwinisten für alle jene, die auch weiterhin nach einer Lösung für dieses phänomenale Welträtsel suchen. Beides könnte ihnen Auftrag sein, ein sich selbst vorgegebenes Problem weder

leicht zu machen, noch es mit unbeweisbaren Phantastereien unnötig zu vergrößern. Die Schwierigkeit, zu definitiven Ergebnissen zu gelangen, hatte T. H. Huxley schon früh erkannt:

»Das Bekannte ist endlich, das Unbekannte unendlich; intellektuell stehen wir auf einer kleinen Insel inmitten eines unermeßlichen Meeres des Unerklärlichen. Unsere Aufgabe ist es, in jeder Generation ein bißchen mehr Land zu gewinnen.«

6 Flüche des Verderbens

Die Horror-Orgie der steinernen Schädel

Fluchen, das weiß jeder halbwegs gut erzogene Mensch, ist ein untrügliches Zeichen von Unkultur. Einer derartigen Vulgärsprache bedienen sich in der Regel bloß Leute von primitivem Niveau und abstoßendem Charakter. Ihr oft zügelloses Fluchen beweist uns ihre niedrige Gesinnung.

Fluchen und Flüche sind jedoch zweierlei. Ersteres erfolgt zumeist in Augenblicken sinnloser Wut und hemmungsloser Raserei durch solche Personen, die jede Kontrolle über sich verloren haben – das andere hingegen wird von dem oder den Betreffenden durchaus bewußt und wohlüberlegt ausgesprochen. Flüche haben nämlich nichts mit ordinärem Fluchen, dagegen sehr viel mit *Verfluchen* zu tun. So manche Erzählung in Sage oder Märchen weiß davon zu berichten. Denken wir etwa an »Dornröschen« der *Gebrüder Grimm* und an die dabei ein grausames Spiel treibende böse Fee – jene dreizehnte, die von Dornröschens königlichen Eltern aus Ermangelung eines 13. goldenen Tellers zur Taufe des Kindes nicht eingeladen worden war. Wutentbrannt erscheint sie dennoch beim Fest und verflucht die Prinzessin, sich an ihrem 17. Geburtstag an einer Spindel stechen zu müssen und daran zu sterben. Erst der zwölften Fee, die eingeladen worden war, aber ihren Segenswunsch für das Neugeborene noch nicht auszusprechen vermochte, mildert den bösen Fluch ihrer Vorgängerin und vermag ihn, wenn auch nicht ganz, so doch einigermaßen abzuschwächen: zu einem hundertjährigen Schlaf.

Flüche spielten (und spielen) im Dasein der Menschen seit jeher eine unerquickliche Rolle. So etwa in kultischen Voodoo-Ritualen. Eine Geisterreligion, wie wir sie noch heute bei Stammesriten auf *Haiti* beobachten können. Stundenlang begleiten da eintönige, sich ständig wiederholende rituelle Ge-

sänge ein unablässiges Getrommel. Immer schneller werden die Rhythmen. Feuerglut und Kerzenlicht erhellen die Nacht an der Waldlichtung und beleuchten die Gesichter und fast nackten Körper der Tänzer, die sich wie in Trance ekstatisch und schweißgebadet bewegen. Ihre Augen sind glasig vor Erregung, der Mund ist verzerrt von den Anstrengungen des Tanzes. Monoton folgen sie dem Rhythmus der Trommellaute. Und plötzlich verstummt jegliches Geräusch, nur die Flammen des Feuers flackern geisterhaft, und die brennenden Kerzen machen die Szene zu einem unheimlichen Schauspiel. Eine schwarzgekleidete Gestalt – der »Medizinmann« des Stammes – ist aus dem Schatten der Bäume getreten. Sein Gesicht ist weiß bemalt; in den Händen trägt er eine Gerte und einen Totenschädel. Herausfordernd hebt der oberste Stammespriester den Kopf und schreit einen Namen in die Nacht: »Baron Samedi, Baron Samedi!« Er ist der Herr der Unterwelt, der König der Friedhofsgeister. Seine Macht wird beschworen, um mißliebige Personen, Feinde des Stammes oder persönliche Gegner, unschädlich zu machen.
Dazu bedient man sich beim Voodoo-Kult auch durchaus handfester Flüche. Dies in Form von kleinen Puppen oder Wachsbildnissen. Sie verkörpern und versinnbildlichen jene Geschöpfe, denen mit Hilfe von Unterweltdämonen der Garaus gemacht werden soll. Der winzige, Menschen nachgeformte Gegenstand ist mit Schnüren gefesselt, damit also symbolisch wehrlos gemacht. Jetzt reicht man dem Medizinmann einige spitze Nadeln. Damit beginnt er nunmehr ein böses »Spiel«: Er durchbohrt Puppe oder Wachsbildnis in stetiger Folge, murmelt dazu beschwörende Verwünschungen – mit dem einzigen Ziel, das unerreichbare, persönliche Gegenstück auf diese Weise *zu töten.* Das Schockierende daran: Der Fluch wirkt!
Ist es eine uns nicht geläufige *Magie,* die dabei unaufhaltsam ihre Opfer fordert? Auf welche Weise wird sie wirksam? In jedem Fall bestätigen glaubwürdige medizinische Berichte, die über den Voodoo-Kult und seine Folgen verfaßt worden sind,

verschiedene unerklärliche Todesfälle im Einflußbereich jener Stammesriten. Es wird vermutet, daß eine unheimliche und von uns (noch) nicht deutbare »magische Verbindung« zwischen Figur und Opfer herbeigeführt werden kann, was möglicherweise mit Hilfe des Medizinmannes und dessen konzentrierten Haßgefühlen auf die Nachbildung des Feindes geschieht. Dabei wird auch nicht ausgeschlossen, daß *Telepathie* den Zerstörungswillen des Zauberers auf die betreffende Person zu übertragen imstande ist und ihre Vernichtung, vielleicht auch *Selbstvernichtung,* beschleunigt. Natürlich sind das vorderhand nur theoretische Überlegungen, doch könnte etwas Wahres daran sein. Demnach dürfte das dem Untergang geweihte Opfer durchaus wissen (oder zumindestens ahnen), was es zu erwarten hat – ist aber selbst völlig machtlos dagegen. Der Fluch des Stammespriesters erfüllt sich wahrscheinlich durch eine unbewußte, nur aus dem Unterbewußtsein wirkende Autosuggestion, was zu einem systematischen Verfall des Opfers führt und dieses de facto von selbst seinem tödlichen Verhängnis entgegentreibt. Eine anscheinend banale Kulthandlung, »Schwarze Magie« sowie ein böser Fluch können also unheilvolle Wirkung zeigen. Zwei Ereignisse aus dem *europäischen* Raum bestätigen diese Annahme auf drastische Weise.

Ein französischer Konzertpianist, *Jean Dupuis,* hatte sich, aufgrund seines Interesses für Rosenkreuzer, Astrologie und andere Bereiche des Okkultismus, einer recht fragwürdigen esoterischen Sekte angeschlossen, sich dann aber wieder von ihr getrennt. Man sann auf Rache und beschloß, mit Hilfe von ritueller Magie sowie angewandter Psychologie die künstlerischen Fähigkeiten des Pianisten zu vernichten. Es wurde eine Puppe angefertigt, die Dupuis ähnelte, taufte sie auf seinen Namen und kleidete sie in einen Abendanzug, wie ihn der Künstler auf dem Konzertpodium zu tragen pflegte. Danach spannte man die Hände der Puppe in einen Schraubstock und zog diesen jeden Tag ein wenig fester an. Dann erfolgte der psychologische Teil: Angebliche Freunde des Opfers, in Wirklichkeit jedoch Sektenmitglieder, begannen sich öffentlich über das Klavierspiel des Pianisten zu mokieren. Man äußerte die hintergründige Vermutung, ob sich der Künstler nicht womöglich das Handgelenk verstaucht habe, weil seine Fingerarbeit auf den Tasten weniger flüssig zu sein scheine. Einige Tage Ruhe würden ihm sicher guttun, wurde in falscher Freundlichkeit angeraten. Vielleicht leide der Unglückliche sogar an Neuritis ...

Jean Dupuis, der zunächst solchen Einwänden keine Beachtung geschenkt hatte, begann nun zunehmend Wirkung zu zeigen. Die tückischen Suggestionen führten zu Konzentrationsschwächen. Der Pianist achtete nur noch auf seine Finger. Sein Spiel begann schwächer zu werden. Einige Tage vor einem Konzertauftritt flatterte ihm eine anonyme Mitteilung ins Haus, die mit den Worten begann: »Ich kann Ihnen sagen, was mit Ihren Händen los ist, doch es ist so schrecklich, daß ich fast Angst habe, es auszusprechen.« Dann erläuterte der unbekannte Schreiber Jean Dupuis jene okkulte Theorie über die magische Verbindung zwischen Abbild und Mensch – die der Künstler natürlich kannte, wie der anonyme Absender wußte. Schließlich erwähnte er in seinem Brief auch die Puppe, deren Hände in den Schraubstock gespannt worden waren. Am Abend des Konzertes erreichte Dupuis eine zweite, wieder anonym gehaltene Mitteilung: »Heute nacht wird der Schraubstock langsam angezogen, bis deine Hände zerbrochen sind.«

Dieses Schreiben zeigte katastrophale Wirkung. Das Konzert Dupuis' wurde zum Desaster, was Pressekritiken bezeugen: »Eine falsche Note, dann eine Folge von schiefen Akkorden, auf die noch schlimmere Mißklänge folgen ... ein Flüstern und Murmeln im empörten Publikum. Der junge Mann wandte sich halb den Zuhörern zu, unternahm voller Verzweiflung einen neuen Versuch, und nach einer grausigen Folge mehrerer Takte floh er voller Beschämung und Verwirrung von der Bühne.« Der Pianist beendete abrupt seine Karriere.

Fall 2 berührt einen französischen Automechaniker namens

Louis. Er liebte ein Mädchen, dessen Großmutter im Ruf stand, zaubern zu können. Die alte Frau haßte Louis, obgleich völlig unbegründet. Dennoch kam es eines Tages zwischen den beiden zu einem heftigen Streit, und fast wäre es dabei auch zu Handgreiflichkeiten gekommen. Louis versuchte seinen Ärger bei einem Spaziergang abzureagieren – die Alte jedoch besann sich ihrer Hexenkünste und murmelte in ihrem Häuschen einen bösen Fluch: »Verwirrter Geist wird sich drehen und wenden, und verwirrter Fuß wird folgen. Verwirre, verwirre und drehe und wende dich, denn wirre Netze sind gewoben.«

Als bei Einbruch der Nacht der Automechaniker von seinem Spaziergang immer noch nicht nach Hause zurückgekehrt war, begann man sich um ihn zu ängstigen und schickte eine Suchmannschaft aus. Die Leute fanden Louis einige Meter neben dem Pfad in einem Dornengebüsch liegen. Er konnte nicht gehen, denn seine Beine schienen gelähmt zu sein, obwohl keine Verletzungen zu erkennen waren.

Auf Befragen erzählte der junge Mann, er habe den Pfad verlassen, und plötzlich sei ihm schwindelig geworden. Verwirrung habe sich eingestellt, und danach habe er eine Art Schlaganfall erlitten.

Ein Journalist, dem diese Geschichte zu Ohren kam, ging der Sache selbsttätig nach und schlich sich eines Tages, als die alte Frau ausgegangen war, in ihr Häuschen. Im Weinkeller desselben entdeckte der Wagemutige schließlich die Räumlichkeit, wo die Großmutter des Mädchens ihrer Zauberei nachzugehen pflegte. Auf dem Boden war eine Miniaturlandschaft ausgebreitet, »ein wirres Dickicht von Dornen und Wildrosenzweigen« (wie der Journalist später berichtete). Hierin lag eine *Puppe* in Gestalt von *Louis,* der die Alte die Augen verbunden, die Füße gefesselt und mit Dornenzweigen umwikkelt hatte.

Der Journalist nahm das Beweisstück an sich und zeigte es später dem Betroffenen. Louis ärgerte sich zwar, daß die alte Frau versucht hatte, ihm zu schaden, die Ursache für seine so undefinierbare Lähmung wollte er ihr jedoch nicht anlasten. »Da halte ich nichts davon«, meinte er auf die Einwände des Reporters, »es war eben doch ein Schlaganfall.« Dieser Unglaube erwies sich für Louis als verhängnisvoll. Hätte er nämlich genügend Vorstellungskraft entwickelt, um den wirklichen Grund seiner Lähmung zu begreifen, hätte er wahrscheinlich wieder gehen können. Somit hatte das Hexenweib mit Hilfe eines bösen Fluchs und »Schwarzer Magie« den Freund ihrer Enkelin unschädlich gemacht. Beide Geschehnisse, dieses wie das vorangegangene, hat der amerikanische Journalist *William Seabrook* recherchiert und aufgezeichnet. Es sind *wahre* Geschichten – ebenso wirklich passiert wie jener Alptraum in *Hexham,* einem Marktflecken im Tal der Tyne, 32 Kilometer von Newcastle-upon-Tyne entfernt. England scheint ein guter Boden für mystische Ereignisse zu sein. Und für Flüche des Verderbens …

An einem Februar-Nachmittag des Jahres 1972 jätete der elfjährige *Colin Robson* das Unkraut im Garten hinter dem Haus seiner Eltern. Dabei buddelte er einen runden Stein von der Größe eines Tennisballs aus dem Erdreich, wobei sich der Junge über den merkwürdigen Vorsprung an der einen Seite seines Fundes wunderte.

Als er sich später jenen Stein etwas genauer vornahm, entdeckte er daran dessen wirkliche Bedeutung. Grob gemeißelte menschliche Gesichtszüge identifizierten das Gebilde als steinernen Schädel. Bei dem zunächst so seltsam anmutenden »Vorsprung« handelte es sich lediglich um die Andeutung eines – Halses. Voller Freude rief Colin daraufhin seinen jüngeren Bruder Leslie herbei und zeigte ihm, was er gefunden hatte. Zusammen suchten die beiden Buben weiter – mit Erfolg: Bald stießen sie auf einen zweiten Steinkopf. Die Schädel sahen sich keineswegs ähnlich, stellten zwei grundverschiedene Typen dar. Der erste ähnelte einem Totenkopf mit männlichen Zügen; Colin und Leslie nannten ihn »Junge«. Das Steingebilde war von grünlichgrauer Farbe und glänzte von Quarzkristallen. Beide Brüder hatten große Mühe, ihn weg-

zuschaffen, denn das Ding war sehr schwer, schwerer jedenfalls als Zement oder Beton. Andeutungen von Haaren waren daran ebenfalls zu erkennen, sie schienen in Streifen angeordnet von vorn nach hinten zu verlaufen.
Der andere Steinkopf – die Jungen nannten ihn »Mädchen« – ähnelte eher einem Hexenwesen. Er hatte wilde Glotzaugen, und das darauf angedeutete Haar war hinten zu einer Art Knoten verschlungen. Es schien früher einmal bemalt gewesen zu sein, denn an jener Schädelstelle fanden sich Spuren von gelber oder roter Farbe. Colin und Leslie hielten ihren makabren Fund zunächst geheim. Um Einfälle nicht verlegen, nannten sie die beiden Steindarstellungen *Hexham-Köpfe,* nach dem kleinen Ort, wo sie lebten. Sie brachten die Schädel ins Haus und versteckten sie dort in ihrer Kammer.
Sie hätten es lieber nicht tun sollen, denn damit fing das ganze Unglück an. Wie von Geisterhand gewendet, drehten sich die »Hexham-Köpfe« ohne Anlaß um, Gegenstände zerbrachen ohne erkennbaren Grund. Als eines Tages die Matratze von einer der beiden Schwestern der Jungen aus dem scheinbaren Nichts heraus mit Glassplittern übersät war, zogen die Mädchen aus dem gemeinsamen Kinderzimmer panikartig aus. An der Stelle aber, wo der steinerne Fund im Garten ausgegraben worden war, begann um das Weihnachtsfest herum eine merkwürdige Blume aufzublühen; nachts glühte dort ein unheimliches Licht.
Nun könnte man annehmen, daß alle diese Ereignisse bei den Robsons auf einem zufälligen Zusammentreffen beruhten und nicht wirklich etwas mit dem Auftauchen der Köpfe zu tun hatten. Doch handelte es sich keineswegs um zunächst vermutete Poltergeist-Phänomene, wie das bei heranwachsenden Kindern oft der Fall ist. Das bezeugte auf eindringlichste Weise eine Nachbarin der Familie. *Ellen Dodd,* so ihr Name, hatte nämlich ein furchtbares Erlebnis. Eines ihrer Kinder, der zehnjährige Sohn Brian, war erkrankt und hatte ängstlich nach seiner Mutter gerufen. Als sie an sein Bett trat, flüsterte der Knabe ihr zu, »etwas« habe ihn berührt. Die Mutter ver-

suchte ihn zu beruhigen und schrieb die Behauptung ihres Jungen seinen Fieberträumen zu – aber im nächsten Augenblick wußte Mrs. Dodd, daß Brian nicht phantasiert hatte. »Denn da sah ich diese Gestalt«, erzählte die Frau von ihrer unglaublichen Begegnung. »Sie kam auf mich zu, und ich fühlte genau, wie sie mich an den Beinen vorsichtig anfaßte. Dann verließ sie auf allen vieren das Zimmer.« Das Wesen habe »halb einem Menschen, halb einem Schaf« geähnelt, beschrieb es die entsetzte Mutter.

Auch bei den Robsons blieb es nachts nicht ruhig. Die Mutter von Colin und Leslie vernahm nämlich ebenfalls ein fremdartiges Geräusch sowie Schreie, die von nebenan zu kommen schienen. Nachbarn wollten in jenen Stunden ein Wesen gesehen haben, das einem *Werwolf* ähnelte. Als Mrs. Dodd nach ihrem nächtlichen Zusammentreffen mit dem unbekannten Eindringling die Treppe ins Erdgeschoß hinunterging, bemerkte sie erschrocken, daß die Haustür offenstand, obwohl sie diese zuvor fest verschlossen hatte. Die Dodds zogen die Konsequenzen, berichteten den Beamten der Stadtverwaltung von den unheimlichen Vorfällen in ihrem und rund um ihr Haus und zogen in ein anderes Ortsgebiet. Auch die Robsons machten Ordnung. Als ihnen die Jungen von ihrem grausigen Fund erzählten, ließen sie die »Hexham-Köpfe« aus dem Haus entfernen und ihre Wohnstatt einer Geisteraustreibung unterziehen. Danach kehrte hier wieder Ruhe ein.

Für die seltsamen Steine fand sich trotzdem eine Abnehmerin. Dr. *Anne Ross* nahm die Schädelnachbildungen in ihr Heim. Als bedeutende Kennerin der keltischen Kultur hatte sie die »Hexham-Köpfe« untersucht. Das Ergebnis veröffentlichte sie in einem Kapitel ihres Buches »Folklore, Myths and Legends of Britain«, worin die Autorin zur Auffassung gelangt war, die Köpfe wären etwa 1800 Jahre alt und ursprünglich bei keltischen Kopfritualen verwendet worden. Was sie danach erlebte, hat sie niedergeschrieben, wurde zu einer beklemmenden Konfrontation mit einer fremden, furchteinflößenden Wesensart:

»Damals bezog ich es nicht auf die Köpfe. Wir ließen im Flur immer das Licht an und die Türen ein wenig offen, denn unser kleiner Sohn hat Angst im Dunkeln. Deswegen ist immer etwas Licht in unserem Zimmer. Ich wachte auf und hatte furchtbare Angst. Es überkam mich Panik, und mir war entsetzlich kalt. Um mich herum war eine grauenhafte Stimmung von eisiger Kälte. Aus irgendeinem Grund blickte ich in Richtung Tür. Dort sah ich gerade dieses Wesen weggehen.
Es war etwa zwei Meter groß, leicht gebeugt und hob sich schwarz gegen die helle Tür ab. Der obere Teil ähnelte einem Wolf, der untere einem Menschen. Es war mit einem dunklen, fast schwarzen Pelz bedeckt. Ich konnte es ganz deutlich hinausgehen sehen. Irgend etwas ließ mich ihm hinterherlaufen. Normalerweise hätte ich das nie getan, aber ich hatte das Gefühl, ich müßte es tun. Ich verließ das Bett, lief hinaus und konnte hören, wie es die Treppe hinunterging. Dann ver-

Dieser deutsche Druck aus dem 15. Jahrhundert zeigt einen sogenannten Werwolf beim Angriff auf sein Opfer.

schwand es im hinteren Teil des Hauses. Als ich unten an der Treppe ankam, hatte ich grauenvolle Angst.«
Das unheimliche Erlebnis blieb jedoch nicht auf Anne Ross allein beschränkt. Auch ihre halbwüchsige Tochter begegnete dem seltsamen Zwitterwesen. Sie und ihr Mann trafen das Mädchen in einem Schockzustand an, als beide einige Tage später von London nach Hause kamen. Auf ein Geräusch an der Haustür war diese von der Kleinen geöffnet worden. Im nächsten Moment glitt eine Gestalt, die einem Werwolf ähnlich sah, ins Innere des Hauses, sprang über das Treppengeländer und landete mit einem lauten Krach auf dem Fußboden. Mit schweren Tierfüßen trottete das Wesen danach in den hinteren Teil des Hauses. Auch das Mädchen hatte gleich ihrer Mutter den inneren Zwang verspürt, dem Eindringling zu folgen. Dieser war inzwischen im Musikzimmer am Ende des Flurs verschwunden. Als Mrs. Ross' Tochter dort nachschaute, war das Zwitterwesen wie vom Erdboden verschluckt. Plötzlich aber hatte das Mädchen ein schreckliches Angstgefühl befallen. Fluchtartig war sie aus dem Zimmer gelaufen. »An dem Tag, an dem die Köpfe aus dem Haus entfernt wurden, hatte jeder von uns, auch mein Mann, das Gefühl, als sei eine dunkle Wolke fortgezogen. Seitdem gab es keine Spur mehr von paranormalen Phänomenen«, schreibt Dr. Anne Ross in ihren Erinnerungen an das unfaßbare Unbekannte.
Sollte die Keltenforscherin recht haben und die »Hexham-Köpfe« tatsächlich aus keltischer Zeit stammen, so wäre es durchaus möglich, daß auf diesen Steinen ein uralter böser Fluch lastet. Ihr gegenwärtiger Verbleib ist unbekannt. Sicher ist, daß die Kelten aus dem Königreich Brigantien (heute *York*) im nordwestlichen England menschliche Schädel verehrten und als Zauber gegen das Böse bewahrten. Im westlichen Yorkshire wurden viele solcher Köpfe gefunden. Sie befinden sich an den Wänden von Gebäuden, an Eingängen oder am Giebel und haben eine besondere Bedeutung: Sie schützen die Hausbewohner vor dem Verderben. Welche Be-

wandtnis hatte es mit den »Hexham-Köpfen« gehabt? Waren sie, im Gegensatz dazu, *negativ* aufgeladen gewesen?
Flüche des Verderbens finden sich in allen Weltteilen. Auch in Ägypten. Im Alten Reich der Pharaonen war die »Schwarze Magie« ebenso verbreitet wie die positive »Weiße«. Ausgeübt wurden jene magischen Künste von einer bestimmten Kaste innerhalb der Hohenpriesterschaft. Sie standen dort im Dienst der Staatspolitik und wurden zum Schutz der Herrscher sowie gegen die in- und ausländischen Feinde des Landes angewandt. Es mag überraschen, ist jedoch belegt: Der so oft todbringende Voodoo-Kult nahm nicht auf der Insel Haiti seinen Ausgang. Jene Geisterreligion kam aus dem Nahen Osten! Legendäre Überlieferungen und alte Texte, auf Papyrusrollen sowie im berühmten »Ägyptischen Totenbuch« aufgezeichnet, bestätigen die Herkunft dieses magischen Zeremoniells aus dem Land am Nil.
Dort formten vor Zeiten, wenn die Gefährdung von außerhalb der Staatsgrenzen wieder mal überhandzunehmen drohte und feindliche Armeen sich anschickten, zerstörerisch landesweit einzufallen, die Priestermagier kleine Figürchen aus Wachs, um darauf die Namen jener zu griffeln, deren sie sich auf diese außergewöhnliche Weise zu entledigen trachteten. Das konnten solche von feindlichen Fürsten, die die Invasoren befehligten, ebenso sein wie jene der kriegslüsternen Völker, die sich als Okkupanten betätigten. Auch bei der Mehrzahl interner Auseinandersetzungen, bei Aufständen gegen die regierende Zentralmacht, im Einzelfall sogar gegen den vielleicht mißliebigen Pharao selbst, wurde die ominöse Wachspuppenmagie angewendet. Erst wurden die Figürchen beschriftet, danach *mit Nadeln durchbohrt,* mit den Füßen zerstampft und ins Feuer geworfen, manchmal auch in einer Ekke vergraben. Auf diese Weise glaubte man damals, die lebenden Vorbilder unschädlich machen zu können.
Magie wurde im alten Ägypten auch bei den einfachen Menschen sehr ernst genommen. Sie wird auf einen Meister des Wissens, auf *Thot,* zurückgeführt, der später als Gottheit

größte Verehrung genoß. Ihm wird eine Spruchweisheit zugeschrieben, die da lautet: »Gott hat den Menschen die Zauberei gegeben als Waffe, damit sie sich vor allem Unheil schützen können.« Wie so vieles an positiven Errungenschaften und Gedankengut, wurde es später von skrupellosen Menschen zum eigenen Vorteil herangezogen und ins Negative verkehrt.

Gilt dies auch für den schon legendären »Fluch der Pharaonen«?

Wir kennen die Geschichte. Dennoch lohnt es an dieser Stelle, sie im Zusammenhang mit den hier aufgezählten Ereignissen gesondert zu erwähnen. Als *Howard Carter* und *Lord Carnavon* darangingen, am 17. Februar 1923 die Hauptkammer des Grabes von *Tut-ench-Amun* zu öffnen, ignorierten sie einen Fund, der in der Vorkammer der Pharaonen-Grabstätte kurz zuvor entdeckt worden war – ein Tontäfelchen mit der hieroglyphischen Warnung: »Der Tod wird den mit seinen Schwingen erschlagen, der die Ruhe des Pharaos stört.« Die Nichtbeachtung dieser Fluchformel sollte sich bitter rächen. Eine Todesserie von zuvor nicht für möglich gehaltenen Ausmaßen setzte ein. Nur Zufall? Wohl kaum. Zu sehr summierten sich in der Folge unübersehbare Zusammenhänge. Nur drei Wochen nach der Öffnung des Pharaonengrabes starb Lord Carnavon an einem giftigen Insektenstich. Er verschied in seinem Appartement des Hotels »Continental« in Kairo. Im Augenblick seines Todes – *das ist amtlich belegt* – geschah Seltsames: In der ganzen Stadt gingen mit einem Schlag alle Lichter aus! Später schrieb man das eigenartige Zusammentreffen beider Ereignisse einer Stromstörung zu, die im übrigen erst in den Morgenstunden behoben werden konnte.

Ein amerikanischer Archäologe, der an den Grabungen im »Tal der Könige« beteiligt gewesen war und im selben Hotel wie Lord Carnavon gewohnt hatte, fiel kurz nach dessen Ableben ins Koma. Der herbeigeeilte Arzt war nicht in der Lage, bei dem Wissenschaftler eine Krankheit festzustellen. Der Mann starb, ohne sein Bewußtsein wiedererlangt zu haben.

Das nächste Opfer war der Archäologe *Archibald Douglas Reid.* Er hatte die Mumie des Tut-ench-Amun durchleuchtet. Eines Abends kam er spät nach Hause und klagte über große Müdigkeit. Wenig später war Reid tot.
Ähnlich erging es auch einem Freund Lord Carnavons. *George Jay* hatte es sich nicht nehmen lassen, das Pharaonengrab zu besuchen. Kurz darauf erlitt er einen Anfall von hohem Fieber. Jay starb noch in derselben Nacht.
Die Statistik jener Fluchformel um Tut-ench-Amun ist unbarmherzig. Allein in den Jahren zwischen 1923 und 1929 verloren dreizehn Menschen unter 60 Jahren ihr Leben. Jeder von ihnen hatte irgendwann die Grabkammer betreten. Neun Wissenschaftlern, die mit den Schätzen des Pharaos in Berührung gekommen waren, erging es ebenso.
Tut-ench-Amun regierte in der 18. Dynastie des Neuen Reiches von 1358 bis 1352 vor Christus; er starb bereits mit 18 Jahren. Aber die Kraft seiner Jugend scheint den Fluch der Hohenpriester über Jahrtausende wirksam erhalten zu haben. Auch in jüngerer Zeit forderte er mehrere Opfer. Im Jahr 1972 traf es mehrere Mitglieder einer Flugzeugbesatzung der *»Royal Air Force«*. Ihr Auftrag lautete, die Totenmaske des Pharaos samt anderen Schätzen aus seiner Grabkammer zu einer Ausstellung nach London zu fliegen. Bald darauf war sie fast völlig ausgerottet: Es starben der Chefpilot, der Bordmechaniker, und der Steward mußte seinen Dienst quittieren. Er erlitt zwei Herzinfarkte. Die Hosteß wiederum mußte sich einer Gehirnoperation unterziehen und zog sich danach ins Privatleben zurück. Schließlich brach in dem Haus eines Luftwaffenoffiziers, den die Engländer aus reiner Gefälligkeit auf ihrem Flug mitgenommen hatten, ein Brand aus, der nicht eingedämmt werden konnte. Das Gebäude brannte bis auf die Grundmauern nieder.
Einer lachte damals über die Fluchversion, die mit all diesen Todesfällen in Zusammenhang gebracht worden war: der ägyptische Archäologe Dr. *Gamals Nehrez.* Er hatte die Aufgabe gehabt, den Transport des Pharaonenschatzes nach Lon-

don zu überwachen. »Ich glaube an keinen Fluch«, versicherte er vor Journalisten. »Schauen Sie mich an: Ich bin im ganzen Leben von Mumien umgeben und fühle mich topfit!« Er hätte lieber schweigen sollen. Genau vier Wochen, nachdem die Schätze Kairo verlassen hatten, erfüllte sich der Priesterfluch aufs neue: Dr. Nehrez starb ganz plötzlich. Er war erst 52 Jahre alt gewesen.
Flüche des Verderbens haben eine unheimlich lange Lebensdauer …

7 Ruf aus dem Jenseits

Die Katze aus dem Totenreich

Sind Träume bloß Widerspiegelungen unbewußter Gedanken? Erfüllen sie lediglich bestimmte Wunschvorstellungen? Sind sie womöglich sogar wiedererweckte Erinnerungen an vergangene, längst vergessene Geschehnisse früherer Jahre? Bilden Träume eine Brücke zu jener Daseinsebene, die wir Menschen endgültig erst nach unserem Ableben zu überschreiten vermögen? Führen sie uns in eine Dimension, welche wir – um andere Erklärungen verlegen – als das »Jenseits« bezeichnen? Oder müssen wir darauf gefaßt sein, den Traumbildern eine wirklichkeitsnahe Bedeutung zuzuschreiben?

Traumforschung und Traumdeutung sind sich hier nicht sicher. Der englische Dramatiker *William Shakespeare* scheint da mehr Realitäten erkannt zu haben. Ahnungsvoll läßt er seinen »Hamlet« zu der Einsicht gelangen: »Es gibt mehr Dinge im Himmel und auf Erden, als eure Schulweisheit sich träumen läßt!«

Auch paranormale Fähigkeiten auf dem Gebiet der *Telepathie* müssen in diesem Zusammenhang ernst genommen werden. Wenn etwa beobachtet werden konnte, wie sehr sich zwei einander besonders zugetane Menschen, unabhängig ihres Geschlechts, scheinbar »wie blind« verstehen, so als wären sie auf völlig gleicher Wellenlänge. Wird solche Harmonie womöglich durch Gedankenströme hervorgerufen, die diese beiden sich wechselweise »zusenden« und ebenso auch wieder »empfangen«? Führt dieses Phänomen letztlich dazu, gedachte Wünsche und Sehnsüchte des geliebten Partners buchstäblich »zu erfühlen«?

Wechselbeziehungen dieser Art gibt es nicht nur unter Menschen. Jeder Tierfreund, den eine innige Beziehung mit seinem Liebling verbindet, wird es bestätigen. Peter Krassa weiß es aus eigenem Erleben. Hat es auf unglaubliche Weise erfahren. Hier sein Bericht:

Ich bin ein absoluter Katzen-Fan. Seit 25 Jahren miaut und schnurrt es in meinem Ein-Personen-Haushalt. Sechs Jahre teilte ich mit »Mephisto«, 15 mit dem Kater »Gritli« mein Single-Dasein. Seit einigen Jahren umschmeicheln mich zwei Katzendamen – »Goldi« und »Gucki« – auf ihre unvergleichliche Art. Ich könnte mir mein Heim ohne diese entzückenden Samtpfoten gar nicht mehr vorstellen.

Um so schmerzlicher trifft es jeden Tierliebhaber, wenn ihn eines Tages sein treuer Gefährte für immer verläßt. Jeder, dem das bereits irgendwann widerfahren ist, wird mich verstehen. Ein Gefühl der Leere bleibt dann zurück – nicht nur der räumlichen, auch der seelischen. Man hat ja nicht nur ein Tier verloren, sondern einen treuen, liebevollen und verläßlichen Mitbewohner. Und so kann der Leser meinen Schmerz nachfühlen, als ich zum ersten Mal (und das völlig unvorbereitet) einen meiner vierbeinigen Kameraden verlor.

Damals, 1974, lebte mein Kartäuserkater »Mephisto« bei mir. Ich hatte ihn einjährig in Garmisch-Partenkirchen von einer alten Frau erworben. »Mephistos« schönes, seidiges, kohlrabenschwarzes Fell erweckte überall Bewunderung. Ausgerechnet um die Weihnachtszeit wurde ich vom Verhalten des Katers beunruhigt. Er schien müde zu sein und körperlich unpäßlich. So nützte ich den einzigen Werktag zwischen den Feiertagen – den 27. Dezember – dazu, die Ordination eines bekannten Wiener Tierarztes aufzusuchen. In meinem »Gepäck«: Kater »Mephisto«, für den ich hoffte, daß der Tierarzt seinen Zustand erkennen und schnell wieder in Ordnung bringen würde. Ohne mir allzu große Sorgen zu machen, war ich frühmorgens aufgebrochen. Als ich mittags die Tierklinik verließ, stand ich unter Schock: Mein geliebter »Mephisto« – war tot …

Er war von dem Tierarzt eingeschläfert worden. Eine vorangegangene Untersuchung hatte den Grund für »Mephistos«

unerklärliche Müdigkeit sowie sein schlechtes körperliches Befinden offenbart: Das Tier litt unter der wohl bösesten und heimtückischsten Krankheit, von der Katzen betroffen werden – Leukose. Das ist ein Leiden, das mit der uns Menschen befallenden *Leukämie* gleichzusetzen ist: Blutkrebs!
Ich war am Boden zerstört. Es dauerte Tage, bis ich meine Fassung wiedergewonnen hatte. Bis sich meine Erstarrung löste und ich zu weinen vermochte. In dieser Zeit war es ein großes Glück für mich und meinen seelischen Zustand, schon vorher von meinem Freund W. E. in seine Berghütte im Salzburgischen eingeladen worden zu sein. Der Silvesterrummel lenkte mich etwas von dem erlittenen Schmerz ab und half mir, auf andere Gedanken zu kommen. Nach der Rückkehr in meine Heimatstadt Wien bemühte ich mich, den Tod meines samtpfötigen Freundes zu verdrängen, und so verging die Zeit.
Natürlich dachte ich auch weiterhin an die schönen Tage mit meinem Kater zurück, er fehlte mir sehr. Aber dann ereignete sich etwas ganz und gar Ungewöhnliches. Vier Monate nach »Mephistos« Abgang von der Lebensbühne – in einer Aprilnacht des Jahres 1975.
Das genaue Datum habe ich vergessen, nicht aber den Zeitpunkt, zu dem es geschah. Ich hatte tief und fest geschlafen – als mich irgend etwas plötzlich aus dem Schlummer riß. Es mochte vier Uhr morgens sein. Ich war erwacht, weil mich eine Bewegung der Bettdecke am Fußende meiner Liegestatt irritierte. Ich kannte diese Bewegung, hatte sie oft genug gefühlt – dann nämlich, wenn Kater »Mephisto« auf meine Bettdecke sprang, wo er jeden Abend sich ein Grübchen zu »treten« pflegte. Die leichte Bewegung des Überzuges wurde durch die krallenbehafteten Vorderpfoten der Katze hervorgerufen, die die Decke entsprechend malträtierten. Jeder Katzenbesitzer kennt diese Eigenart seines Lieblings.
In dieser Aprilnacht spürte ich wieder dieses typische Ziehen an der Bettdecke am Fußende – gleichzeitig *hörte* ich aber auch das mir so wohlvertraute, unverkennbare Miauen mei-

nes toten Katers: Es klang irgendwie gedämpft, so als ob sich das Tier hinter einer *Glaswand* befinden würde.
Für einige Augenblicke war ich vor Überraschung wie erstarrt. Ein Glücksgefühl durchströmte mich. Ich erinnere mich noch an meinen ersten Gedanken: »Das gibt es doch nicht!« Doch dann begann ich meinen Freund zu rufen. Ich vermag heute nicht mehr zu sagen, ob das akustisch oder nur in Gedanken geschah, jedenfalls rief ich unentwegt: »Mephisto, Mephisto!«
Nach wie vor spürte ich die Bewegung der Decke, fühlte die tretenden Pfoten der Katze zu meinen Füßen und vernahm jenes gedämpfte »Miau«, das ich niemals vergessen hatte. Ich wagte nicht, mich zu bewegen und ergab mich meinem Gefühl.
Wie lange das ungewöhnliche Phänomen anhielt, vermag ich nicht zu beurteilen, bin mir aber in einem völlig gewiß: Was ich damals erlebte, habe ich nicht geträumt!
Professor *Hans Driesch,* ein deutscher Philosoph und Biologe (1867–1941), beschäftigte sich sehr intensiv mit der seriösen Erforschung bestimmter parapsychologischer Phänomene. Dabei gelangte er zu der Erkenntnis: »Eine außersinnliche Wahrnehmung (ASW) ist dann gegeben, wenn jene Person, die dieses Erlebnis gehabt haben will, in den bewußten Augenblicken deutlich fühlte, etwas ganz Besonderes zu erleben – etwas, das sich von sonstigen Träumen klar unterscheidet.«
Ein Eindruck, den auch ich bei meinem Erlebnis deutlich zu empfinden vermochte: das unerwartete Lebenszeichen eines liebgewonnenen Verstorbenen aus der Tierwelt. Ich vernahm die Stimme meines Katers Mephisto, seinen letzten Ruf aus dem Jenseits …

8 Das Labyrinth der Tafelrunde

Stonehenge, der Gral und Merlin, der Hexer

Da sind viele gedeckte Gänge mit sich windenden Durchlässen, so daß kein Fremder den Weg hinein und hinaus ohne Führer finden würde«, beschreibt der griechische Geograph *Strabo* (63 v. bis 20 n. Chr.) jene vornehmlich hellenistischen bzw. ägyptischen Gebäude- oder Gartenanlagen, deren Eigenart darin bestand, mittels verschlungener Irrgänge in ihrem Innern ein unüberwindliches Hindernis für jeglichen unerwünschten Eindringling darzustellen. Wer es dennoch wagte, der Versuchung nachzugeben, um ein sich selbst gestecktes Ziel zu erreichen – vielleicht den Raub einer in dieser raffiniert angelegten Falle versteckten Kostbarkeit –, verlor sich fast immer hilf- und hoffnungslos in einem Gewirr von Zugangswegen, widersinnig scheinenden Knickkorridoren und Blindgängen einer Anlage, die uns unter der Bezeichnung *Labyrinth* zum Begriff geworden ist. Zwei von ihnen brachten es zu historischer Popularität: So kennt man aus Ägypten ein Labyrinth bei *Medinet el Faijum,* das um 1800 vor Christus unter dem Pharao *Amenemhet III.* aus der 12. Dynastie des Mittleren Reiches errichtet wurde und zum Vorbild für jenen Irrgarten werden sollte, den die Kreter in Griechenland, und zwar in *Knossos,* zu Ende führten. »Die Flucht dieser Kreuz- und Querwege durch die Höfe, der bunteste Schmuck allenthalben – das alles ist voll unzähliger Schönheiten; von den Höfen tritt man in Kammern und wieder in Höfe ...«, erfahren wir bei *Herodot,* der Gelegenheit hatte, während seines Ägyptenaufenthaltes das Labyrinth des Amenemhet kennenzulernen.

Aber nicht davon wollen wir berichten, sondern von jener Anlage in England, innerhalb eines Hügels von *Glastonbury.*

Mit uralten, klapprigen Behelfsmitteln und nur notdürftig

ausgerüstet sind sie Sommer für Sommer unterwegs. Anzusehen wie die modernen Erben mittelalterlicher Vagabunden. So ziehen sie jedes Jahr zu Tausenden durch den Süden Englands – Hippies, Esoteriker und dubiose Okkultisten. Ziel dieser Ausgeflippten ist Glastonbury, einer der berühmtesten, ältesten und heiligsten Orte der britischen Insel. Glastonbury verdankt seinen Bekanntheitsgrad nicht zuletzt legendären Überlieferungen um Englands sagenhaften Herrscher *Artus* (oder Artur). Ob dieser König wirklich gelebt hat, ist unsicher – sein Ruf hat jedenfalls darunter nicht gelitten. Wer kennt sie nicht, die strahlenden Helden jener Ära, die sich um den geheimnisvollen Regenten scharten: die Edlen Erek, Gawan, Iwein, Lancelot, Parzival und Tristan. Sie sind als »Ritter der Tafelrunde« in die ruhmvolle Geschichte des einstigen Weltreichs eingegangen, ebenso *Merlin,* der Magier, welcher von sich behauptete, ein Sohn des Satans zu sein sowie einer Jungfrau, die dieser geschwängert hatte. Und dann gibt es in diesem Zusammenhang auch noch den Mythos vom *Heiligen Gral,* der allgemein mit Christus in Verbindung gebracht wird. Verständlich, daß diese alte Kultstätte immer wieder neugierige Besucher, Pilger und fanatische Sonderlinge an- und in ihren Bann zieht.

Wie verhält es sich mit diesem magischen Ort, wo alte Quellen auch das Terrain des sagenhaften Avalon vermuten? Ruht hier auf dem Terrain der Abtei von Glastonbury die sterbliche Hülle des König Artus? Verbirgt sich in *Chalice Well* der mythische Gral? Existiert jenes unterirdische Labyrinth im Inneren des Hügels, das angeblich spiralförmig zur Kuppe des Glastonbury-»Tor« emporführt? Einer der Autoren (R. H.) folgte den Spuren der legendären Gralsritter, und er betrat das »englische Jerusalem«.

Glastonbury hatte mich weder als »Blumenkind« noch als »Aussteiger« gesehen. Ich kam lediglich als staunender Besucher, als ein allem Geheimnisvollen aufgeschlossener Tourist. Und wirklich: Aus dem Staunen und Wundern kommt man angesichts der Sehenswürdigkeiten, die diese Region dem Un-

bedarften zu bieten hat, kaum heraus. Höchstens eine Autostunde vom berühmten »Observatorium« *Stonehenge* entfernt, in westlicher Richtung, liegt die Grafschaft *Somerset.* In ihrem nördlichen Winkel erhebt sich ein pyramidenartiger Hügel hoch über die Landschaft. Auf ihm thront, weithin sichtbar, ein ungewöhnliches Bauwerk – der bereits erwähnte »Tor« von Glastonbury. »Tor« bedeutet im Englischen soviel wie *spitziger Felsen,* aber hier handelt es sich eindeutig um einen *Turm.* Majestätisch ragt er auf dem 150 Meter hohen Hügel in den Himmel. Archäologische Funde haben die Altertumsforscher vermuten lassen, daß sich hier früher einmal eine religiöse Stätte der *Druiden* befunden haben könnte.
Der Ursprung des »Zauberberges« reicht weit in die vorkeltische Zeit zurück. Bisher konnte von den Geologen nicht ermittelt werden, ob seinerzeit der gesamte Berg aufgeschüttet worden ist. Träfe das zu, dann wäre das Gebilde sogar höher als die Cheopspyramide in Ägypten. Es kann aber auch nicht ausgeschlossen werden, daß jene druidische Anlage lediglich künstlich terrassiert worden ist. Sie hat im übrigen die Gestalt einer *länglich* geformten Stufenpyramide, und ein Weg windet sich auf ihr serpentinenartig nach oben. Dieser Pilgerpfad wird auch heute noch von Mystikern und New-Age-Anhängern bei alljährlich stattfindenden Fackelprozessionen gerne benützt. Er gleicht in auffallender Weise einem Labyrinth. Kommt man dann oben an, gilt das erste Begrüßungsritual der aufgehenden Sonne. Insgesamt empfiehlt es sich, während dieses Marsches bei guter Kondition zu sein, sonst kommt man, wie ich, leicht ins Schwitzen. In jedem Fall lohnt aber die halbstündige Strapaze des Aufstiegs, denn hat man einmal das Ziel auf der Bergkuppe erreicht, entschädigt einen der einzigartige Anblick des »Tor« sowie der wunderbare Ausblick auf die grüne weitflächige Landschaft von Somerset für vorangegangenen Mühen. Es war ein unvergeßlicher Eindruck, den ich mitnahm von jenem seltsamen Pyramidenhügel unter meinen Füßen. Die Engländer nennen ihn auch *»Chalice Hill«* – Kelchhügel –, und die Bezeichnung hat einen tieferen Sinn: Angeb-

lich soll sich nämlich in seinem Inneren eine Schatzkammer befinden, in welcher der Gral aufbewahrt wird. Um ihn allerdings ausfindig zu machen, müßte erst ein bislang unentdeckt gebliebenes Tunnelsystem aufgespürt werden, durch das man zu der kostbaren Reliquie gelangen könnte.

Eine andere Legende weiß von *Melvas* zu erzählen, einem Herrscher aus Somerset. Der hatte in jener Zeit die Gemahlin des König *Artus* geraubt und hielt sie nun in Glastonbury gefangen. Sofort scharte dieser einige seiner Ritter um sich und machte sich mit ihnen auf, um seine ihm angetraute Gattin *Ginevra* aus der Feindesfestung herauszuholen, sie aus der Gewalt des Melvas zu befreien. Die Zwingburg dieses Räubers soll sich auf der Hügelkuppe im Bereich des »Tor« befunden haben. Ernsthafte Kampfhandlungen konnten damals, laut Sage, vermieden werden, da der Abt von Glastonbury zwischen den beiden Streithähnen vermittelte.

In den sechziger Jahren entdeckten Archäologen auf der Bergspitze Spuren frühzeitlicher Holzbauten. Wieweit deren Verdacht hier allerdings zutrifft, wonach sie auf Reste der einstigen Burg des Königs Melvas gestoßen seien, bleibt ungewiß. Historisch belegt ist lediglich, daß Mönche im Mittelalter eine Kirche auf der Spitze des Hügels errichteten, die dem Drachentöter und Erzengel *Michael* geweiht war. Ein Erdbeben wurde später dem Gotteshaus zum Verhängnis. Sicher ist nur: Der jetzt dort stehende Turm, der »Tor«, hatte bestimmt nichts mit der früheren Kathedrale zu tun. Er gehörte zu einem anderen Bau.

Nicht nur der Gral soll sich übrigens hier in dem geheimnisvollen Labyrinth befinden, auch der Eingang nach *Annwn,* einem Reich in der Unterwelt, das angeblich von *Gwyn ap Nudd,* dem König der Feen und Zauberer, beherrscht wird, versteckt sich der Sage nach innerhalb dieses Hügels.

Vielleicht ist es nur ein Zufall, vielleicht aber auch gewollt, daß der sogenannte »Kelchhügel« mit seinem Turmmonument exakt in Richtung der *St.-Michaels-Linie* ausgerichtet worden war. Diese Linie beginnt am Berg St. Michael im südwestlichen Winkel Englands und erstreckt sich über nahezu 500 Kilometer. Sie passiert auf ihrem Weg *Glastonbury* ebenso wie die Steinzeitsiedlung *Avebury* sowie andere prähistorische Anlagen. Verblüffend daran ist, daß die Grundlinie ziemlich genau dem Sonnenaufgang entspricht, der sich jeweils am 1. Mai über Südengland ereignet. Es wird vermutet, daß der Weg der Sonne bereits im Altertum bekannt war und deshalb auch so genau markiert werden konnte. Sämtliche Stätten entlang dieser Linie sind übrigens »Drachentötern« geweiht: Es handelt sich um die Heiligen *Michael* und *George.*

Eine andere Linie fixiert den Sonnenaufgang zur Sommersonnenwende. Sie führt bezeichnenderweise durch das megalithische Heiligtum *Stonehenge.* Verbindet man nun die Markierungspunkte Stonehenge, Avebury und Glastonbury, so ergibt dies ein rechtwinkeliges Dreieck. Dahinter scheint eine großangelegte Planung sichtbar zu werden. Unwillkürlich stellt man sich die Frage, wie es so einfachen, vornehmlich auf Landwirtschaft ausgerichteten Volksstämmen möglich gewesen sein soll, ihre verschiedenen Bauwerke und Kultstätten im Rahmen eines derart ausgeklügelten Systems der *Erdgeometrie* auszurichten – mit offensichtlich *astronomischen* Kenntnissen, die sogar unsere heutigen bei weitem übertrafen? Unterschätzen wir womöglich das Wissen unserer Ahnen? War es weit größer, als bisher angenommen?

Nicht weniger »betagt« als die Kenntnisse der Altvorderen auf geometrischer sowie astronomischer Ebene, scheinen auch jene auf dem *astrologischen* Gebiet gewesen zu sein. Jedenfalls entdeckte eine englische Bildhauerin namens *Katharine Maltwood* 1929 südlich von Glastonbury einen dort richtiggehend in die Landschaft eingebetteten, sich über die gesamte Region von Somerset erstreckenden »natürlichen« *Tierkreis.* Flüsse, Wege, Straßen, Hügel, Gräber und Schanzen bilden mit ihren Konturen die Umrisse von riesigen Figuren, die sich unzweifelhaft als die uns bekannten zwölf Tierkreiszeichen identifizieren lassen.

Dieser Zodiak ist kreisförmig angelegt und beansprucht das

ganze Gebiet. Sein Durchmesser beträgt an die sechzehn Kilometer. Sämtliche seiner Erdmuster sind nach dem Westen hin ausgerichtet. Für Katharine Maltwood ein deutlicher Beweis, daß es sich dabei nicht um eine Laune der Natur handeln kann, sondern eine exakte Planung dahinter zu erkennen ist. Allerdings entspricht der sogenannte »Sternentempel von Glastonbury« nicht so ganz dem wirklichen Tierkreis am Firmament. So ist etwa die Hügelfigur des Widders (Aries) für das entsprechende Sternbild ein wenig zu groß. Katharine Maltwood legte darum den Schwerpunkt ihrer Betrachtungen eher auf den Symbolgehalt der gigantischen Muster. Ihr gelang immerhin der Nachweis, daß die dargestellten Figuren mit den Vorkommnissen im Kampf um den »Heiligen Gral« aus der Artus-Sage in Zusammenhang gebracht werden müssen. Ihrer Hypothese nach, die auch alte Ortsnamen, Legenden und esoterisches Wissen mit einbezieht, soll König Artus als *Schütze,* seine Gemahlin Ginevra als *Jungfrau,* Sir Lancelot als *Löwe* und der Magier Merlin als *Steinbock* dargestellt sein. Weiter verkörpere das Gesamtbild des (runden) Tierkreises den *Tisch* der Tafelrunde, um den sich die heldenhaften Ritter am Königshof versammelten. Weil »Stier« und »Skorpion« die Ostwestlinie belegen und auf diese Weise präzise die *Tag-und-Nacht-Gleiche* bestimmen, hat Katharine Maltwood die Entstehungszeit des einzigartigen Tierkreises mit 2700 vor Christus angesetzt. Einige Forscher, die sich damit solidarisch erklärten, halten es in diesem Zusammenhang für denkbar, daß es einst eine *geistige Verbindung* zwischen Britanniens Druiden und den sumerisch-babylonischen Priestern gegeben haben könnte. Sie verweisen auf den Namen »Somerset«, der deutsch mit *Summerland* übersetzt werden kann. Eine Bezeichnung die vielleicht von *Sumer Land* herrührt und in gewisser Weise an eine Schar von Siedlern aus dem Orient erinnert, die vor vielen tausend Jahren ihre Kultur nach England gebracht haben.

Schon längst vergessen gewesene, nunmehr aber wiederentdeckte Hinweise auf *nahöstliche* Einflüsse lassen sich überraschenderweise auch auf dem »Tor« auf dem Kelchhügel identifizieren. Rechts und links über dem Eingang findet man zwei eigenartige Symbole eingraviert. Das eine Relief zeigt ein Gebilde, das offensichtlich die »Seele« darstellen soll, die eben »auf einer Waage« gewogen wird. Das andere die Gravur eines Wesens, das sich unschwer als *Kuh* erkennen läßt. Erstaunt fragt man sich, was derartige Symbole hier zu suchen haben? Beide Sinnbilder – sowohl die »Seele«, die in der Gerichtshalle des *Osiris* eben gegen die Feder der Wahrheit aufgewogen wird, als auch die gerne in Kuhgestalt sich zeigende Göttin *Hathor* – sind der *ägyptischen* Mythologie zuzuordnen. Sie sind absolut nicht mit christlichen Motiven in Einklang zu bringen. Wie also kamen die fremdartigen Darstellungen nach England und dort an die Außenwand eines Turmbaues kirchlicher Dominanz?

Inzwischen sind auf dem Areal des Tierkreises von Glastonbury die Forschungsarbeiten weitergegangen. Es gab ein paar merkwürdige Funde. Die führende Forscherin auf diesem Gebiet, *Mary Caine,* eine aus England gebürtige Kunstlehrerin und Mitglied des Londoner Druiden-Ordens, hat den tiefen Symbolgehalt des Zodiaks um wesentliche Details bereichert. Sie filmte das gesamte Gebiet aus der Luft und entdeckte bei dieser Gelegenheit in der Zwillingsfigur des Hügelzeichens, zehn Kilometer südlich von Glastonbury, Ungewöhnliches: die Umrisse eines Messias-Gesichtes. Es befindet sich unweit von *Dundon Hill City.* Mary Caine, auf weiterer Spurensuche, untersuchte außerdem weitere Erdmuster und stieß dabei im Gebiet rund um *Kingston-on-Thames* auf einen weiteren »natürlichen« Tierkreis. Ähnlich riesige Bodenmuster wurden auch bei *Nuthampstead* in Cambridgeshire sowie in *Pumpsaint* in Wales aufgespürt. Sie alle weisen die gleichen rätselhaften Merkmale auf: monumentale Erdbauten, die nur aus der Luft in ihrer Bedeutung erkannt werden können. Die meisten Hügelfiguren stammen vermutlich aus der Eisenzeit und verbreiten sich über die grünen Grafschaften Wiltshire, Dorset, Oxfordshire und Sussex. Sämtliche hier sichtbaren Gebil-

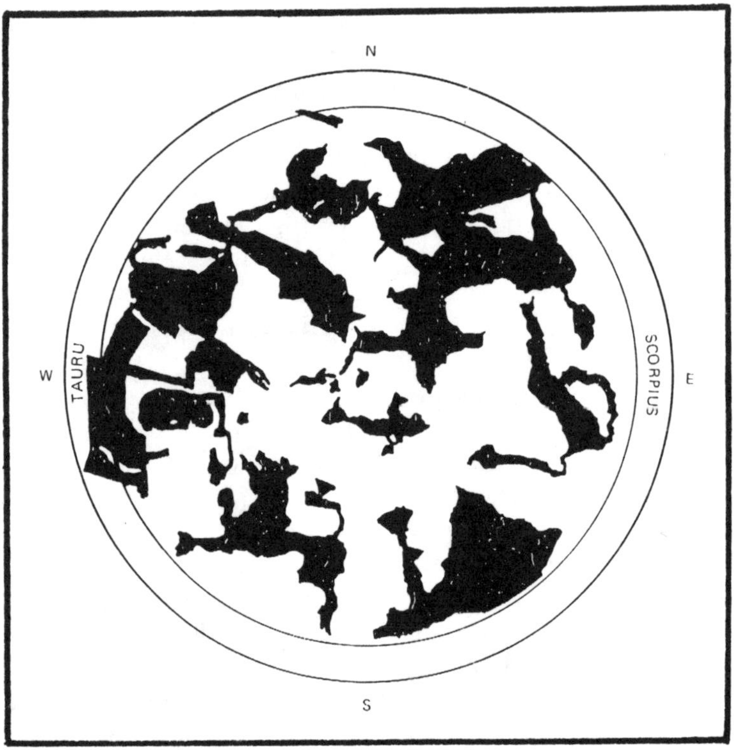

Dieser Tierkreis in der englischen Grafschaft Somerset ist sozusagen »natürlicher« Art und hat sich von selber gebildet.

de sind ausnahmslos zum Himmel hin ausgerichtet. Unter ihnen das berühmte *»Weiße Pferd von Westbury«*, der 112 Meter lange *»Drache von Uffington«*, der *»Riese von Cerne Abbas«* oder der *»Lange Mann von Wilmington«*. Beim Anblick dieser gewaltigen Darstellungen erinnert man sich sofort an die weltbekannte Ebene von *Nazca* in Peru. Kilometerlange Liniensysteme und Scharrbilder, in ihrer Ausdehnung nur aus der Luft erkennbar, vermitteln dem unbefangenen Betrachter den Eindruck eines prähistorischen »Flugplatzes«. Phantasiebegabte bringen in dem Zusammenhang sogar außerirdische

Besucher ins Spiel. Mythen und Legenden verschiedenster Kulturkreise erzählen von fremden »Göttern«, die einst vom Himmel gestiegen sein sollen. Sind solche Geschichten lediglich in der Einbildung der Menschen entstanden? Handelte es sich bei den himmlischen Wesen um Geister? Um Dämonen? Oder waren diese ominösen »Götter« wie wir aus Fleisch und Blut? Kamen sie wirklich aus dem Weltall? Flogen sie gar mit Raumschiffen? Ein phantastischer Gedanke – oder steckt mehr dahinter?

Nun, Flugsagen finden sich auf der ganzen Welt. Einige von ihnen führen auch nach England. Schon die alten Griechen wußten, daß *Helios,* der mächtige Sonnengott, mit seinem »feurigen Wagen« regelmäßig die Insel *Hyperborea* im Nordmeer aufzusuchen pflegte, wo ihm zu Ehren ein »kreisrunder Tempel« errichtet worden war. In gewisser Weise erinnert die Beschreibung dieses Bauwerkes an *Stonehenge.* Auch Helios' Hoherpriester *Abaris* reiste, der Legende nach, auf einem »Goldenen Pfeil« via Luftweg nach Süditalien, um sich dort mit *Pythagoras* zu treffen. Abaris, von den Griechen ob seiner zutreffenden Prophezeiungen hoch verehrt, dürfte ein Vorfahre eines Archetypus gewesen sein, der im Süden Englands gelebt haben soll und uns als Zauberer *Merlin* zum Begriff geworden ist. Jenes Magiers, der, wollen die Überlieferungen wissen, »mit den Bäumen fühlte und mit den Steinen sprach«. Ob er nun wirklich gelebt hat oder auch nicht – seine Grabstätte jedenfalls existiert. Sie befindet sich inmitten der Stadt *Marlborough,* in der Nähe des Heiligtums *Avebury.* Als sein ihm am ehesten gerecht werdendes Denkmal wird jedoch der Steinkreis von *Stonehenge* angesehen. Hier begegnen wir dem beeindruckendsten und besterhaltenen Megalithtempel im Herzen Südenglands. Von Esoterikern wird die rätselhafte Anlage sogar für ein Steinzeit-Observatorium gehalten. Merlin soll den sogenannten »Tanzplatz der Riesen« einst mit magischen Kräften von Irland her an seinen nunmehrigen Standort versetzt haben. Zwar wissen wir heute, daß die gewaltigen Steinblöcke nicht ganz so weit gereist sind und aus einem

Steinbruch an der Westküste von Wales herangeschafft wurden – doch auch das ist nicht ganz »ohne«. Immerhin mußte für diesen Transport die gewaltige Entfernung von rund 220 Kilometern Luftlinie (was wenigstens einer Entfernung von 350 Kilometern auf dem Landweg entspricht) überwunden werden. Wie wurde das möglich? Mit welchen Hilfsmitteln konnte ein derartiger Transport durchgeführt werden? Einige der gigantischen Blöcke, mit denen Stonehenge erbaut wurde, wiegen bis zu 26 Tonnen. Selbst heute, im Zeitalter der alles dominierenden Computertechnik, wäre ein solches Unternehmen nicht so ohne weiteres über die Rampe zu bringen. Um so mehr wird es zur Gewißheit: Transport und Fertigstellung – zusätzlich nach astronomischen Gesichtspunkten vollendet – müssen in jenen Tagen spektakulär und aufsehenerregend abgelaufen sein. War dabei *Magie* im Spiel? Was ist unter dieser Bezeichnung eigentlich zu verstehen? Handelte es sich bloß um vorgetäuschte Fähigkeiten? Oder waren hier Kräfte im Spiel, die jedwedes Vorstellungsvermögen übersteigen? Gab es damals vielleicht schon die technologische Möglichkeit, jene besonderen Geräte einzusetzen, die die Fertigstellung des Stonehenge-Projekts wesentlich beschleunigten? Unter Zuhilfenahme über- oder außerirdischer Mächte?

Mystisch und unerklärlich klingen auch die Legenden um den »Heiligen Gral«. Worum handelt es sich bei diesem Gegenstand? Die Meinungen hierüber sind geteilt. Zuerst hielt man den Gral für jenen Kelch, den Jesus Christus beim letzten Abendmahl im Kreis seiner Jünger benützte. Auch der amerikanische Regisseur *Steven Spielberg* nahm sich in seiner »Indiana-Jones«-Trilogie dieser Thematik an und ließ den Helden zum guten Schluß das bewußte Gefäß finden. Aber war mit dem Kelch tatsächlich der Gral gemeint? Die mythischen Erzählungen machen da keine sehr klaren Angaben. Beschreibungen dieser christlichen Reliquie hören sich ziemlich verschwommen an, aber immerhin läßt sich herauslesen, daß es sich um eine Art Behälter mit magischen Kräften gehandelt

haben dürfte. Die den Gral schließlich entdeckten, waren Ritter der Tafelrunde.
Wo das geheimnisvolle Relikt aufgefunden worden ist, weiß niemand. Es existieren keine Anhaltspunkte und auch keine verläßlichen Quellen, die darüber Aufschluß geben könnten. Der Gral verschwand ebenso unauffällig, wie er zuvor von den Artus-Helden aufgestöbert worden war. Seither ist er unauffindbar.
Grundlage jener Legende, der zufolge der Gral nach England gelangt sein soll, sind Reiseberichte des *Joseph von Arimathäa* aus dem Gelobten Land. Es erscheint glaubhaft, daß dieser Joseph ein Onkel *Jesu* gewesen ist, da ihm später auch der Statthalter *Pontius Pilatus* gestattete, den Heiland vom Kreuz zu nehmen. Die Bibel beschreibt Joseph von Arimathäa als einen wohlhabenden Kaufmann, der im Zinngeschäft tätig war. In jener Zeit handelten phönizische Seefahrer und Juden in emsiger Betriebsamkeit – und das schon seit 2000 Jahren – mit Zinn, das sie nach Cornwall, dem Westzipfel der britischen Insel, schifften. Joseph selbst soll mehrere ausgedehnte Reisen in den hohen Norden unternommen haben. Einmal aber, will eine alte Legende wissen, habe er auch seinen Neffen Jesus mitgenommen. Nichts spricht gegen eine derartige Annahme: Zwischen dem zwölften und dem 30. Lebensjahr ist uns nichts über die Lebensgewohnheiten des Erlösers bekannt. Auch die Bibel schweigt sich darüber aus und begnügt sich mit der lapidaren Anmerkung, »die Gnade Gottes« habe ihn behütet.
Allgemein wird angenommen, daß Jesus während dieser 18 »verborgenen« Jahre größere Reisen unternommen haben dürfte. Da ist von einer Wanderung über die *Seidenstraße* die Rede, über die der jüdische Wanderprediger nach China, Indien und Tibet gelangt sei, um sich dort selbst in die Philosophie des Buddhismus zu vertiefen. Deshalb ist es auch nicht ausgeschlossen, daß Jesu unaufhörlicher Wandertrieb und sein Bestreben, Neues kennenzulernen, ihn auch nach Glastonbury geführt haben könnten, wo er vielleicht sogar die

Druidenschule von Avalon besucht hat – ein altes religiöses Zentrum. Solche Annahmen sind keineswegs bloße Spekulation: Tatsächlich findet man auf dem Weg nach Glastonbury, und zwar in Cornwall an der Mündung des Camels, einen – »Jesus-Brunnen«. Und in dem Dörfchen Priddy, ein paar Kilometer nördlich von Glastonbury, hält sich bis heute eine Überlieferung, die hartnäckig behauptet, Jesus habe die Ortschaft als Knabe besucht. Ein altes Sprichwort aus jener Gegend behauptet: »Das ist so sicher, wie unser Herr in Priddy war.«

Aus Galiläa stammt die Legende, wonach Jesus, ein gelernter Zimmermann, sein Handwerk auch auf Schiffen ausgeübt habe und bei dieser Gelegenheit England, und zwar im eigenen Boot, besucht haben soll. Er sei angeblich von Tyros aus aufgebrochen und habe sich einen ganzen Winter lang an der Küste Westenglands aufgehalten – allerdings unfreiwillig, da sein Schiff, der stürmischen Wetterlage wegen, außerstande war, in die Heimat nach Palästina zurückzusegeln.

So gibt es verschiedene Sagen, die auf frühe Verbindungen zwischen dem Heiligen Land und Britannien hinzudeuten scheinen. In Glastonbury soll es jedenfalls, lange bevor die ersten katholischen Missionare im 6. Jahrhundert Festland betraten, bereits eine christliche Kirche gegeben haben. Sie wurde angeblich von Joseph von Arimathäa, dem Onkel Jesu, im Jahr 37 nach Christus errichtet. Dies wäre während seiner Flucht aus der Heimat gewesen, wird erzählt, und mit Joseph sei auch *Maria,* die Mutter des Gekreuzigten, von Palästina nach England geflohen. Die Kirche sei aus Holz erbaut worden und habe kunstvolle Skulpturen aufgewiesen. Im 12. Jahrhundert fiel sie leider einer Brandkatastrophe zum Opfer. Mönche aus Glastonbury erbauten später das Gotteshaus neu – diesmal aber vorsorglich aus Stein. Schon bald galt die Abtei als die reichste und mächtigste Kirche katholischen Glaubens in Britannien.

Der Standort des imposanten Bauwerks befand sich unmittelbar in dem Tal neben dem pyramidenähnlichen Kelchberg

und seinem »Tor«. 1539 ließ »Blaubart« König *Heinrich VIII.* jedoch die Abtei zerstören, weil die Existenz des katholischen Wallfahrtsortes nicht in seine Pläne paßte, die eine anglikanische Kirchenreform vorsahen.
Der stark beschädigte Bau, worin niemand mehr wohnte (die Priesterschaft war entweder getötet worden oder geflüchtet), geriet bald in Vergessenheit und verfiel. Heute noch lassen aber die erhalten gebliebenen und sichtbaren Ruinen der Abtei erahnen, wie gewaltig die Ausdehnung der einst stolzen Kathedrale gewesen sein muß.
Am Fuß des »Tor«, etwas versteckt und nicht allzuweit entfernt von den Mauerresten der Abtei, befindet sich ein alter Brunnen. Das Wasser darin ist von leicht rötlichem Schimmer, der durch den Zusatz von Eisenoxyd hervorgerufen wird. Die Örtlichkeit hat –vielleicht auch deshalb – den Namen »Blutquelle« erhalten. Es wird behauptet, Joseph von Arimathäa habe hier den Gral versteckt, bevor dieser als heilig angesehene Kultgegenstand später dann in den Gewölben unter dem »Tor« vergraben worden sei. Die betreffende Quelle heißt aber auch »Chalice Well« (Kelchbrunnen) und ist von einem zauberhaften Garten umgeben. Ein Blumenmeer verwandelt das Gebiet in einen geradezu magischen Ort. Wer ihn besucht, kann hier den inneren Frieden finden und ungestört meditieren. Die Zeit scheint stillzustehen, und man ist von der Ausstrahlung dieser Stätte völlig gefangen. Plötzlich hält man es sogar für denkbar, daß Elfen oder Naturgeister existieren könnten. Ja, man wartet jetzt geradezu darauf, daß sie sich plötzlich dem Beschauer offenbaren.
Der »Blutquelle« werden wundersame Heilungen zugeschrieben. Sogar gegen schwere Krankheiten soll sie sich angeblich bewährt haben. Die Quelle ist den Menschen bereits seit dem Mittelalter ein Begriff. Co-Autor Reinhard Habeck, der die mystischen Stätten in Südengland besuchte, hat sich auch nicht gescheut, das Wasser des Kelchbrunnens zu kosten: »Ich vergönnte mir einen Becher aus dem heilkräftigen und eisenhaltigen Quell. Aber obwohl behauptet wird, das Wasser sei

leicht radioaktiv, erlitt ich keinerlei gesundheitlichen Schaden.«

Haben wir es hierbei lediglich mit einer der üblichen Quellen zu tun? Der Brunnenschacht läßt anderes vermuten. Er steht in unmittelbarem Zusammenhang mit dem legendären Magier Merlin, der angeblich am Hof des König Artus ein und aus ging. Merlin soll es nämlich gewesen sein, der den Brunnenschacht aus Felsblöcken errichtete, die auch beim Bau von Stonehenge (der ebenfalls Merlin zugeschrieben wird) Verwendung fanden. Drei Seiten der Brunnenfassung werden von riesigen Steinen gebildet, die mit großer Genauigkeit in das Mauerwerk eingepaßt wurden. Das Gewicht dieser Kolosse ist so groß, daß es unserer größten und leistungsstärksten Transportgeräte bedürfen würde – Kräne von besonderer Konstruktion –, um sie von der Stelle rücken zu können. Der runde Schacht besteht aus blauem Liaskies und mißt vom Brunnenrand bis zum Grund etwa fünf Meter. Mit kraftvollem Druck steigt von dort unten die offenbar unversiegbare Quelle sprudelnd nach oben. Am Boden des Brunnenschachtes wurden seinerzeit zwei große Kammern angelegt. Sie sind aus präzise bearbeiteten Steinquadern gefertigt.

Der erste Raum ist rechtwinkelig und exakt in nordsüdlicher Richtung orientiert. Wenn sich am Mittsommertag die Sonne über die Kuppe des »Tor« erhebt, fällt ein Lichtstrahl genau in die innere Kammer. Dort wurde in die Wand lediglich eine Nische gehauen, in welcher gerade eine Person Platz findet. Mit Hilfe einer Schleusenöffnung läßt sich genügend Wasser ablassen, so daß der Raum problemlos betreten werden kann. Wird die Schleuse geschlossen, füllt sie sich rasch wieder mit klarem kalten Wasser aus der »Blutquelle«. Die zweite, etwas größere Kammer ist pentagrammförmig angelegt und ruht auf einem sehr alten Fundament. In unmittelbarer Nähe der Quelle wurden bei Ausgrabungen Relikte aus der Eisen- und Bronzezeit gefunden. Was beweist, daß dieser Ort bereits vor drei oder vier Jahrtausenden besonderes Ansehen genoß. Archäologen halten es zudem für möglich, daß ein bislang unbe-

kannter, wahrscheinlich sogar geheimer Tunnel zur Hügelkuppe des »Tor« führen könnte – vielleicht aber auch zum nahegelegenen Grundstück der ehemaligen Abtei.
Fest steht jedenfalls, daß es sich bei der ominösen »Blutquelle« keinesfalls um ein christliches »Erbstück« handelt, lediglich dazu errichtet, um an diesem Ort zu beten. Vielmehr weiß man heute, daß die Kammern früher eine andere Bedeutung gehabt haben müssen. Handelt es sich dabei um eine ehemalige Sakralstätte der Druiden? Wurde in ihrem Einflußbereich tatsächlich der heilige Gral aufbewahrt? Welche Bedeutung ist der Steinnische in der Brunnenkammer zuzumessen, die nach Belieben geleert oder gefüllt werden konnte? Gab es hier womöglich Menschenopfer? Könnte der makabre Name »Blutquelle« auch davon herrühren?
Vieles liegt noch im Dunkeln, manches Rätsel wurde jedoch gelöst. So das jenes großen, kreisrunden Eichentisches, der in *Castle Hall,* Winchester, aufgefunden worden war. Zuerst waren sich seine Entdecker fast sicher, damit den Mittelpunkt der legendären Tafelrunde in Camelot aufgespürt zu haben – aber dann kam die Ernüchterung: Die Untersuchung des Holzes mit Hilfe der Radiokarbonmethode ergab zwingend, daß die Eichenplatte erst im 14. Jahrhundert angefertigt worden war. Es handelt sich dabei offensichtlich um eine durchaus beabsichtigte Fälschung, hatte man doch auch nicht vergessen, in die Seitenfront des voluminösen Gegenstandes die in altenglisch gehaltenen Worte einzuritzen: »Das ist der runde Tisch, an dem König Artus mit seinen Rittern saß.«
Experten vermuten, daß das schwere Möbelstück im Auftrag von König *Eduard III.* von England angefertigt wurde, hatte dieser doch im Jahr 1344 verkündet, einen Ritterorden gründen zu wollen, der jenem des König Artus und seiner illustren Tafelrunde ähneln sollte. Ein plötzlich aufgekommener Kult, der sich rasch ausgebreitet hatte, ließ damals im Mittelalter zahlreiche Pseudo-»Tafelrunden« entstehen. Männer und Frauen huldigten bei solchen Zusammenkünften verschiedenen Festlichkeiten und gaben sich Tänzen und sonstigen Ver-

gnügungen hin – in dem Irrglauben, dergleichen hätte sich auch im Kreis von König Artus und seinen Rittern abgespielt. Natürlich entsprach nichts davon mit Gewißheit dem originalen Geschehen auf Camelot.

Auch Glastonbury wirft verschiedene Fragen auf: Wurde dort Artus nach seinem Tod tatsächlich auf dem Abteigelände beigesetzt? Im Jahr 1190 hatten Mönche behauptet, die sterblichen Überreste des Herrschers sowie jene seiner Gemahlin *Ginevra* gefunden zu haben. Legenden scheinen derartige Annahmen zu bestätigen, dennoch verhielt man sich schon damals gegenüber solcher Aussagen skeptisch. In den Überlieferungen wird auch angegeben, Artus habe in Avalon den ihm treu ergebenen Sir *Bedivere* gebeten, dafür zu sorgen, daß sein Wunderschwert »Excalibur« nicht in unrechte Hände gerate. Bedivere kam diesem Wunsch sofort nach und schleuderte die Waffe in einen See. Ehe das Schwert in den Fluten versinken konnte, sei es plötzlich von einer aus dem Wasser auftauchenden Hand ergriffen und in die Tiefe gezogen worden. Beweise hierfür gibt es keine.

Sind aber nun im 12. Jahrhundert tatsächlich einige Mönche auf dem Abteigelände fündig geworden? Beruhen solche Berichte auf einer wahren Begebenheit? Angeblich soll zunächst auf einer steinernen Grabplatte in zwei Meter Tiefe die Inschrift entdeckt worden sein: »hic iacet sepultus rex arturius in insula avalonia« – was soviel heißt wie: »Hier liegt begraben der ruhmreiche König Artus (Artur) auf der Insel Avalon.«

Weitere drei Meter tiefer sollen dann die geistlichen Herren auf einen hohlen Baumstamm gestoßen sein, der zu einem Sarg gefertigt worden war. Darin lagen angeblich die Knochen eines männlichen Wesens, Reste eines Skeletts, das zu einem 2,40 Meter großen, demnach riesigen Menschen gehörte. Der Schädel des Toten soll schwere Verletzungen aufgewiesen haben. Der Leichnam König Artus'?

Neben dem männlichen Skelett fanden die Mönche angeblich die Überreste eines Frauenkörpers sowie blonde Haare, was

sie zu der Annahme verleitete, dabei müßte es sich um Artus' verstorbene Gemahlin Ginevra gehandelt haben. Im Jahr 1278 sollen dann die Gebeine der beiden königlichen Toten vor dem Hochaltar der Klosterkirche in eine Marmorgruft gebettet worden sein. Das alles sind aber bloß unbestätigte Gerüchte, die bislang keine Klärung fanden.
Sicher ist hingegen, daß die anglikanische Kirche Großbritanniens das verlassene Grundstück in Glastonbury, auf dem sich vordem die Abtei befunden hatte, 1907 in Besitz nahm. Das Gelände war in einer traurigen Verfassung, völlig verwahrlost, und von den Gebäuden, die seinerzeit von Macht und Reichtum der katholischen Abtei gekündet hatten, waren nur noch einige Ruinen erhalten geblieben.
Mit großer Freude und Genugtuung nahmen deshalb die anglikanischen Kirchenvertreter eine Anregung eines der führenden Archäologen ihres Landes zur Kenntnis, auf dem Terrain der alten Abtei Ausgrabungen vornehmen zu wollen. *Frederick Bligh Bond,* der Name jenes Experten, besaß damals einen untadeligen Ruf und galt als absolut seriöser Fachmann. Der 43jährige Altertumsforscher widmete sich ganz besonders der gotischen Architektur und hatte sich auch mit der Restauration antiker Gotteshäuser einen Namen gemacht. Sein Vorschlag stieß beim Klerus sofort auf Zustimmung – die es wahrscheinlich nicht gegeben hätte, wäre den Kirchenherren Bonds heimliches Interessengebiet von Beginn an bekannt gewesen. Bond beschäftigte sich nämlich in seiner Freizeit mit okkulten Dingen und veranstaltete heimlich sogar Séancen, um Verbindung mit der Geisterwelt aufzunehmen. Von ihm später gemachten Angaben zufolge soll es sich bei diesen Wesenheiten um eine Gruppe verstorbener Mönche gehandelt haben, die sich selbst »Gesellschaft von Avalon« nannte.
Seine okkulten Neigungen teilte Frederick Bligh Bond mit einem vertrauten Freund und Gesinnungsgenossen – *John Alleyne Bartlett.* Der Kontakt mit der Geisterwelt wurde mit Hilfe des automatischen Schreibens hergestellt. Bartlett diente

dabei als ideales Medium. Bond behauptete später, auf diese Weise präzise Auskünfte erhalten zu haben, die ihn befähigten, aufsehenerregende archäologische Grabungen auf dem Terrain der ehemaligen Abtei vorzunehmen und dabei auch fündig zu werden.

Die guten Ergebnisse ermunterten die anglikanische Kirchenobrigkeit, Frederick Bligh Bond finanziell unter die Arme zu greifen. Von 1908 an floß Geld in seine Forschungen, die den mit paranormalen Mitteln arbeitenden Archäologen zu besonderen Leistungen trieben. Höhepunkt seiner Tätigkeit war die Entdeckung des Grundrisses zweier Türme, die vormals zum Kirchenschiff des von Heinrich VIII. zerstörten Klosters gehört hatten. Trotz skeptischer Einwände anderer Fachleute hatte Bond ausgerechnet an einer zuvor von niemandem beachteten Stelle der Kirchenruine graben lassen – und erzielte dabei ein sensationelles Resultat!

Die Verantwortlichen der anglikanischen Kirche waren über diesen Fund natürlich hocherfreut, schrieben aber die unerwartete Entdeckung nicht Bonds Geschick, sondern glücklichen Umständen zu. Der Betreffende ärgerte sich darüber, wußte er doch, daß es die von ihm beschworenen Geistermönche gewesen waren, die ihn im Verlauf einer seiner Séancen aufgefordert hatten, an der betreffenden Stelle zu graben.

Durch anhaltende Erfolge möglicherweise übermütig geworden, entschloß sich Frederick Bligh Bond im Jahr 1918 spontan, sein okkultes Geheimnis zu lüften. In seinen Bekenntnissen, die er in Buchform veröffentlichte (»The Gate of Remembrance«: Das Tor der Erinnerung) deckte er alle Karten auf und nannte den wahren Grund für seine erfolgreichen Ausgrabungen.

Das war ein schwerer Fehler.

Kaum war sein »Geständnis« in der Öffentlichkeit bekannt, fielen Bonds klerikale Brötchengeber über ihn her. Seine Séancen wurden als blasphemische Handlungen verurteilt und als Verstoß gegen kirchliche Gebote bezeichnet. Sämtliche finanziellen Zuwendungen wurden sofort eingestellt und ein geschäftsführender Direktor berufen, der die alleinige Aufgabe hatte, Bond in seiner Tätigkeit zu kontrollieren. Dieser mußte sich nunmehr darauf beschränken, frühere Funde zu katalogisieren und in Ordnung zu halten. Volle vier Jahre verwickelte man den so aktiv gewesenen Archäologen in einen nicht endenwollenden Papierkrieg, bis ihn 1922 ein Brief der Kirchenleitung vor vollendete Tatsachen stellte: »Der Rat dieser Gesellschaft setzt Sie davon in Kenntnis, daß Sie nicht mehr für die Ausgrabungen in der Glastonbury-Abtei verantwortlich sind und daher das von Ihnen ernannte Ausgrabungskomitee aufgelöst wird.«

Damit war Frederick Bligh Bond endgültig in Ungnade gefallen.

Die letzten 25 Jahre waren trist. Die meiste Zeit verbrachte Bond in den Vereinigten Staaten, wohin er sich nach dem englischen Desaster zurückgezogen hatte. Dort widmete er sich auch weiterhin seinen Forschungen auf dem Gebiet der Parapsychologie. Sein Name geriet jedoch mehr und mehr in Vergessenheit. 1945 starb Frederick Bligh Bond in ärmlichen Verhältnissen.

Nur mehr der Deckel zum Brunnenschacht der »Blutquelle« erinnert heute noch an diesen Archäologen. Der Engländer hatte ihn selbst entworfen. Weitere Ausgrabungen hat es seither in Glastonbury nicht mehr gegeben. Sie seien derzeit »nicht zweckmäßig«, wird diese Einschränkung lakonisch »begründet«.

Aber wer weiß? Sollte sich nämlich der Verdacht des verstorbenen englischen Forschers *T. C. Lethbridge* bestätigen, wonach die sogenannten Geister lediglich eine Art »emotionelle Bandaufzeichnung« seien, dann könnte dieser »Informationsspeicher« auf dem Kelchhügel noch einmal wertvolle Dienste tun. Vielleicht sogar zur Aufhellung eines Geheimnisses beitragen, das im Bergesinnern seiner Aufklärung harrt: die Erforschung des in den Legenden behaupteten »Labyrinths der Tafelrunde«. Sollte es tatsächlich existieren, könnte auch die Frage beantwortet werden, ob sich womöglich auch der heilige

Gral, jener wertvollste Schatz am Hof des König Artus zu Camelot, noch im Innern des Kelchhügels befindet.
Es wäre einen Versuch wert – allerdings: »Nichts steht der Verbreitung der Wahrheit mehr im Wege als die Hartnäckigkeit im Festhalten althergebrachter, durch die Zeit geheiligter Traditionen.« (Leo Tolstoi, 1828–1910)
Leider konnten gewisse Vorurteile noch immer nicht abgebaut werden. Dogmatischer Starrsinn beherrscht die Kirchenkanzeln ebenso wie die weltlichen Lehrstühle an den Universitäten. Haben wir in den vergangenen Jahrzehnten – so unmittelbar vor unserem Eintritt ins dritte Jahrtausend – gar nichts dazugelernt?

9 Die Macht aus dem Himmel

Wunder gibt es immer wieder

Das 13. Jahrhundert war eine unruhige Zeit. Vor allem für die christlich orientierte Welt. Noch befand sich die Kirche in einem gewissen Machtrausch, aber die ersten Risse im Gemäuer dieser auch weltliche Ansprüche stellenden Institution waren bereits unübersehbar. Da gab es Streit zwischen dem Papsttum und der Kaiserkrone. Dieser hatte bereits zwei Jahrhunderte zuvor begonnen und im Jahr 1077 mit dem Gang *Heinrichs IV.* nach Canossa zu einem ersten Höhepunkt geführt. 1122 eskalierte diese Rivalität zwischen Weltlichkeit und Geistlichkeit um die europäische Vormachtstellung mit dem Wormser Konkordat. Beide Machtfaktoren strebten nach der alleinigen Führung der Völker – aber die Menschen jener Zeit hatten ganz andere Sorgen. Sie bewegte der tägliche Kampf um Nahrung, und Hungersnöte sowie Seuchen aller Art trugen dazu bei, die Bevölkerung auf erschreckende Weise zu dezimieren.

Das Dasein der Menschen von damals war geprägt von harter Arbeit. Erholsame Wochenenden oder gar Urlaub waren unbekannt. Lediglich eines vermochte in solchen Notzeiten den geplagten Untertanen bescheidenen Trost sowie Hoffnung auf ein besseres Leben nach dem Tod zu gewähren – die Religion. An sie und ihre Lehren klammerten sich die Menschen, und Christus war gleichsam ihr Wegweiser. In Unkenntnis der Geschehnisse hinter den Kirchenmauern galten Papst, Bischöfe und Priester als unbestrittene, unantastbare Stellvertreter Gottes auf Erden – sogar ermächtigt, den weltlichen Machthabern ins Handwerk zu pfuschen.

Wer sich klerikalen Anordnungen widersetzte, hatte die Grausamkeit der Inquisition zu fürchten. Dabei waren furchtbare Folterungen an der Tagesordnung, so daß man lieber zum

Duckmäuser wurde oder aber zu einem Heimlichtuer verkümmerte.
Ins 13. Jahrhundert fielen auch die Kreuzzüge. Sie waren von Papst und Kirche angeordnet worden, um die in das Heilige Land Palästina eingefallenen islamischen Eroberer – für Christen damals allesamt vom Teufel besessene »Heiden« – wieder zu vertreiben. Vor allem aus der Stadt Jerusalem, wo die Galionsfigur der Christenheit – Jesus Christus – verurteilt und gekreuzigt worden und danach auferstanden war. Klerus und Herrscher mobilisierten alles, was sich auf zwei Beinen vorwärtsbewegen und eine Waffe halten konnte. Vom Adel abwärts zogen Ritter, Bürgersleute, Bauern und Handwerker, ja selbst Kinder in den »heiligen Krieg« gegen die arabischen Eindringlinge.
Aus jener Zeit stammen viele Legenden. Eine davon betrifft unmittelbar das unruhige Geschehen rund um die Kreuzzüge. Sie handelt aber nicht von irdischen, sondern vielmehr von *himmlischen* Mächten. Diese sahen sich aufgrund der Kriegswirren offenbar veranlaßt, eine ungewöhnliche Vorsichtsmaßnahme in die Wege zu leiten. Objekt ihres Eingriffs war das Wohnhaus *Mariens,* der Mutter Jesu, in Nazareth. Am späten Abend des 10. Mai 1291, so heißt es, sollen *Engel* das Gebäude hochgehoben und in rasantem Flug über Zypern, Griechenland und den Balkan nach *Tersetto* bei Fiume transportiert haben. Dort, in jenem Fischerdorf in Kroatien, sei das Haus noch in derselben Nacht auf wundersame Weise und völlig unbeschädigt abgesetzt worden. Noch heute erinnert eine Kirche im Ortsteil Irsat von *Rijeka* (wie Fiume jetzt heißt) an diesen rekordverdächtigen Engelsflug. Wenn man der Legende Glauben schenken will, dann soll es hierfür mehrere Zeugen gegeben haben, die dieses Wunder mit eigenen Augen sahen. Es war, genau genommen, ein Wunder »auf Raten«, denn schon sieben Monate später erfolgte Teil zwei – ein neuerlicher Umzug.
Aus nicht näher bekannten Gründen – die Legende schweigt sich jedenfalls darüber aus – erschienen die Himmelsboten

abermals, hoben Mariens einstmalige Wohnung in die Lüfte und verfrachteten sie an einen anderen Ort. Quer über die Adria ging es diesmal nach *Recanati,* wo die Last von den Engeln im Garten der beiden Brüder *Antici* abgesetzt wurde. Wieder sollen etliche Augenzeugen dem spektakulären Schauspiel beigewohnt haben – verrät uns die Legende.

Die überraschende Ankunft der heiligen Stätte zog schon bald Neugierige und Fromme an. Pilgerscharen ließen sich die Gelegenheit nicht entgehen, das wundersame Erscheinen des Marienhauses zum Gegenstand christlicher Andacht werden zu lassen. Andere Folgen hatte dieses Geschehen hingegen bei den Antici-Brüdern. Die beiden, von blanker Raffgier geplagt, die die Aufteilung der reich fließenden Pilgerspenden bei ihnen ausgelöst hatte, gerieten in einen offenen Streit. Sie neideten sich ihr Vermögen sowie den Reichtum. Das mißfiel – weiß wieder die Legende – den himmlischen Mächten sehr. Also erfolgte Teil drei: Ein neuerlicher Gebäudetransport stand ins Haus. Mariens Heim, aus rohem Stein gebaut, wurde hochgehoben und durch die Lüfte entführt. Diesmal flogen die Engel damit einige Kilometer weit ins Landesinnere, wo sie das Haus auf der Anhöhe von *Loreto* absetzten. Dabei ist es geblieben, denn hier steht es noch heute.

Was ist hinter dieser Geschichte zu vermuten? Nur eine phantastische Legende? Eine fromme, aber erfundene Erzählung? Oder ein wirklich göttliches Wunder? Es fällt schwer, so etwas zu glauben. Dem Schöpfer des Universums hätten doch gewiß andere Mittel zur Verfügung gestanden, um ein steinernes Gebäude, an dem ihm offenbar viel lag, vor seiner Zerstörung zu bewahren. Andererseits scheint zum fraglichen Zeitpunkt tatsächlich etwas vorgefallen zu sein, daß sich nicht in den normalen Rahmen einordnen ließ. Wie könnte man das erklären? Handelte es sich damals um Phänomene aus einer anderen, den Menschen jener Zeit unbegreiflichen Welt? Oder war es bloße Selbsttäuschung, hervorgerufen durch übergroße Frömmigkeit, die nach irgendeinem »Wunder« verlangte? Durchaus möglich – aber da stellt sich denn

Die zeichnerische Darstellung des mysteriösen Marien-Wallfahrtsortes im italienischen Loreto. Das Werk »himmlischer« Mächte?

auch die Frage: Was eigentlich ist ein *Wunder?* Ein »Hokuspokus Fidibus« simpler Zauberei – oder einfach ein Geschehnis, das sich der Beurteilung damaliger Einschätzung zwangsläufig entzog, weil es mit dem Wissen, den Kenntnissen die-

ser Epoche nicht in Einklang zu bringen war? Das sich dadurch jeder rationalen Erklärung entzog? Obgleich es sich wahrhaftig ereignete?
Diese Fragen zu beantworten, fällt selbst heute, im Zeitalter von Wissenschaft und Computern, nicht leicht. Immer noch werden wir laufend über die Medien mit Berichten über Erscheinungen und unerklärliche Vorkommnisse berieselt. Wir hören von himmlischen Botschaften, Prophetien, sehen via Bildschirm und Illustriertenfotos blutende Marienstatuen und Wunderheilungen; Muttergottesvisionen sind Gegenstand heftiger Diskussionen pro und kontra. Und jene, die da von alldem sich angesprochen fühlen müssen – zuständige kirchliche Stellen –: was tun die? Lassen sie vermeintliche »göttliche« Wunder gelten? Bestätigen derartige Ereignisse nicht die Existenz himmlischer Mächte, an die zu glauben uns die kirchliche Obrigkeit doch ständig erinnert?
Wer sich bislang aus dieser Ecke Trost und Beistand erhoffte, wurde bitter enttäuscht. Denn die Antworten der Amtskirche, von Papst, Kardinälen und Bischöfen getragen, waren höchst widersprüchlich. Schufen keine Klarheit und äußerten sich nicht selten bloß in betretenem Schweigen. Manchmal lüftete sich auch der vatikanische Schleier und verriet Roms *Ratlosigkeit.* So verhält es sich noch immer. Und was wurde im »Fall Loreto« unternommen?
Hier sahen sich die zuständigen Autoritäten immerhin genötigt, jenem »unmöglichen« Ereignis mit naturwissenschaftlichen Mitteln zu begegnen. Was dabei herauskam, überrascht in mehrfacher Hinsicht: *1.* zeigte es sich, daß sich *vor* dem 13. Jahrhundert keine Kirche an dem Platz des späteren Heiligtums befand; *2.* wies man nach, daß sich erst *mit Beginn* des 14. Jahrhunderts Pilger in Massen plötzlich nach Loreto begaben, was vermuten läßt, daß dies durch einen vorangegangenen Anlaß ausgelöst wurde; *3.* ist historisch belegt, daß das kleine steinerne Gebäude, der angebliche Wohnsitz Mariens, zu diesem Zeitpunkt bereits an jenem Platz, wo es sich nunmehr befindet, existierte; *4.* stellte man fest, daß die Bau-

meister vor sechs Jahrhunderten besonderen Wert darauf legten, den an sich unscheinbaren und auch sonst architektonisch unattraktiven Steinbau unter allen Umständen zu erhalten, was 5. nur dann einen Sinn ergab, wenn man dem Gebäude schon damals besondere Bedeutung attestierte. Noch bemerkenswerter ist 6. die archäologische Erkenntnis, wonach das Marienhaus in bauhandwerklicher Hinsicht nicht in irgendeinem italienischen Stil, sondern eindeutig nach altem *palästinensischen* Muster errichtet wurde; 7. aber war die Verblüffung der Fachleute perfekt, als Geologen durch Mineralproben zum Ergebnis gelangten, daß die Steine und der Mörtel der Kultstätte *nicht aus Italien* stammten, sondern mit fast hundertprozentiger Sicherheit *aus dem Heiligen Land* – und zwar aus der Gegend von *Nazareth* – herangeschafft worden waren. *Auf welche Weise* und *durch wen,* diese primären Antworten sind uns die Experten jedenfalls schuldig geblieben. Was blieb – ist eine rätselhafte Legende.
Heute zählt Loreto zu den bedeutendsten Wallfahrtsorten zu Ehren der »Himmelskönigin« Maria in Europa. Was dem Ganzen eine besondere Pikanterie verleiht: Die Madonna von Loreto gilt seit den zwanziger Jahren unseres Jahrhunderts als Schutzpatronin der *Piloten* und Ballonfahrer. Eine späte Anerkennung für *flugtechnische* Leistungen einer himmlischen Macht?
Der Gottesmutter Maria werden zahlreiche Erscheinungen zugeordnet. Dazu gehören Manifestationen 1531 in *Guadelupe* (Mexiko), 1858 in *Lourdes* (Frankreich) sowie 1917 in *Fatima* (Portugal). Sie sind vom Vatikan offiziell anerkannt. Doch das Phänomen hat sich seit 1930 weit mehr als zweihundert Mal wiederholt. An den verschiedensten Orten der Welt. Es ereignete sich immer nach demselben Muster: Halbwüchsige oder naiv veranlagte, fromme Frauen und Männer – ob ihrer Unbefangenheit, vielleicht auch Leichtgläubigkeit für mediale Offenbarungen anscheinend besonders empfänglich – begegneten einer Lichtgestalt. Diese vermittelte ihnen, offensichtlich auf telepathischem Weg, zumeist eine recht

kryptisch klingende Botschaft. Naturwissenschaftler stehen derartigen »Begegnungen« durchweg skeptisch bis ablehnend gegenüber. Sie schreiben das angebliche Geschehen in der Regel der Einbildungskraft der Betroffenen zu. Aber ist das wirklich die einzige hier gültige Erklärung für das, was jene Menschen erlebt zu haben glauben? Leise Zweifel an solch wissenschaftlicher Auslegung müssen angemeldet werden. Gehen wir also ins Detail und lassen wir vier dieser Fälle Revue passieren: Medjugorje, Fatima, Zeitoun und Eisenberg.

Medjugorje, ein kleiner Ort in der ehemaligen jugoslawischen Provinz Herzegowina, hat es seit 1981 zu besonderem Ansehen gebracht. Seit dem grausamen Bürgerkrieg im Balkan wieder von der übrigen Welt isoliert, war das Nest über Jahre hinweg magischer Anziehungspunkt frommer Pilger, die inbrünstig hofften, in irgendeiner Weise des Marienwunders teilhaftig zu werden. Begonnen hatte es vor zwölf Jahren mit vier Jugendlichen, die hartnäckig behaupteten, eine Erscheinung gehabt zu haben. Für sie stand es fest – die Gottesmutter.

Schon einige Zeit bevor das menschenverachtende Gemetzel zwischen Serben, Kroaten und Bosniern ausbrach, hatte man in Medjugorje intensive medizinische sowie elektronische Strahlungsmessungen vorgenommen. Die dabei erzielten Ergebnisse waren bemerkenswert. Mehrere Wochen standen jene vier Halbwüchsigen, die am 24. Juni 1981 auf dem Berg *Crnica,* nahe ihrem Heimatstädtchen, gegen 18.30 Uhr (laut ihrer Aussage) »ein hübsches Mädchen, etwa 20 Jahre alt, wie wir es noch nie gesehen haben«, weißgewandet, mit einer Krone aus Sternen auf der Stirn und ein kleines Kind in den Armen in einer *Lichtsäule* erblickt haben wollen, unter der Kontrolle eines französischen Ärzteteams. Mehrere Wochen hindurch wurden die verschiedensten physiologischen Messungen an den Seherkindern vorgenommen – und zwar jeweils *vor* und *nach* einer von ihnen angekündigten Marien-Erscheinung. Man bediente sich hierbei ähnlicher Methoden, wie sie auch in der Schlafforschung angewendet werden: in

Form von Gehirnstrom-Messungen, Messungen der Augenbewegungen sowie solcher von anderen wichtigen Organen. Zum fraglichen Zeitpunkt befinden sich die Versuchspersonen in tiefer Trance und reagieren dabei auf nichts, was in ihrer natürlichen Umgebung vorgeht. Eher zufällig machte während dieser Phase der amerikanische Physiker *Burguslav Lipinski* aus Boston eine geradezu unglaubliche Entdeckung: Zur fraglichen Zeit, als sich ein weiteres Mal die weißgekleidete Gestalt den vier Jugendlichen zeigte – am 15. März 1985 in der *Grobla-Kapelle* in Medjugorje (niemand sonst im Raum vermochte allerdings die Erscheinung zu sehen) –, registrierte der Wissenschaftler in dem Gotteshaus eine Strahlung ähnlich jener, welche durch natürliche Radioaktivität verursacht wird. Innerhalb von nur 30 Minuten stieg diese in phänomenaler Weise von 15 mR/h (milli Rad pro Stunde) auf unfaßbare 100 000 mR/h an! Unter normalen Umständen hätte das den Tod der zahlreichen in der Kapelle betenden Wallfahrer bedeuten müssen. Eine derartige Strahlendosis vermag kein Organismus zu überleben. Aber nichts dergleichen geschah! Natürlich stellten die mit den Untersuchungen in Medjugorje befaßten Wissenschaftler in der Folge ernsthafte Überlegungen an, ob sich anhand solcher unerklärlichen und den uns bekannten Naturgesetzen hohnsprechenden Phänomene alle an den verschiedenen Erscheinungsstätten aufgetretenen und auftretenden »Wunderheilungen« erklären lassen. Gedanken, welche auch von außenstehenden Fachleuten geteilt werden.

Wie bei früheren Marienerscheinungen auch, wurden auch die jugoslawischen Jugendlichen mit »geheimen Botschaften« – insgesamt *fünf* – versorgt und beauftragt, diese »nur dem Papst persönlich« mitzuteilen. Ein Unterfangen, das bisher am Desinteresse des höchsten katholischen Würdenträgers und seiner Kardinäle gescheitert ist. Die offizielle Amtskirche zeigte sich nämlich nicht bereit, die wundersamen Vorkommnisse – Gottesmutter hin oder her – zu akzeptieren. Im übrigen waren die Ereignisse in Fatima im Jahr 1917 sozusagen

20

21

22

23

25

26

27a

27

19 Co-Autor Peter Krassa mit seinem geliebten Kater Mephisto. Nach dem Tod des Tieres kam es zu einer ungewöhnlichen Wiederbegegnung.

20 War der legendäre Magier Merlin der Erbauer von Stonehenge?

21 »Chalice Hill« (Kelchhügel) nennt man die pyramidenähnliche Anhöhe in der englischen Grafschaft Somerset. Auf ihr steht ein sagenhafter Turm, genannt »Tor«. Im Innern des Hügels soll sich ein Labyrinth befinden, wo der Gral aufbewahrt wurde.

22 Eine Darstellung des Eichentisches, um den herum sich der Sage nach König Artus und seine legendäre Tafelrunde versammelten.

23 Am Fuße des »Tor« wird der Zugang zum Schacht der geheimnisvollen »Blutquelle« von einem kunstvollen Eisendeckel blockiert.

24 Auch den Brunnenschacht soll der Magier Merlin angelegt haben: mit Hilfe mächtiger Felsblöcke. Gab es damals bereits Kräne?

25 Co-Autor Reinhard Habeck bei einer Kostprobe aus dem Brunnenschacht. Das Wasser enthält Eisenoxyd und ist leicht rötlich.

26 So soll sich, nach mythologischer Überlieferung, die Übergabe des »Heiligen Gral« durch himmlische Boten abgespielt haben.

27 Dem Archäologen Frederick Bligh Bond (Abb. 27 a) blieb es vorbehalten, die Überreste der Abtei von Glastonbury wiederzuentdecken.

28

29

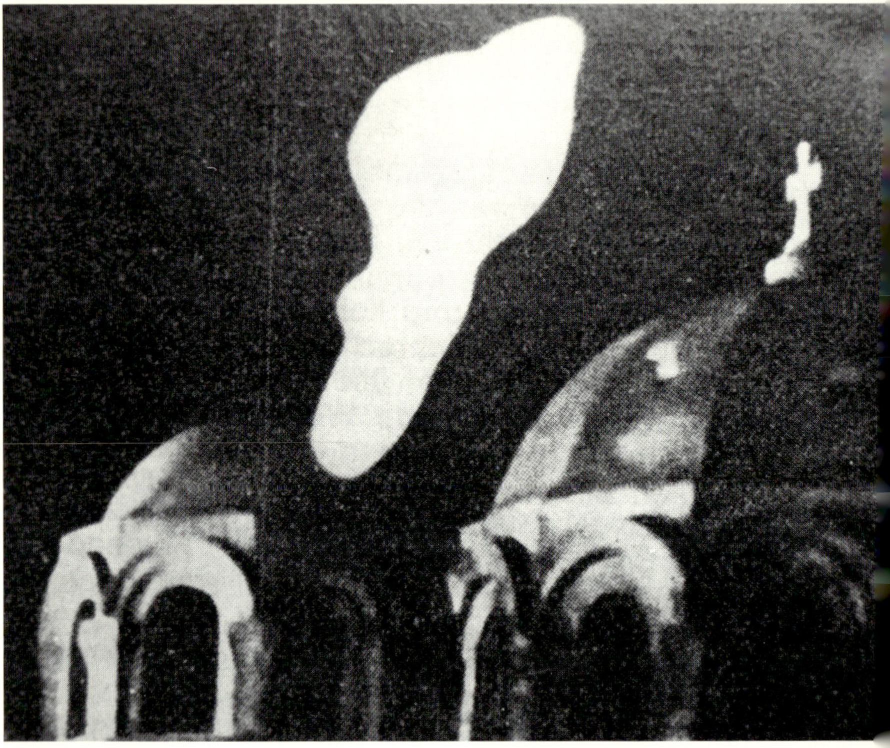

30

31

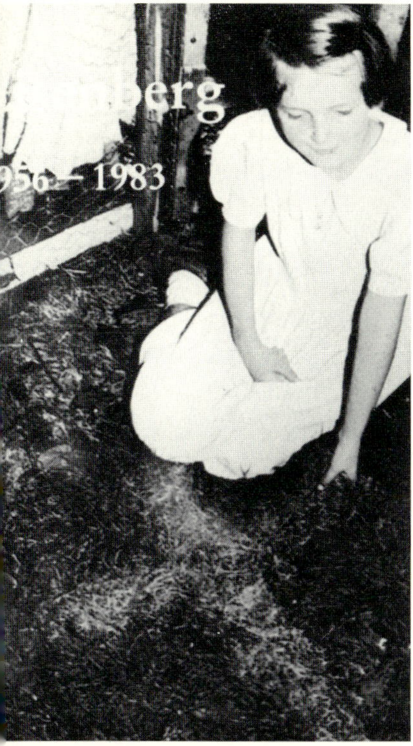

34

35

36

28 Die Wohnstätte der Mutter Gottes im Wallfahrtsort Loreto. Himmlische Mächte sollen sie im 13. Jahrhundert von Nazareth auf dem Luftweg und Zwischenstationen nach Loreto gebracht haben.

29 Beharrlich verschweigt auch Papst Johannes Paul II. den brisanten Inhalt der 3. Botschaft aus Fatima. Aus besonderen Gründen?

30 Geisterhafte Erscheinung über der St.-Marien-Kathedrale in Kairo. Erschien damals, 1968, die heilige Jungfrau über dem Gotteshaus?

31 Drei Kindern wurde am 13. Mai 1917 die Erscheinung der »weißen Dame« in Fatima zum Erlebnis. Nur noch Jacinta ist am Leben.

32 Ungeklärt ist die Herkunft des geheimnisvollen Rasenkreuzes in der burgenländischen Gemeinde Eisenberg im östlichen Österreich.

33 Eine leuchtende Kugel, in welcher sich ein unbekanntes Wesen befand, sah am 8. September 1954 die damals sechsjährige Anne-Marie Lex im Garten des Elternhauses vom Himmel niedersinken.

34 Bloß Aloisia Lex, die Mutter des Mädchens, hielt die himmlische Erscheinung für eine Manifestation der heiligen Jungfrau.

35 Aus dem Bauernhof der Familie Lex wurde bald danach eine stark frequentierte Wallfahrtsstätte. Das Rasenkreuz wurde eingezäunt.

36 Noch heute erinnert die Ortstafel von Woolpit in der englischen Grafschaft Suffolk an ein denkwürdiges Ereignis im 12. Jahrhundert.

37 Seit mehr als 800 Jahren erzählt man sich in England eigenartige Geschichten von zwei rätselhaften »grünen Kindern«.

der (vorläufige) Schlußstrich, den der Vatikan unter die diversen vorangegangenen Manifestationen der heiligen Jungfrau gezogen hat. Keine weiteren derartigen »Wunder« wurden seither anerkannt. Eine eher unverständliche Vorgangsweise, wenn man weiß, daß sich sämtliche nachgefolgten Offenbarungen Mariens gleichermaßen ereigneten und der Wahrheitsgehalt solcher Erscheinungen zumindest ebenso wie jener in Fatima und früheren Begebenheiten in Lourdes, Guadelupe oder Loreto gegeben war. Weswegen also unterscheidet Rom nunmehr streng zwischen diesen Wallfahrtsorten und denen, die erst später einer Marienerscheinung teilhaftig wurden: so im deutschen *Heroldsbach,* in *La Salette, Garabandal, San Damiano* oder *Eisenberg* im österreichischen Burgenland? Weiß man dort seit Fatima bereits *mehr* über die Hintergründe solcher rätselhaften Manifestationen? Auf diese Frage soll etwas später noch präziser eingegangen werden.
Um aber dorthin zu gelangen, scheint es angebracht, das Geschehen in der portugiesischen Ortschaft *Fatima* – jene Serie von Offenbarungen der dafür verantwortlich gemachten »Jungfrau Maria« (oder das, wofür diese Erscheinung gehalten wird) – uns noch einmal in Erinnerung zu rufen.
Es begann im Jahre 1915. Damals wollen die Hirtenkinder *Lucia, Jacinta* und *Francisco* »über den Bäumen des Tales schwebend eine Wolke, weißer als Schnee, durchsichtig und von menschlicher Gestalt« erblickt haben: Ihr Erlebnis wiederholte sich, den Angaben der drei zufolge, im darauffolgenden Jahr. Sie erblickten »vom Osten her über den Wald hinweg ein glänzend weißes Licht«. Es habe sehr schnell »die Gestalt eines durchsichtigen Jünglings« angenommen, »leuchtender als ein vom Sonnenstrahl durchdrungenes Kristall(glas)«. Er sei »von überirdischer Schönheit« gewesen, schwärmten die Kinder.
In den folgenden Sommermonaten soll sich die geheimnisvolle Lichtgestalt noch mehrmals unseren drei Augenzeugen gezeigt haben. Aber erst ab 13. Mai 1917 begann dann die Serie der eigentlichen Marienerscheinungen. Für die zehnjährige

Lucia und ihre jüngeren Spielgefährten, die Geschwister Francisco, neun, und Jacinta, sieben Jahre alt, ein unvergeßliches Erlebnis. Dem Ereignis (wie auch den folgenden) war ein merkwürdiges Phänomen vorausgegangen. Zunächst habe »ein Blitz bei hellem Sonnenschein« aufgeleuchtet, was die Kinder zunächst an ein aufkommendes Gewitter denken ließ. Dann aber folgte »ein zweiter Blitzstrahl, noch mächtiger als der erste«, worauf die drei, die zuvor Schafe gehütet hatten, in der Mulde der heiligen Iria (wie dieser Gebietsabschnitt heißt) eine wunderschöne Frau erblickten, die über einer kleinen Steineiche zu schweben schien. Die Erscheinung sei von Lichtglanz umstrahlt gewesen und habe heller geleuchtet als die Sonne, erzählten Lucia, Francisco und Jacinta unisono. Sie beschrieben »die Dame« (wie das leuchtende Wesen respektvoll genannt wurde) ungemein genau: Ihre Kleidung sei weiß wie Schnee und am Hals mit einer goldenen Schnur geschlossen gewesen. Das Gewand habe bis zu den Füßen hinunter gereicht. Haupt und Schultern hätte ein Schleier bedeckt, der die ganze Gestalt *verhüllt* habe. In ihren gefalteten Händen hätte »die Dame« einen Rosenkranz gehalten. Die Erscheinung hatte auch etwas mitzuteilen: Sie wäre vom Himmel gekommen, gab sie den Kindern bekannt und kündigte ihnen ihr abermaliges Kommen für den Dreizehnten des nächsten Monats (Juni) sowie für alle darauffolgenden an.
Schon bald hatten sich die ungewöhnlichen Vorgänge bei der Steineiche herumgesprochen. Fatimas Bevölkerung, gläubige Einwohner ebenso wie neugierige »Adabeis«, eilten zum Ort des Geschehens und warteten mit Ungeduld auf das neuerliche Erscheinen der Lichtgestalt. Aber was immer auch die drei Kinder erblickt haben mochten – die anderen Anwesenden (und es wurden immer mehr) sahen *nichts*. Lediglich *akustische* Zeichen machten sich anscheinend bemerkbar. Jedenfalls behaupteten später einige Augenzeugen, »eine ganz zarte Stimme *wie das Summen einer Biene*« vernommen zu haben. Hörten sie in Wahrheit das Geräusch *elektrischer* Geräte? Ihre Identität gab »die Dame« schon bei der zweiten Begeg-

nung preis. Lucia, Francisco und Jacinta beteuerten danach wie aus einem Mund: »Wir erkannten, daß es das Unbefleckte Herz Mariä war!« Auf die Bitte der Ältesten, sie (Lucia) und die beiden anderen Kinder ins Paradies mitzunehmen, gab die Erscheinung die kryptische Antwort: »Ja, ich werde bald kommen, um Francisco und Jacinta zu holen. Du jedoch mußt länger hierbleiben. Jesus will sich deiner bedienen ...«
Das von »der Dame« gegebene Versprechen traf tatsächlich ein: Bereits 1919 starb Francisco, zehn Monate später auch Jacinta. Vieles an ihrem Tod blieb mysteriös. Angeblich verstarben beide an der »Spanischen Grippe« – aber im Licht neuer Kenntnisse, beispielsweise der bei Mariens Erscheinen in der Grobla-Kapelle von *Medjugorje* gemessenen hohen *Radioaktivität,* verdient ein Geschehen etwas eingehender beachtet zu werden, das sich noch *vor* der erstmaligen Manifestation »der Dame« ereignete und die drei kleinen Augenzeugen Lucia, Francisco und Jacinta unmittelbar betraf.
Jener »durchsichtige Jüngling«, der die Erscheinungsserie sozusagen einleitete und den die Kinder für einen »Engel« hielten, hatte die drei zunächst auf das Kommen des »Unbefleckten Herzens« vorbereitet. In ein modernes Sprachgewand gekleidet, müßte man sagen: Er hatte sie »gedopt«. Jedenfalls gab er Francisco und Jacinta aus einem Kelch zu trinken, während Lucia (als einzige der drei) eine Hostie gereicht bekam, die sie im Mund zergehen ließ und schluckte. Die Wirkung der beiden – offensichtlich verschiedenartigen – Präparate machte sich in Form eines Tiefschlafes bemerkbar, denn erst nach Stunden erwachten die Kinder (nach ihren eigenen Worten) »wie aus einem tiefen Traum«. Waren die Dopingmittel von *halluzinativem* Einfluß gewesen? Führte eines davon in späterer Folge (und zwar *beabsichtigt*) zu jener »Krankheit«, der Francisco und Jacinta schon im Kindesalter (elf- bzw. zehnjährig) erlagen und welche – in Ermangelung einer erkannten Diagnose – für das Auftreten der »Spanischen Grippe« gehalten wurde, einer in jenen Jahren häufig grassierenden Seuche? Wenn ja, dann war die ganze Aktion

gut vorbereitet und wohldurchdacht – in jedem Fall aber *menschenverachtend!* Darf man dahinter tatsächlich ein himmlisches Wunder vermuten?

Die Wahrheit über die Vorgänge in Fatima ist mit großer Wahrscheinlichkeit im Vatikan bekannt; Details darüber werden aber dort hartnäckig unter Verschluß gehalten. Gibt es dafür bestimmte Gründe? Bevor wir darauf näher eingehen, kommen wir auf ein weiteres Ereignis zurück, das die vorangegangenen Erscheinungsformen auf spektakuläre Weise übertraf. Am 13. September 1917 war den drei Seherkindern »ein Wunder« für den Folgemonat angekündigt worden. Nach Mariens Worten (von Lucia wiedergegeben), »damit alle glauben möchten«.

An jenem 13. Oktober versammelten sich am Offenbarungsort an die 70 000 Menschen, um dieses göttliche Schauspiel selbst zu sehen. Niemand wußte, in welcher Form es sich darstellen würde, und keiner der Anwesenden – von Lucia, Francisco und Jacinta abgesehen – bemerkte »die Dame in einer Lichtwolke«. Doch dann geschah Unvorstellbares – ein Spektakulum, das als »Sonnenwunder« oder auch als »Tanz der Sonne« in die religiöse Geschichte eingegangen ist. Die Schilderungen dieses außerordentlichen Vorfalls stimmen im wesentlichen überein: »Die Sonne erschien im Zenit wie eine silberne Scheibe, auf die man den Blick heften konnte, ohne geblendet zu werden. Um diese matte Scheibe war ein leuchtender Kranz erkennbar.« Zuvor hatte es über dem Gebiet von Fatima noch heftig geregnet, plötzlich aber war die Wolkenbank aufgerissen. Interessant die Feststellung, die Sonne habe »wie eine silberne Scheibe« ausgesehen, und diese Beobachtung wird noch präzisiert durch einen Brief des Missionars *Ignazio Lourenco Pereira,* der damals zufällig in der Nähe von Fatima gewesen war, somit auch ein Augenzeuge des »Sonnenwunders« werden sollte: »Ich blickte fest auf das Gestirn; es schien mir fahl und ohne Glanz und wie ein großer Schneeball, der sich um sich selbst drehte.«

Noch deutlicher erinnerte sich Dr. *José Almeida Garret,* Professor an der Universität von Coimbra, an die mysteriöse Himmelserscheinung: Sie »erschien mir wie eine Scheibe mit scharf umrissenem Rand, leuchtend und von lebendiger Glut, aber ohne die Augen anzustrengen. Ich hörte, wie man in Fatima diese Sonne mit einer silbernen, matten Scheibe verglich; das scheint mir nicht richtig. Sie war von hellerer, lebendigerer und reicherer Farbe und mit dem irisierenden Glanz einer Perle; in keiner Weise ähnelte sie dem Mondlicht in einer klaren und reinen Nacht.« Professor Garret verneint auch anderwärtige Behauptungen, wonach das Objekt der durch den Nebel scheinenden Sonne geglichen habe. Es sei weder verdunkelt noch unscharf oder verschleiert gewesen, auch »nicht rund wie der Mond«. Dessen Licht hätte nicht »die Stimmung und das Helldunkel des Mondscheins« gehabt und wäre ihm erschienen »wie eine flache, polierte Scheibe, in das Perlmutter einer Muschel eingeschnitten ...« Es habe sich am Firmament durch seine »scharf umrissenen Ränder« abgezeichnet, fügte er noch hinzu.

Doch das war noch längst nicht alles: »Plötzlich begann die Sonne zu zittern und zu schwanken«, erfährt man aus Augenzeugenberichten. »Sie machte einige rasche Bewegungen und drehte sich schließlich mit ungeheurer Geschwindigkeit wie ein Feuerrad um sich selbst; dabei strahlte sie, wie ein gewaltiger Scheinwerfer, in allen Farben bald grüne, bald blaue, rote, violette oder sonstige riesige bunte Lichtbündel aus, die alles, Wolken, Bäume, Felder, die einzelnen Gesichter und die ganze ungeheure Menge in ein phantastisches Farbenspiel tauchten.«

Das Phänomen der rotierenden »Sonne« wiederholte sich noch zweimal, wobei es zwischen den drei Darbietungen jeweils kurze Pausen gegeben hatte. Dann aber der eigentliche Höhepunkt: »Inmitten dieses wilden Zaubers von Feuer und Farben löste sich die Sonne vom Firmament wie ein ungeheures Rad, das sich infolge überschneller Bewegung von der Achse losschraubt, und stürzte, im Zickzack hin und her fliegend, auf die erschreckte Menge ... eine immer stärker werdende Hitze dabei ausströmend.« Danach kehrte »die Scheibe« wieder an ihren Ausgangspunkt zurück »und erstrahlte am Himmel in ihrem alten Glanz«. Durch die ungeheure Hitze des Objekts wurde nicht nur der vom Regen aufgeweichte Boden, sondern auch die durchnäßte Bekleidung der Pilger völlig getrocknet.

Natürlich vertritt die Amtskirche seither die Ansicht, in Fatima habe es sich damals um eine tatsächliche Demonstration der Sonne gehandelt. Und sie ist selbst dann noch bei ihrer merkwürdigen Auffassung geblieben, als sämtliche sich mit dieser Darbietung beschäftigenden Sternwarten weltweit bestätigten, daß es während des spektakulären Geschehens keinerlei Veränderung der Sonnenposition am Himmel gegeben habe. Was also war nun wirklich geschehen? Handelte es sich um ein *über-* oder gar um ein *außer*irdisches Ereignis? Muß dahinter ein Fingerzeig aus dem Kosmos vermutet werden? Manches deutet darauf hin, und das »Sonnenwunder« über Fatima scheint das ebenso zu beweisen wie jenes im Jahre 1969 im Umfeld der oberitalienischen Kleinstadt *Montichiari* sowie die zahlreichen durchaus unnatürlich anmutenden Begleiteffekte vor und während der verschiedenen Erscheinungen.

Der bekannte englische Physiker, Mathematiker und Science-fiction-Schreiber *Arthur C. Clarke* definierte derartige Phänomene überaus treffend: »Jede weit genug entwickelte Technologie«, befand er, »ist von *Magie* nicht zu unterscheiden!«

Bei den »Sonnenwundern« handelt es sich weder um Halluzinationen noch um Massensuggestionen, wie da und dort gerne behauptet wird. »Das UFO-Phänomen tritt seit Jahrtausenden in unterschiedlichen Varianten auf; eine davon ist die religiös geprägte«, resümiert der Geologe Dr. *Johannes Fiebag,* der mit seinem Bruder, dem Philologen *Peter Fiebag,* ein bemerkenswertes Buch über »Himmelszeichen« veröffentlicht hat. Seine aus dieser Erkenntnis erwachsene Folgerung: »Deshalb müssen Marien- und Gotteserscheinungen neu bewertet werden.« Dr. Fiebags Frage, weshalb diese Erscheinungen eigentlich stattfänden, und welches Interesse die hinter diesen Phänomenen stehenden Intelligenzen daran wohl haben könnten, auf solche und ähnliche Weise in unsere Geschichte einzugreifen, läßt sich hingegen ansatzweise beantworten: Welch bessere Methode ließe sich nämlich für jene außerirdischen Erforscher intelligenter Lebensformen anderer Planeten anwenden, als die, mittels religiöser »Tarnkappe« vorzugehen. Ist es doch geradezu symptomatisch, daß man sich hierbei vorzugsweise Kindern, in jedem Fall aber möglichst unvoreingenommenen, naiv-gläubigen Menschen näherte. Natürlich wurden die ausgewählten Versuchspersonen zunächst einmal beobachtet und wahrscheinlich in ihrer Verhaltensweise studiert. Die effektive Einflußnahme in Form einer scheinbaren »himmlischen Offenbarung« erfolgte dann dergestalt, indem man die emotionelle Saite der ausgewählten Person zum Schwingen brachte – und das ist in diesen besonderen Fällen gerade das *religiöse* Gefühlsleben.

»Am Beispiel Lourdes wird einem der Gedanke von der Materialisation einer fremden Energieform geradezu auf silbernem Tablett serviert«, schrieb der Götterforscher *Erich von Däniken* bereits 1974 in seinem Buch »Erscheinungen«. Für ihn besteht kein Zweifel, daß all diese rätselhaft anmutenden Geschehnisse nicht übernatürlich, sondern selbstverständlich *außerirdisch* gedeutet werden müssen. »Die Protokolle der Seher-Kinder in Fatima lassen auf physikalische Ereignisse schließen«, meint EvD weiter. »Stets kündigten sich Erscheinungen mit ›Blitzen‹ an, deren elektrische Entladungen mit Geräuschen von Rauschen und Knistern verbunden waren.« Eine Erscheinung sei nicht plötzlich da, sie müsse sichtlich ihre Atome erst zu einem »Bild« ordnen. Während des Erscheinungsvorganges entstünde ein elektromagnetisches, wahrscheinlich stark ionisiertes Feld. Luft würde sehr schnell verdrängt, und dabei entstünden durch Schall Schwingungen von wechselnder Höhe und Stärke wie ein »dumpfer Wind«. Würde dann die Erscheinung von jenen, die sie steuern, beendet – glaubt Däniken erkannt zu haben –, so stürze Luft ins

Vakuum. Dies sei mit ein Grund, weshalb an mehreren Erscheinungsorten von ansonsten passiven Beobachtern eine Art »Knall« vernommen worden sei.
Wir kennen natürlich die eigentlichen Untersuchungsmethoden außerirdischer Experimenteure nicht, wissen ebensowenig, unter welchem Deckmantel religiöser Manifestationen sie ihre Forschungsarbeit am Subjekt Mensch vorantreiben. Aber daß es in ähnlicher Form auf die hier beschriebene Weise ablaufen dürfte, scheint uns fast sicher.
Keineswegs zufällig haben sich gerade in den USA (wo Meinungsvielfalt einen hohen Stellenwert einnimmt) Panikmeldungen von Leuten vervielfacht, die ernsthaft behaupten, von fremdartigen Wesen in UFOs entführt und dort gelegentlich für genetische Versuche mißbraucht worden zu sein. *Budd Hopkins* sowie *Whitley Strieber* sind zwei Autoren unter mehreren, die sich dieses Themas angenommen haben. Zuletzt in den Büchern »Eindringlinge« bzw. »Die Besucher« rückten derartige Fälle ins Blickfeld des Lesers, und sie konfrontierten ihn mit einer Reihe erschreckender, schockierender Geschehnisse.
Es scheint, als sollten wir darauf vorbereitet werden, daß wir in dem unendlich scheinenden Universum bestimmt nicht allein und schon gar nicht einzigartig sind. Wer weiß: Vielleicht dient dieses Sonnensystem, und im besonderen der »blaue Planet« Erde einer hoch- bis höchstentwickelten galaktischen Rasse von All-Erforschern als gewissermaßen »kosmisches Labor« für ihre weit fortgeschrittenen, uns heute noch unbegreiflichen genetischen, psychischen und auch physischen Versuche. Wir sollten jedenfalls darauf vorbereitet und auf alles gefaßt sein.
Dabei drängt sich unwillkürlich die Frage auf: Wie steht die Kirche zum Thema »UFOs«? Was hält sie von derartigen Himmelsphänomenen? Einer der Autoren (R. H.) wollte es genauer wissen. Er schrieb an den Wiener *Kardinal.* Und erhielt auch Antwort. Der Erzbischöfliche Sekretär des obersten Hirten in Österreich, Dr. *Hans Huber,* ließ ihn wissen: »Ich

darf Ihnen im Auftrag des Kardinals mitteilen, daß sich die Kirche über UFOs nicht äußern wird, da sie in ihrem Glaubensgut und in ihrer Sittenlehre davon in keiner Weise tangiert wird. Sollte es außerirdische Lebewesen geben, so würde dies an der an uns ergangenen Offenbarung für Jesus Christus nichts ändern.«

Wir haben aber zuvor deutlich machen können, daß die Ereignisse in Fatima und anderen Erscheinungsorten durchaus Zusammenhänge zwischen UFO-Demonstrationen, dem Einwirken außerirdischer Intelligenzen und den dort sichtbar gewordenen Muttergottes-Manifestationen verraten. Damit kommen wir zu einem »springenden Punkt« der dabei aufgetretenen Probleme – die drei geoffenbarten »Geheimnisse«, welche die damenhafte Lichtgestalt unseren Seherkindern Lucia, Francisco und Jacinta anvertraut hatte. »Mit Genehmigung des Himmels« durften sie bis 1940 zwei davon preisgeben, die dritte Offenbarung, wurde den dreien aufgetragen, wäre noch bis zum Jahr 1960 »top secret«. Bis dahin solle der Text der himmlischen Botschaft in einem versiegelten Umschlag dem Papst zur Aufbewahrung übergeben werden. Das ist geschehen. Inzwischen kennen wir die beiden ersten »Geheimnisse«, die zur festgesetzten Zeit veröffentlicht worden sind. Das erste enthielt eine Vision der Hölle. Darin ebenso enthalten bestimmte Vorhersagen, wonach Rußland (die Sowjetunion) Irrlehren über die Welt verbreiten sowie Kriege und Glaubensverfolgungen heraufbeschwören würde. Am Ende jedoch würde sich Rußland *bekehren* und dem Land eine Zeit des Friedens geschenkt werden. »Geheimnis« Numero zwei bezog sich auf die Verehrung des »Unbefleckten Herzens Mariens«. Nur die Veröffentlichung des dritten ist bislang ausgeblieben. Obwohl von der »Dame« ausdrücklich das Jahr *1960* als das Schlüsseljahr für eine Bekanntgabe ihrer Botschaft genannt worden war, verweigerte der damals im Vatikan residierende »Heilige Vater«, Johannes XXIII. der Gottesmutter Maria die Gefolgschaft. Trotz ihres Auftrags bleiben ihr seither auch die nachgefolgten Päpste den Gehorsam schuldig.

Weder Paul VI., Johannes Paul I. noch Johannes Paul II. machten Anstalten, den Inhalt des natürlich längst geöffneten Umschlags mit dem »dritten Geheimnis« öffentlich bekanntzugeben. Im Gegenteil: Es wird beharrlich totgeschwiegen. Diese unverständliche Handlung verleitet den Außenstehenden zum Nachdenken. Dr. Johannes Fiebag und sein Co-Autor Peter Fiebag haben es getan. In ihren »Himmelszeichen« fragen sie zu Recht: »Könnten sich der Papst und die katholische Kirche ein solches Vorgehen, ein solch unzweideutiges Sperren gegen den erklärten Willen Gottes leisten, wenn in Fatima tatsächlich Maria, die Mutter Jesu, erschienen wäre? Dürfte sich der Papst seiner auf Christus zurückgeführten Legitimation als ›Vertreter Gottes auf Erden‹ weiterhin sicher sein, wenn er sich für weiser und weitsichtiger betrachtet als Gott selbst? Doch wohl kaum. So zeigt allein dieser paradoxe Umstand, daß man im Vatikan sehr wohl weiß, womit man es wirklich zu tun hatte ...«
Das bringt uns zur nächsten Frage, was in dieser Geheimbotschaft von Fatima enthalten sein könnte. Wir vermeinen die einzig mögliche Antwort zu wissen. Sie knüpft dort an, wo unsere weiter oben geäußerte Überlegung endete, jene himmlischen Erscheinungen seien in Wirklichkeit durch *außerirdische* Experimenteure in die Wege geleitet worden, zu dem Zweck, hiermit bestimmte *Psycho-Tests* an den höchstentwikkelten Lebewesen dieses Planeten vorzunehmen. Wenn unser begründeter Verdacht zutreffend sein sollte – und so ziemlich alle Indizien sprechen dafür –, dann erscheint auch verständlich, weshalb Fatimas »drittes Geheimnis« nicht an die Millionen Gläubigen der katholischen Kirche weitergegeben werden darf – nicht weitergegeben werden *kann!* Würde doch die Wahrheit seines Inhalts an den Grundfesten dieser Kirche rütteln, würde ihre »Glaubenswahrheiten«, dogmatisiert und vom Papsttum abgesegnet, ad absurdum führen, müßte eine Abkehr der Gläubigen auslösen.
Johannes XXIII. – und mit ihm die anwesenden und informierten Kardinäle – soll erbleicht sein, behauptet eine in die

Öffentlichkeit getragene Indiskretion aus dem Vatikan, als sie den Inhalt jener Marienbotschaft zur Kenntnis nehmen mußten. Nicht um irgendwelche dritten Weltkriege geht es darin – solche Mitteilungen erschrecken heute kaum noch jemanden –, sondern um eine gravierende »Aufklärung« von Ursache und Wirkung einer Erscheinungsform, wie sie in Fatima und davor in verschiedenen anderen Orten der Welt aufgetreten war. Mit den Worten »Wir können das Geheimnis nicht preisgeben. Es würde eine Panik auslösen«, hat Papst Johannes XXIII. seinerzeit ein für allemal die Botschaft aus Fatima als *Verschlußsache* aus dem Verkehr gezogen. Ob diese Akte jemals geöffnet werden wird?

Die einzige Überlebende jener Ereignisse vor jetzt 76 Jahren, Lucia, ging 1921 ins Kloster und wurde Nonne. Seit 1948 lebt sie in strenger Klausur bei den Karmelitern in *Coimbra.* Heute 86jährig, hat Lucia den Orden seither nur ein einziges Mal verlassen – anläßlich eines Besuches von Papst Paul VI. in Fatima. Dem Heiligen Stuhl war es offenbar darum zu tun, zu verhüten, daß die greise Seherin (wie er kundtat), »durch Neugierige gestört würde«. Ihr Ordenseintritt erfolgte daher mit dessen »ausdrücklicher Genehmigung«. Wohl aber auch deshalb, um das Fatima-Geheimnis zu bewahren.

Im übrigen gibt es nicht nur Fremdeinwirkungen bei Menschen: Seit Jahren rätseln amerikanische Farmer sowie die Behörden über die überall im Land auftretenden Tierverstümmelungen. Die Verursacher, über deren Identität im allgemeinen völlige Unklarheit herrscht, gehen dabei ungemein präzise zu Werke. Es sind keine Vandalen, die sich hier betätigen, sondern ganz offensichtlich Experten. Sie hantieren und operieren (und das im wortwörtlichen Sinn) mit modernsten Instrumenten, möglicherweise sogar mit *Laser.* Den Tieren werden die Innereien feinsäuberlich entfernt, ohne sonstige Körperteile zu verunstalten, und der nicht weiter benützte Kadaver wird zurückgelassen. Ob auch dieses Vorgehen unbekannter Täter in den Bereich jener fällt, denen wir u. a. auch die religiös »maskierte« Kontaktaufnahme mit uns Menschen in

Gestalt sogenannter Marienerscheinungen zuzuschreiben haben, bleibt offen.
Merkwürdige Gebilde aus Licht, die ebenfalls mit dem Auftreten der Gottesmutter in Verbindung gebracht werden, gab es übrigens auch in *Ägypten.* In den Jahren von 1968 bis 1971 drängten sich zeitweilig Menschenmassen auf dem Platz vor der großen koptischen St.-Marien-Kathedrale in Zeitoun, einem Vorbezirk von Kairo. In diesem Fall braucht man sich nicht allein auf die Aussagen unzähliger Augenzeugen zu verlassen – es existieren von diesen Erscheinungen auch einige durchaus brauchbare Fotos, die solche Aussagen auf eindrucksvolle Weise bestätigen.
Die Serie von Manifestationen begann am 2. April 1968, als zwei islamische Mechaniker über dem Dachgewölbe der Kirche bei klarem Himmel ungewöhnliche Lichtblitze wahrnahmen. Danach bildeten sich aus dem Nichts geisterhafte Wesen, die leuchtend weißen Tauben ähnelten. Sie erweckten den Anschein, über dem Dom zu schweben, wobei sie sich ungemein rasch bewegten. Damit nicht genug, bemerkten die beiden Männer, die mit aufgerissenen Augen und offenen Mündern das unwirklich anmutende Geschehen hoch über ihren Köpfen beobachteten, wie plötzlich über dem Gebäude eine Lichtgestalt sich zu materialisieren begann. Zunächst war eine leuchtende, in ihren Dimensionen und Umrissen nebelhafte Wolke erschienen. Sie begann nach und nach Gestalt anzunehmen und sich zu einer festen Form zu verdichten. Ihre Konturen glichen nun jenen eines Menschen, was die beiden Ägypter in jenen frühen Morgenstunden (es war noch dunkel) zu dem Schluß verleitete, einer Marienerscheinung ansichtig geworden zu sein.
Schon bald versammelten sich vor dem Kirchenschiff zahlreiche Menschen, die von den aufgeregten Rufen der Mechaniker aufmerksam gemacht worden waren. Über zwei Stunden zeigte sich das rätselhafte Gebilde, blieb aber stumm und begnügte sich anscheinend damit, seine Anwesenheit zur Schau zu stellen. Das Phänomen der lichtdurchfluteten Gestalt, die

für die Jungfrau Maria angesehen wurde, hatte eine geradezu unerträgliche Strahlkraft. Sie glänzte so intensiv, daß es den Neugierigen vor der Kathedrale nur mit Mühe möglich war, das weiße, manchmal *bläulich*-weiße Gebilde zu erkennen. Man tat und vermochte es nur mit halbgeschlossenen Augen.
Die Erscheinung wiederholte sich in den folgenden Nächten mehrmals, und immer mehr Menschen strömten herbei. Auch von kirchlicher Seite zeigte man sich überraschend aufgeschlossen (und wohl auch ein wenig neugierig). Jedenfalls fand das Oberhaupt der koptischen Gläubigen, Papst *Kyrillos Sesto,* aufmunternde Worte zu den Vorfällen auf seinem Gotteshaus, und sein Erzbischof *Athanassios,* der die geheimnisvolle Lichtgestalt selbst in Augenschein genommen hatte, bemängelte daran lediglich, »daß sie allzu stark blendete, um unsere Gläubigen zum längeren Verweilen anzuhalten«. Später vorgenommene Untersuchungen der während der Erscheinungsphase aufgetretenen seismischen Spannungen ergaben, daß im Umkreis von *500* Kilometern die Energieentfaltung um das *Zehnfache* des Normalwertes angestiegen war. Leider kommt es nur selten vor, die Erscheinung eines unerklärlichen Phänomens durch die Anwesenheit Tausender Menschen bestätigt zu erhalten – wie das glücklicherweise in Fatima oder im Bereich der ägyptischen Hauptstadt Kairo geschehen ist.
Viele ähnliche Ereignisse bleiben meist unbeachtet. Zwar gibt es auch andernorts Personen, die eine zuvor stattgefundene wundersame Begebenheit und ihre Folgen bestaunen, aber in den elektronischen und Printmedien finden derartige Vorfälle kaum besondere Beachtung. Im besten Fall reicht es dort zu spöttischen Bemerkungen (wie beispielsweise bei UFO-Beobachtungen), und so verzichten Augen- oder Ohrenzeugen gerne auf jede Zur-Schau-Stellung ihrer Person, behalten die eigene Meinung zu dem betreffenden Erlebnis lieber für sich.
Ein solcher Fall ereignete sich vor nicht ganz 40 Jahren im Dreiländereck von Österreich, Ungarn und Slowenien. Die Ortschaft, wo sich das alles abgespielt hat, ist klein und unbe-

deutend. Nur wenige hundert Einwohner sind dort, in *Eisenberg,* zu Hause – einer kleinen Gemeinde nahe St. Martin an dem Flüßchen Raab im südlichsten Burgenland Österreichs. Dort lebt schon lange die Familie *Lex.* Sie bewirtschaftet einen kleinen Bauernhof und wäre wohl auch heute noch in ihrer früheren Anonymität verblieben, hätte nicht ein ganz und gar unerklärliches Ereignis diese braven Leute in das Licht der Öffentlichkeit gerückt. Damals gab es innerhalb der burgenländischen Landesgrenzen – und auch darüber hinaus, einiges Aufsehen, aber insgesamt ist das dabei zutage getretene Geschehen kaum über Österreich hinaus bekannt geworden.
Grund genug, darüber etwas ausführlicher zu berichten. Was sich nämlich damals im Bereich von Eisenberg manifestierte, muß jenseits jeder Logik angesiedelt werden.
Es geschah im Jahr 1954, am 8. September. *Anne-Marie,* die jüngste Tochter der Bäuerin *Aloisia Lex,* damals erst sechs Jahre alt und vor ein paar Tagen gerade erst zur Schule gekommen, war aufgeregt, »weiß vor Schrecken und zitternd am ganzen Körper« (wie sich ihre Mutter erinnert) in die Küche gerannt. »Was ist denn los mit dir, warum bist du so aufgeregt?« hatte die Bäuerin erstaunt gefragt. Die Antwort der Kleinen verwirrte sie beträchtlich: »Mama, ich hab' den Himmelvater g'sehn«, stammelte das Mädchen. »Im Garten war er – schneeweiß, und hat ein' langen Rosenkranz g'habt mit ein' großen Kreuz – und der Heiland hat g'lebt – am Gürtel war eine große gold'ne Schnall'n – und ein' langen weiß'n Schleier hat's g'habt – nur g'lächelt hat's, g'sprochen hat's nix die weiße Gestalt ...«
Die Mutter wußte nicht, wie sie reagieren sollte: »Das ist doch nicht möglich, so was«, versuchte sie zu widersprechen. Aber ihre Zweifel kamen bei der Tochter nicht an. Anne-Marie blieb stur bei ihrer Behauptung, und als sich Aloisia Lex von ihrem ersten Schock wieder erholt hatte, hielt sie die Kleine an, ihr den ganzen Vorfall, der sich im Garten des Hauses ereignet hatte, in voller Länge zu erzählen. Dankbar wurde diese Anregung von der Sechsjährigen aufgenommen. Sie sei

in den Garten gegangen, schilderte sie ihr aufregendes Erlebnis, »da is' eine Lichtkug'l mit ein' Sturm kommen, und darin war eine weiße Gestalt. Die Hühner im Garten hab'n sich alle g'reiht und sind g'stand'n wie g'lähmt. Ich hab' Angst g'habt und wollt' weglauf'n, aber meine Füß' war'n auch wie g'lähmt. Wie's verschwunden war, sind die Hühner wieder auseinander 'gangen, und ich hab' wieder geh'n können ...«
Anne-Marie unterbrach jäh ihre Schilderung, gestikulierte ungeduldig mit den Armen: »Mama, Mizi (ihre Schwester, die sich ebenfalls in der Küche befand. D. V.), geht's doch mit hinaus, das müßt ihr doch seh'n – die Pratz'l im Boden, wo die Hühner g'stand'n sind, ganz steif!«
Darüber kann kein Zweifel bestehen: Was immer auch geschehen sein mochte, die Erscheinung – jene Lichtkugel mit der darin sich zeigenden schneeweißen Gestalt – hatte bei dem Kind einen bleibenden Eindruck hinterlassen. Wo immer sich Anne-Marie aufhielt, überall und bei jeder Gelegenheit erzählte sie von ihrem unglaublichen Erlebnis.
Doch wie das so ist bei uns Skeptikern: Niemand nahm die verzweifelten Beteuerungen des Mädchens ernst. Man machte sich im Gegenteil noch über die Kleine lustig, Böswillige nannten sie sogar eine Lügnerin. Auch die Freundinnen in der Schule, ihre Klassenkameradinnen, glaubten nichts davon, und der Lehrer verbot ihr, überhaupt darüber zu sprechen. Verständlich, daß Anne-Marie sich über diese ablehnende Haltung ihrer Umwelt sehr kränkte. Oft kam sie weinend aus der Schule, aß daheim aus Gram über viele Wochen hindurch kein Mittagessen und verkroch sich im Garten des Anwesens. Am liebsten hielt sie sich an jenem Platz auf, wo ihr die Lichtgestalt erschienen war.
Der Wirbel, den das geschilderte Erlebnis der kleinen Lexerin in der Gemeinde ausgelöst hatte, blieb auch im Elternhaus nicht ohne Nebenwirkung. Anne-Maries Vater war verstimmt, mußte er sich doch immer häufiger – noch dazu am Stammtisch im Wirtshaus – den Spott sowie höhnische Bemerkungen der Dorfbewohner anhören, die auch kein gutes

Haar an seiner kleinen Tochter ließen. Verärgert untersagte er daraufhin sämtlichen Familienangehörigen, künftig über die umstrittene Erscheinung zu sprechen. Er hatte es satt, weiter dem Gespött in der Gemeinde ausgeliefert zu sein.
Aber dann geschah etwas, das der ganzen Geschichte neuen Auftrieb gab. Als die Bäuerin Aloisia Lex am Nachmittag des 6. September 1956 – zwei Jahre nach dem behaupteten Erlebnis ihres jüngsten Kindes – in den Hof hinausging, um Futter für die Schweine zu holen, machte sie im Garten, den sie hierzu zu durchqueren hatte, eine überraschende Entdeckung: Das saftige Grün der Wiese war an einer Stelle verwelkt und das nun dürre Gras zeigte ganz deutlich den Abdruck eines *Kreuzes.* »Was ist denn da mit dem Rasen passiert?« fragte sich die Frau verblüfft und wunderte sich noch mehr über das heilige Zeichen darin. Zwar katholisch erzogen, aber zum damaligen Zeitpunkt keine übermäßige Kirchengeherin, tat sie das Gesehene, nachdem sie ihre erste Verwunderung überwunden hatte, kurzerhand ab. Sie hielt alles nur für ein seltsames Spiel der Natur.
Am nächsten Morgen regnete es in Strömen, und das Unwetter hielt den ganzen Tag über an. Niemand in der Familie ging aus dem Haus; das Rasenkreuz, jene rätselhafte Struktur im Gartenboden, blieb daher unbeachtet. Tags darauf, als sich die Regenwolken verzogen hatten, hielt es Aloisia Lex nicht länger in den vier Wänden. Sie erzählte erst jetzt, was sie draußen am Vortag entdeckt hatte und animierte die ganze Familie, Vater und Kinder einschließlich der Jüngsten Anne-Marie, die fragliche Stelle mit ihr aufzusuchen. Sie selbst war jetzt neugierig geworden, wollte wissen, ob sich das eigenartige Kreuz im Rasen trotz Wetterunbill gehalten hatte. Und tatsächlich: Das wundersame Zeichen war nach wie vor vorhanden, der Regen hatte nicht vermocht, es wegzuwaschen – im Gegenteil: es hob sich nunmehr noch deutlicher im frischen Grün der Gartenwiese ab.
Man kann sich lebhaft vorstellen, wie verwundert alle waren. Auch der Vater. Dennoch beschloß der Familienrat, aus Angst

vor einer Verächtlichmachung in der Dorfgemeinschaft, über das Rasengebilde zu schweigen.

Am glücklichsten über die Entdeckung ihrer Mutter war Anne-Marie. »Jetzt werdet ihr mir endlich glauben!« waren die ersten Worte des Mädchens, als sie das Rasenkreuz erblickte. »Genau hier hab' ich vor zwei Jahr'n die Erscheinung g'seh'n«, fügte die nunmehr Achtjährige triumphierend hinzu.

Zwar hielten sich Vater Lex und seine Frau Aloisia vorerst an ihr sich selbst gegebenes Versprechen, über das seltsame Naturschauspiel im häuslichen Garten Stillschweigen zu bewahren, aber die Kinder vermochten ihr großes Geheimnis nicht lange für sich zu behalten. Es war nicht nur Anne-Marie, die darüber voller Freude in der Schule erzählte, gleiches taten auch ihre beiden Geschwister Mizi (Maria) und Karl. Nun wurden, wie das bei Kindern einmal so ist, sämtliche ihrer Klassenkameraden und -innen neugierig, und selbst der Herr Direktor konnte sich nicht länger zurückhalten, das »Wunder im Rasen« bei den Lex-Bauern persönlich zu besichtigen.

In Eisenberg herrschte bald große Aufregung, ja Empörung in der Bevölkerung. Nicht nur Anne-Marie, auch Mizi und Karl wunderten sich über das unschöne Verhalten der Dorfbewohner. »Die hatten eine solche Wut auf unsere Familie sowie auf dieses Kreuz, daß einige von ihnen es am liebsten vernichtet hätten«, erzählten die beiden später. Auch die Neidgenossenschaft machte sich bemerkbar. Verschiedene Nachbarn beklagten sich darüber, daß das Rasenkreuz nicht auch in ihrem Garten erschienen sei und begründeten ihren Mißmut über dieses himmlische »Versäumnis« damit, daß sie doch viel frömmer gewesen seien als die Familie Lex.

Auch die Gendarmerie trat nun auf den Plan. Man begann sich dort für den Fall auch deshalb zu interessieren, weil der Verdacht bestand, daß die Struktur im Garten der Bauersleute von diesen vielleicht selbst angelegt, also manipuliert worden war. Gendarmerieinspektor *Willibald Neuherz* wurde beauftragt, die Angelegenheit zu verfolgen und eine Untersuchung

einzuleiten. Über einige Zeit hinweg wurde nun der Rasen der Familie Lex aufmerksam beobachtet, der Garten oft ganze Nächte hindurch bewacht. Und wieder ereignete sich während dieser Rasenkontrolle etwas Merkwürdiges. Inspektor Neuherz, der sich an diesem Abend gemeinsam mit seinem Kollegen H. zu einer Vernehmung der Bauersleute sowie zur Protokollaufnahme im Haus des Ehepaares Lex eingefunden hatte, bemerkte plötzlich im Garten der Betreffenden – an jener Stelle, an der sich das Kreuz befand – einen hellen Lichtschein. Neuherz machte seinen Kollegen sofort darauf aufmerksam, der ihm die Beobachtung ebenso erschrocken bestätigte. Von da an waren beide Gendarmen von der Echtheit sowie übernatürlichen Identität der Erscheinung sowie den vorangegangenen Geschehnissen restlos überzeugt. Im Prüfungsbericht des Gendarmerieinspektors ist zu lesen: »Das Kreuz zeigt klare und scharfe Konturen. Das Gras in der Kreuzform war mit dem Boden fest verbunden bzw. verwachsen. Ich habe versucht, es mit den Händen auszureißen. Das wäre nur mit Kraftanwendung und natürlicher Beschädigung wie anderswo möglich gewesen. Der Boden war nicht feucht, und ich konnte feststellen, daß unten nichts abgeschnitten war. Beschädigungen oder Grasabnutzungen gab es nicht.«
Neuherz und seine untergebenen Beamten ließen die Kreuzform, die sich durch ihre helle Färbung rasiermesserscharf vom satten Grün des Gartenrasens abhob, nicht mehr aus den Augen. Tag und Nacht stand das »Wunderzeichen« unter Aufsicht, und jegliche Veränderung wurde aufmerksam beobachtet und sofort der Bezirkshauptmannschaft weitergegeben. Aus Inspektor Neuherzens Bericht: »Nach ungefähr einer Woche konnte ich am unteren Ende des Längsbalkens feststellen, daß sich das Gras vom Boden löste, und zwar mit dem Wurzelwerk. Dieses war in seiner Natürlichkeit vollkommen erhalten, frei von Erde und in den Ausläufern (Enden) fein wie ein Frauenhaar oder noch feiner. Die Basis bzw. der Boden darunter war vollkommen unbeschädigt, es waren keinerlei Erdbröckelchen festzustellen. Über die Erdbasis ragende

kleine Steinchen waren fest bzw. natürlich mit dem Boden verwachsen. Bei Gewaltanwendung hätten diese teils herausragenden Steinchen in ihrer natürlichen Verwachsung gelokkert werden müssen, was aber nicht der Fall war. All diese Beobachtungen und Feststellungen ließen den eindeutigen Schluß zu, daß eine mechanische Einwirkung auszuschließen war.«

Dieses Gutachten wurde später noch untermauert. Die Familie Lex verpflichtete sich gegenüber dem Bischof von *Eisenstadt* (Hauptstadt des Burgenlandes) in einer schriftlichen eidesstattlichen Erklärung, niemand aus der Familie habe jemals Hand an das Rasenkreuz gelegt. Was wenig fruchtete. Mißgünstige Ortsbewohner in Eisenberg äußerten nämlich den Verdacht, Karl und Aloisia Lex hätten seinerzeit des Nachts heimlich ein Eisenkreuz in den Rasenboden gedrückt und dadurch das Verwelken jener Stellen im Gras bewirkt, wo sich jetzt das Rasenkreuz befände. Der mürrisch geäußerte Einwand des beschuldigten Bauern (»Wer von uns hätt' sich denn die Zeit nehmen woll'n, das Ras'nkreuz jed'n Tag neu zu mach'n, und das alles umsonst?«) fand aber kein Gehör. Neid war eben stärker.

Nunmehr meldete sich auch die Wissenschaft. Letzte Zweifel sollten entweder beseitigt oder eine tatsächliche Manipulation nachgewiesen werden. Das Wiener *Institut für Bodenkultur* sowie die Wiener *Bundesanstalt für Pflanzenschutz* schickten ihre Fachleute nach Eisenberg, die dort, im Garten der Familie Lex, Bodenproben im Bereich des Rasenkreuzes entnahmen. Nach erfolgter Analyse der Gartenerde ergab sich, »daß eine für die Pflanzenentwicklung nachteilige chemische Veränderung des Bodens innerhalb der Kreuzform nicht vorliegt«. Außerdem wurde festgestellt, »daß durch versuchsweises Besprühen von Rasen mit Unkrautbekämpfungsmitteln die gleiche scharfe Abgrenzung nicht erreicht werden konnte«. Schlußfolgerung der Gutachter: »Die Verwendung eines pflanzentötenden Giftes zur Hervorbringung der Kreuzform im Garten des Besitzers Lex muß außer acht gelassen wer-

den.« Da es also nachweislich keine »mechanische Einwirkung« im Umfeld des Rasenkreuzes gegeben hatte, muß *anderes* angenommen werden.
Ist es jene geheimnisvolle »Macht aus dem Himmel«, deren Einfluß sich auch in Eisenberg gezeigt hat – ebenso, wie ihre »Fingerabdrücke« davor in Fatima, Lourdes, Medjugorje sowie in vielen anderen Kultstätten sichtbar wurden?
Das wundersame Rasenkreuz in Eisenberg, in Verbindung mit der überirdischen Erscheinung, die der kleinen Anne-Marie im Garten ihres Elternhauses widerfahren war, hatte unvorhersehbare Folgen. Sie betrafen ausschließlich die Mutter des Mädchens, Aloisia Lex, die von nun an ein wenig seltsam wurde. Bis zu ihrem Ableben im Jahr 1984 lebte die Frau nämlich in der anscheinend unerschütterlichen Gewißheit, fast täglich Marien-Visionen sowie Offenbarungen der heiligen Jungfrau zu haben. Die einfache Bäuerin behauptete gegenüber ihrer nicht sehr überzeugten Umwelt – die eigene Familie miteingeschlossen –, oft mehrmals am Tag leuchtende Kreuze am Himmel zu sehen. Sie beschrieb ihre angebliche Beobachtung so, daß sich zunächst ein lichter Fleck gezeigt hätte, in dessen Mittelpunkt danach ein strahlendes Kreuz erschienen sei, wobei sich ihre Erscheinung (die Aloisia Lex für *real* ansah) nach und nach in östlicher Richtung entfernt habe. Wie weit man der schon betagten Frau hierbei glauben darf, ist eine Frage für sich. In jedem Fall scheinen sich in solcher Verhaltensweise Symptome halluzinativer Selbsttäuschung bemerkbar gemacht zu haben, die der selbsternannten Seherin Dinge suggerierten, die nur sie allein wahrzunehmen vermochte. Da Aloisia Lex, die ihre Visionen von 1956 an (als sie angeblich zum erstenmal auftraten) bis hin zu ihrem Ableben vor neun Jahren gewissenhaft notierte – was sie übrigens auch mit den dabei empfangenen »Botschaften« Mariens tat –, existiert heute umfangreiches Schriftgut der Frau, das sich im Besitz der Familie Lex befindet.
Seither gilt der *Lexhof* als eine Art Wallfahrtsstätte für besonders orthodox denkende Gläubige. Es herrschen dort strenge

Sitten, und eine Tafel mahnt, daß an diesem Ort »private und unnötige Gespräche sowie Rauchen und das Mitnehmen von Hunden nicht erlaubt« wären. Zusätzlich wird Besuchern schriftlich klar gemacht: »Frevler und Spötter sind hier unerwünscht!«, und es wird solchen Personen empfohlen, »sie sollen sofort schweigend diese heilige Stätte verlassen«.
Einer der Autoren (R. H.) war dennoch neugierig, das Prunkstück des Lexhofes kennenzulernen. Sicherheitshalber hatte es die kleine Gruppe, der er sich angeschlossen hatte – zwei Marienforscher, ein Historiker sowie ein Physiker –, vermieden, auf irgendeine Weise unangenehm aufzufallen. Reinhard Habecks Bericht:
Wir gaben uns den Anschein von harmlosen Pilgern, nahmen zur Kenntnis, daß (so eine weitere Mahntafel) »der Zutritt für Frauen mit zu kurzen Röcken und Männern mit zu kurzen Hosen ... nicht gestattet« sei und gelangten so ohne Schwierigkeiten an jenen Platz mit dem Rasenstück, in dessen Zentrum sich die ebenso berühmt gewordene wie höchst merkwürdige Kreuzesstruktur befindet. Geschützt durch ein diesen Bereich umrundendes Gitter aus Schmiedeeisen, machte alles hier deutlich, daß wir uns an einer Wallfahrtsstätte befanden. Der einstige Bauernhof hat sich völlig verändert. Der Platz im Innern des Gebäudes, wo sich früher wohl Hühner und sonstiges Getier, wie man es in einer Landwirtschaft findet, getummelt haben mögen, wurde in ein Terrain mit Kreuzen und Bildstöcken umgewandelt – und das alles ziert eine kleine Kapelle, wo fromme hierher gepilgerte Besucher ihre Andacht verrichten und zur Gottesmutter beten können.
Wir hatten willkommene Gelegenheit, mit der heute 45jährigen Seherin *Anne-Marie Lex* sprechen zu dürfen. Zufällig weilte die Frau im elterlichen Anwesen. Als Sechsjährige hatte sie durch ihr seltsames Erlebnis das spätere Aufsehen in Eisenberg ausgelöst. Die Frau hat früh geheiratet, ist Mutter mehrerer Kinder und wohnt in der Umgebung von *Wiener Neustadt* in Niederösterreich. Was uns sofort angenehm auffiel: An unserer Gastgeberin ließ sich keinerlei religiös-fanati-

sches Sendungsbewußtsein feststellen. Sie machte vielmehr den Eindruck eines absolut normalen, sachlich orientierten Menschen, wirkte geistig rege, aufmerksam und auch kritisch.

Natürlich wollten wir die Gelegenheit nicht vorübergehen lassen, Einzelheiten jener außergewöhnlichen Vorfälle vor 39 Jahren aus berufenem Munde zu erfahren. Anne-Marie erklärte sich dazu ohne Einwände bereit. Ihre Begegnung mit der Lichtgestalt ist verständlicherweise bis zum heutigen Tag nicht aus ihrem Gedächtnis entschwunden. Sie erinnerte sich noch genau, was damals geschah, um sich in diesem Zusammenhang sofort von jeglichem religiösen Humbug zu distanzieren, der später um die ganze Geschichte gemacht worden ist.

An jenem 8. September 1954 war sie nach eigenen Worten hinter das Haus gegangen, um dort ihre Notdurft auf dem Misthaufen zu verrichten. »Plötzlich aber«, erzählte sie, »ist ein Wind aufgekommen, der immer heftiger wurde, wie ein starker Sturm. Die Hühner im Hof waren ungewohnt aufgeregt, flatterten hin und her – und konnten sich plötzlich nicht mehr bewegen: Aufgereiht standen sie nun da und wirkten wie gelähmt. Zuerst dachte ich an einen über uns kreisenden Hühnergeier und blickte ängstlich nach oben. Aber da war kein Vogel, sondern etwas, das aussah wie eine helle Kugel. Ganz klein schien sie am Himmel zu schweben, aber bald wurde sie größer und größer, kam immer näher. Meine Angst wuchs. Ich versuchte davonzulaufen, doch es ging nicht. Ich war außerstande, mich von meinem Platz zu bewegen, war plötzlich ebenso gelähmt wie die vor mir stocksteif dastehenden Hühner.«

Die Kugel aus blendendem Licht sei inzwischen fast ganz heruntergekommen, erfuhren wir weiter. Sie sei dicht über ihr geschwebt und jetzt habe sie darin auch eine hell leuchtende Gestalt wahrgenommen: »Ganz schneeweiß ist sie gewesen, mit einem Rosenkranz und einem Kreuz. Ich war in dem Augenblick davon überzeugt, den Himmelvater über mir zu se-

hen.« Nach einiger Zeit – Anne-Marie vermag sich nicht mehr zu erinnern, wie lange das gedauert hatte – sei die weiße Gestalt ebenso verschwunden gewesen wie die Lichtkugel. »Ich konnte mich plötzlich wieder bewegen, und auch die Hühner rannten, aufgeregt gackernd, über den Hof.«
Die damals Sechsjährige lief hinterdrein und sofort ins Haus, wo sie ihrer Mutter in der Küche von dem unheimlichen Vorfall erzählte. »Die wollte mir zunächst nicht glauben, und es dauerte eine geraume Zeit, bis ich sie von dem seltsamen Geschehnis überzeugt hatte«, erinnerte sich Frau Anne-Marie. Erst später habe ihr die Mutter einzureden versucht, eine Erscheinung der heiligen Jungfrau Maria gehabt zu haben. Sie selbst scheint diese Ansicht auch jetzt, nach so vielen Jahren, nicht unbedingt zu teilen. Ihr vermittelte die leuchtende Gestalt in der Kugel anscheinend eher den Eindruck eines *männlichen* Wesens. Wer oder was war ihr an diesem Septembertag in den fünfziger Jahren *wirklich* begegnet? War Anne-Marie womöglich Zeugin einer *UFO-Landung* geworden? Hatte sie eine »Begegnung der dritten Art« – eine direkte Konfrontation mit einer *außerirdischen* Spezies? Manchem gläubigen Menschen mag diese Fragestellung vielleicht blasphemisch klingen, ketzerisch und atheistisch. Aber solches liegt uns völlig fern. Tatsache ist, daß der uns hier geschilderte Vorfall in verdächtiger Weise mit ähnlich gearteten Vorkommnissen übereinstimmt, wo unbekannte Flugkörper niedergingen und darauf nicht vorbereitete Personen mit deren Insassen in Berührung kamen. Wir kennen derartige Fälle aus der UFO-Forschung.
Bei jener Begebenheit, die sich damals ereignete, darf nicht vergessen werden, daß die Marien-Version, die später einen Wallfahrer-Boom auf Eisenberg auslöste, erst von Anne-Maries Mutter aufs Tapet gebracht worden ist. Aloisia Lex hat zwar das Rasenkreuz, nicht aber die Lichterscheinung gesehen, der sich ihre sechsjährige Tochter unversehens ausgesetzt sah. Und noch etwas scheint uns von besonderer Wichtigkeit: Das Mädchen war außerstande, eine Zeitangabe zu machen,

wie lange die Begegnung mit dem »Himmelszeichen« gedauert hatte. Und kann dies auch heute nicht tun. In ihrer Erinnerung fehlt der Frau ein bestimmter Abschnitt. Waren es bloß Sekunden, die die Erscheinung währte – oder doch ein paar Minuten? Was war mit ihr zwischenzeitlich geschehen? Hatte man mit dem Kind ähnlich experimentiert, wie das zahlreiche Menschen hartnäckig behaupten, an sich erlebt zu haben? Fragen, die sich vorderhand nicht beantworten lassen. Klarheit könnte vielleicht dann gewonnen werden, wenn unsere Augenzeugin bereit wäre, sich einer kontrollierten Hypnose auszusetzen. Durchaus denkbar, daß dadurch – sollte unsere Vermutung stimmen – eine Gedächtnissperre aufzulösen wäre, die dem so hilflosen Mädchen von jener »Macht aus dem Himmel« hypnotisch oktroyiert worden sein könnte.

Und auf welche Weise entstand das Rasenkreuz? Die junge Frau hält es für ein »Wunder von oben«. Sie könnte durchaus recht haben – wenn auch ganz anders, als sie wahrscheinlich meint. Sicher ist, und das hat die Tochter von Aloisia Lex freimütig bekannt, daß diese merkwürdige Struktur nicht über Nacht »durch die Tat eines mächtigen Engels« entstanden war (wie eine Gedenktafel im Hof des elterlichen Anwesens behauptet): »Das stimmt so nicht«, ließ Anne-Marie ihre Gesprächspartner wissen, »das ist eine Interpretation, die erst später so ausgelegt wurde.« Wer immer also dafür verantwortlich gewesen sein sollte, er hat sein Werk *etappenweise* vollendet. Mit welchen Mitteln, bleibt der Phantasie überlassen.

Es konnte in der Folge natürlich nicht ausbleiben, daß sich nach und nach auch die Kirche für das mysteriöse Rasenkreuz zu interessieren begann. Beim Klerus nahm man allerdings das »göttliche Zeichen« nur spöttisch zur Kenntnis. Jedenfalls ist die Episode verbürgt, wonach der Ortspfarrer am 26. Februar 1968 – an einem Faschingssonntag – bei der Bäuerin Aloisia Lex vorstellig wurde und die Frau mit einem etwas seltsam klingenden Vorschlag überraschte. Sie solle doch erlauben, meinte der Priester hämisch, das Kreuz in ihrem Garten umgraben zu lassen, danach zwei Jahre warten und die Stelle dann zubetonieren. Sollte dann das kreuzförmige Gebilde trotz allem wieder zum Vorschein kommen, wäre auch er willens, hierbei an ein göttliches Wunder zu glauben, und die Kirche in der Lage, das Rasenkreuz als Zeichen des Himmels anzuerkennen.

Das erinnert ein wenig an den *Jesu*-Jünger *Thomas* und an seine Zweifel an der leiblichen Auferstehung seines Herrn. Stellte er doch, laut *Johannes-Evangelium,* die Bedingung: »Wenn ich nicht an seinen Händen das Mal der Nägel sehe und nicht meinen Finger in das Mal der Nägel und meine Hand in seine Seite lege, glaube ich es nicht.« Als ihn Jesus schließlich von der Echtheit seiner Wunden überzeugt und Thomas sie mit seinen Händen berührt hatte, gab der Gekreuzigte ihm zu verstehen: »Weil du mich gesehen hast, hast du geglaubt; *selig, die nicht sahen und doch glaubten.*« (Joh. 20,25 und 20,29)

Mehr Verständnis verriet da ein alter Dorfbewohner aus Eisenberg. Meinte er doch nachdenklich, als ihn unsere vier Pseudopilger zum Rasenkreuz befragten: »Irgend 'was muß scho' dran sei' mit'm Kreuz, sonst hätt' der Vater Lex nicht sei' g'liebtes Kart'nspiel in der Wirtschaft aufg'hört, von dem Tag an, wo's Kreuz in sei'm Gart'n g'word'n is'...«

10 Zwei Kinder einer fremden Welt

Wie ein Riß im Zeitgefüge

Kennen Sie die Ortschaft Woolpit? Wahrscheinlich nicht. Woher sollten Sie auch? Dieser Marktflecken liegt irgendwo in England, fernab jeder Touristik. Ein kleines Nest bei Bury St. Edmunds in Suffolk. Ein paar tausend Menschen leben dort, fast alle sind treue Diener der Krone. Über Woolpit wäre also nichts Wesentliches zu berichten – hätte sich hierorts vor mehr als acht Jahrhunderten nicht Ungewöhnliches ereignet und Aufnahme in die klösterlichen Chroniken gefunden. Daß dies überhaupt geschah, ist für sich allein schon bemerkenswert, weil damals religiöse Vorschriften den Alltag der Menschen beherrschten und alles, was sich nur entfernt außerhalb der Glaubenslehre zu bewegen schien, als Teufelswerk gebrandmarkt wurde.

Mittellose und Hungernde tröstete man von der Kirchenkanzel mit der Hoffnung, sie würden nach ihrem Tod für alles Unbill im Leben entschädigt werden und in die »ewige Seligkeit« eingehen. So betrachteten die Unglücklichen ihr irdisches Dasein als »Jammertal«, das zu durchschreiten ihnen half, ihre Sünden abzubüßen.

Stephan, der letzte Normannenkönig, war 1154 in England an die Macht gekommen und, wie sich schon bald zeigte, ein schwacher und nicht sonderlich intelligenter Herrscher. Verschwenderisch verteilte er Titel, Ländereien und Hoheitsrechte an Günstlinge, und weil überall im Land Armut und Unzufriedenheit regierten, kam es schließlich zu einem Bürgerkrieg. Er kam England teuer zu stehen. Der gesamte Verwaltungsapparat lag darnieder, und die von Stephans korrupten Beamten geschröpften Bürger wollten bald nichts mehr mit der Krone und ihrem unfähigen Repräsentanten zu tun haben. Die Verantwortung der Klosterherren bezog sich auf alles,

was das Begriffsvermögen der Leute vielfach überstieg. Dies betraf vor allem spirituelle Dinge.
Im Mittelalter stand man bestimmten paranormalen Geschehnissen verständnislos gegenüber. Betroffene wurden zwischen Furcht und Ehrfurcht hin- und hergerissen. Scheinbar Übernatürliches führte zur Leichtgläubigkeit. Dem aber versuchte nicht zuletzt die dominierende Kirche einen Riegel vorzuschieben. Auch die klösterlichen Chronisten waren sich dieses Umstandes bewußt. Entsprechend vorsichtig und zurückhaltend beginnt daher jener Bericht, den *William von Newburgh* um das Jahr 1200 verfaßt hat und worin er von den seltsamen *grünen Kindern* erzählt, die sich 1154 erstmals im Ortsgebiet von Woolpit zeigten:
»Ich darf nun nicht unterlassen, von einem Wunder zu berichten, wie man es seit Beginn der Zeit noch nicht vernahm, welches unter König Stephan geschehen ist. Ich selbst habe lange gezögert, daran zu glauben, obwohl viel Volk großes Geschrei darum machte. Und ich hielt es für lächerlich, eine Sache hinzunehmen, für die doch kein Grund sprach, oder doch nur sehr dunkle Gründe. Bis ich vom Gewicht so vieler Zeugen überwältigt war, daß ich das wohl glauben und bewundern mußte, was mein Verstand vergeblich zu begreifen oder zu erreichen trachtet.«
Der offensichtlichen Wahrheit die Ehre zu geben, war aber letztlich auch für den Chronisten Bürgerpflicht. Es erscheint uns reizvoll, nachfolgend den Originaltext des William von Newburgh sprechen zu lassen, weil der etwas von dem Stimmungsbild vermittelt, das damals bei den Augenzeugen des außergewöhnlichen Vorfalls vorgeherrscht haben dürfte:
»Es gibt in England ein Dorf, das etwa sieben oder acht Kilometer von dem ehrwürdigen Kloster des seligen Königs und Märtyrers Edmund entfernt liegt, wo man gewisse Gräben aus uralten Zeiten sehen kann, die in der englischen Sprache *Wolfpittes* heißen und der anliegenden Ortschaft ihren Namen gaben. Es geschah zur Zeit der Ernte, als die Erntearbeiter das Korn einsammelten, daß aus diesen beiden Gründen

ein Mädchen und ein Junge hervorkrochen, die am ganzen Körper grün und in unbekannter Farbe und Stoffart gekleidet waren. Sie liefen verstört auf dem Feld herum, bis die Bauern sie mitnahmen und in das Dorf brachten, wo alles Volk zusammenlief, sich das Wunder anzusehen.«
Im Gegensatz zu William von Newburgh zeigte sich ein anderer Klosterbruder weit weniger skeptisch über das Erscheinungsbild der beiden grünen Kinder. Abt *Ralph von Coggeshall,* der 50 Kilometer südlich von Woolpit ein Kloster leitete, beschrieb die Hautfarbe der seltsamen Ankömmlinge. Sie sei *»mit einem Grünstich versehen«* gewesen, lesen wir in seiner Niederschrift:
»Niemand konnte ihre Sprache verstehen. Als sie als Sehenswürdigkeiten zu dem Haus des Ritters *Sir Richard de Calne* in *Wikes* gebracht wurden, weinten sie bitterlich. Man setzte ihnen Brot und andere Nahrung vor, wovon sie aber nichts anrührten, obwohl der Hunger sie plagte, wie das Mädchen später zugab. Als aber frisch geschnittene Bohnen mit Stielen ins Haus gebracht wurden, machten sie eifrig Zeichen, daß man sie ihnen geben sollte. Sie öffneten die Stiele statt die Schoten. Als sie aber die Bohnen nicht fanden, weinten sie. Mitleidig öffneten die Anwesenden die Schoten und zeigten ihnen die Bohnen, die sie mit großer Freude aßen. Lange Zeit nahmen sie keine andere Nahrung zu sich. Der Junge war immer matt und niedergeschlagen, und er starb nach kurzer Zeit. Das Mädchen erfreute sich stets guter Gesundheit, und nachdem sie sich an verschiedene Nahrung gewöhnt hatte, verlor sie die grüne Farbe. Später wurde sie durch das Wasser der heiligen Taufe erneuert und lebte viele Jahre in den Diensten dieses Ritters, wie ich von seiner Familie oft hörte. Sie soll ziemlich lose und schamlos in ihrem Benehmen gewesen sein.«
Wie weit letztere Bemerkung tatsächlich zutreffend gewesen sein mag, bleibt dahingestellt. Die Moralbegriffe waren in jenen Zeiten dermaßen überzogen, daß bereits ein geringfügiges Abweichen von der Norm imstande war, Empörung und

Verachtung bei der streng religiösen Bevölkerung auszulösen. Sicher scheint, daß das grünhäutige Mädchen später geheiratet hat und sich mit einem Mann aus *Kings Lynn* vermählte. Sie soll, den Angaben zufolge, noch einige Jahre gelebt haben.

Natürlich fragten neugierige Leute die junge Frau immer wieder nach ihrer Herkunft und wie sie nach Woolpit gelangt sei. Die Aufzeichnungen der beiden Mönche stimmen in diesem Punkt nicht völlig überein, allerdings scheinen uns die dabei aufgetretenen Diskrepanzen relativ unwesentlich. Abt Ralph von Coggeshall läßt in seinen Erinnerungen beide Kinder erzählen, daß sie aus einem Land gekommen wären, das vollkommen grün gewesen sei und wo auch die Menschen, die darin wohnten, eine grüne Hautfarbe, wie sie selbst, gehabt hätten. Ihre Heimat sei *sonnenlos* gewesen, und dort hätte stets *Zwielicht* geherrscht. Sie wären jeden Tag mit der Aufgabe betraut worden, die Herden zu hüten, berichteten die Kinder weiter. Einmal jedoch seien sie an eine ihnen unbekannte Höhle gelangt und neugierig hineingegangen. Kaum geschehen, wäre eine Glocke erklungen. Ihr Wohlklang verzauberte den Jungen und das Mädchen derart, daß sie die gesamte Höhle zu erforschen begannen. Es hätte eine geraume Zeit gedauert, erfuhr Abt Ralph, bis sie danach wieder den Höhlenausgang fanden und froh ins Freie strebten. Hier aber machte die grelle Sonne und die ungewohnte Temperatur beide Kinder besinnungslos.

»So lagen sie lange Zeit. Von dem Lärm derer erschreckt, die sich ihnen näherten, wollten sie flüchten, aber sie konnten den Eingang der Höhle nicht mehr finden und wurden gefangen.«

Etwas anders erfahren wir es aus dem Bericht von William von Newburgh, wo die Kinder von den Bauern auf einem *Kornfeld* aufgestöbert worden sein sollen. Der Abt läßt das Mädchen die Geschichte in leicht veränderter Version erzählen:

»Wir kommen aus St. Martins-Land, das ist bei uns der größte Heilige ... Eines Tages hüteten wir die Herde unseres Vaters auf dem Feld, als wir einen großen Lärm hörten, so als ob hier alle Glocken in St. Edmunds gleichzeitig läuteten. Uns wurde dunkel vor den Augen. Plötzlich fanden wir uns auf euren Kornfeldern wieder.«

Laut den Aufzeichnungen soll das Mädchen hinzugefügt haben, daß sie aus einem christlichen Land mit Kirchen komme, welches vom »Land des Lichts« durch einen breiten Strom abgetrennt sei. Bei diesem Bericht drängt sich uns der leise Verdacht auf, daß Abt William hier ein wenig die Aussagen der Erzählerin *manipuliert* haben könnte. Daß er bestrebt war, die Herkunft der beiden grünen Kinder zu schönen und mit *christlichen Ingredienzen* zu bereichern. Alles natürlich in löblichem Rahmen, wie die geringfügigen Abweichungen von der Niederschrift seines Klosterbruders Ralph von Coggeshall vermuten lassen.

Daß sich der hier geschilderte Vorfall wirklich ereignet hat, erscheint uns ziemlich glaubhaft. Merkwürdig daran bleibt jedoch die fremdartige *Physiognomie* der Kinder, die es unwahrscheinlich erscheinen läßt, das alles bloß auf den Aberglauben zurückzuführen.

Dennoch ist zu vermuten, daß die religiös geprägten, an das Übernatürliche glaubenden Einwohner von Woolpit und Umgebung die beiden grünhäutigen Findelkinder für etwas Besonderes hielten. In der Volksüberlieferung besaß (und besitzt) nämlich die Farbe Grün eine große metaphysische Bedeutung. Es ist die Farbe der Fruchtbarkeit und des Lebens. Sie wird aber ebenso mit magischen, den (damaligen) Leuten *unheimlichen* Kräften in Verbindung gebracht, so etwa mit jenen der *Elfen.* Berühmtestes Beispiel, wie bedeutsam die Farbe Grün im Mittelalter gewesen ist, scheint uns ein anonymes Gedicht zu sein. Es stammt aus dem 14. Jahrhundert und erzählt von *Sir Gawine and the Green Knight* (zu deutsch: »Sir Gawine und der grüne Ritter«). Diese Erscheinung, die früher ganz allgemein als ein Bote aus dem Elfenreich angesehen wurde, war in ihrem Charakter sehr doppeldeutig – weder gut noch böse. Als das berittene grüne Wesen zum erstenmal auftaucht, wird es zum Mittelpunkt neugieriger und ratloser Betrachtung. *Brian Stone* verdanken wir die Beschreibung des grünen Ritters, er übersetzte ein Gedicht aus dem Mittelenglischen. Darin heißt es u. a. »... daß ein Reiter und ein Pferd eine solche Farbe haben können. Denn grün wie Gras zu wachsen und grüner noch schien es und bunter leuchtend als grüne Glasur auf Gold ...«

Die Naturkräfte verkörpert noch ein anderes übernatürliches Wesen aus Englands mythologischen Erinnerungen. Es lebt bis zum heutigen Tag in englischen Volkstänzen und sogar in den Namen von Gaststätten weiter und wird auf ihren Schildern über den Eingängen bildlich und schriftlich dargestellt. Dieser »Grüne Mann« wird ebenfalls als höchst zwielichtige Gestalt angesehen. Sie tritt den Menschen manchmal wohlwollend, zuweilen aber auch bösartig entgegen – wie das im Wechselspiel der Naturgewalten fortwährend geschieht.

Was kann hinter den legendären Kindern einer offensichtlich fremden Welt wirklich vermutet werden? Woher waren sie gekommen? Historiker, die sich dieser Sache angenommen haben, halten es für am wahrscheinlichsten, daß es sich damals um zwei fremdländische Nomadenkinder gehandelt hat, die von ihren Eltern ausgesetzt und kurz vor dem Verhungern von Bewohnern aus Woolpit während eines Ernteeinsatzes aufgestöbert worden sind. Die grünliche Hautfarbe der Findlinge wird als mögliche Folge einer Gelbsucht angesehen bzw. einer sekundären Anämie zugeschrieben. Britischer Humor offenbart sich in der Annahme einiger dem Spaßhaften zugeneigten Altertumsforscher, die meinen, daß die grüne Hautfarbe der Kinder vielleicht von einer Übelkeit hergerührt haben könnte – durch den Genuß zu vieler grüner Bohnen (von dem uns beide klösterlichen Chronisten berichten).

Seltsamerweise begegnen wir jener legendären Geschichte von den Kindern einer fremden Welt nicht nur im mythenreichen England. Eine geradezu spiegelgleiche Parallele hierzu ist uns auch aus spanischen Gefilden bekannt geworden. Dort sind es die *»grünen Kinder von Banjos«*, die aufhorchen lassen.

Banjos wird in der Erzählung als eine kleine Ortschaft in der Provinz *Katalonien* bezeichnet. Ereignet hat sich der unglaubliche Vorfall angeblich im Jahr *1887*. Damals, im August, so ist überliefert, fanden einige Bauern zwei fremde, weinende Kinder vor einem Höhleneingang. Niemand verstand, was die beiden sagten, denn sie – ein Junge und ein Mädchen – redeten in einer für die Dorfbewohner unverständlichen Sprache. Eilig aus Barcelona herbeigerufene Spezialisten waren außerstande, das Idiom der Findlinge zu identifizieren. Das galt ebenso für ihre aus einem unbekannten Material gefertigte Kleidung sowie für die seltsame *hellgrüne* Hautfarbe.
Da die Kinder sehr erschrocken schienen, nahm sie der hilfsbereite Ortsvorsteher mit nach Hause. Er versuchte die »Grünlinge« zu trösten, bot ihnen heimische Kost an, aber sie verweigerten jede Nahrungsaufnahme und hungerten fünf Tage lang. Lediglich Quellwasser nahmen sie zu sich – bis sie am sechsten Tag zufällig einen Korb voll roher *grüner Bohnen* entdeckten. Heißhungrig verschlangen sie die Hülsenfrüchte und lebten von da an von diesem Gemüse und von Wasser. Der Junge war jedoch bereits so geschwächt, daß er innerhalb eines Monats starb. Nicht so seine Schwester: Sie blühte nach und nach förmlich auf und begann sogar die spanische Sprache zu erlernen. Bald war das Mädchen darin so gut bewandert, daß es in der Lage war, jenen Ort zu beschreiben, von dem sie und ihr verstorbener Bruder gekommen waren.
Erstaunt erfuhren der Ortsvorsteher und die wichtigsten Persönlichkeiten in Banjos von einem Land des ewigen Zwielichts, wo die Sonne niemals schien und ein großer Fluß die natürliche Begrenzung bildete. Über das Gewässer hinweg war es für die Bewohner des düsteren Landes möglich, das Land auf der anderen Seite des Flusses zu sehen, welches immer im Sonnenschein lag. Ihr eigenes Gebiet sei ländlich gewesen und immer friedvoll, berichtete das Mädchen. Eines Tages jedoch hätten sie und ihr Bruder ein ohrenbetäubendes Geräusch vernommen – um sich im nächsten Augenblick im sonnendurchfluteten Banjos wiederzufinden.

Verständlich, daß viele Ortsbewohner, als sie von dem geheimnisvollen Land im Zwielicht vernahmen, bestrebt waren, den Eingang zu dieser fremdartigen Welt zu entdecken, was aber keinem gelang. Das Mädchen selbst gewöhnte sich sehr bald an ihr neues Leben, und seine Haut verlor allmählich die grüne Pigmentierung. Nach fünf Jahren Aufenthalt in Banjos soll der Findling friedlich gestorben sein. Das Geheimnis seiner Herkunft nahm das Mädchen mit ins Grab.

Vergleicht man die Erzählung mit jener, die uns aus Woolpit in England überliefert ist, dann erinnern uns daran einige doch recht merkwürdige Gleichklänge. Lediglich ein Detail scheint sich davon zu unterscheiden. Es besagt, daß die Augen der andersfarbigen Geschwister *mandelförmig-asiatisch* gewesen sein sollen. Auch die Angabe in dem Bericht, das Mädchen wäre bereits nach *fünf* Jahren verschieden, ähnelt nur bedingt dem Hinweis aus der Klosterchronik von Woolpit, wonach der weibliche »Grünling« noch *einige* Jahre gelebt hätte. Weit verdächtiger erscheinen uns in diesem Zusammenhang die Ähnlichkeiten der *Namen.* So wird jener des Ortsvorstehers von Banjos mit *Ricardo de Calno* angegeben. Jener ritterliche Sir hingegen, der in der Woolpit-Legende von bestimmender Bedeutung ist – in dessen Haus die beiden grünhäutigen Kinder gastliche Aufnahme fanden –, wird dort *Richard de Calne* genannt. Bloß Zufall? Eher nicht. Historiker vermuten vielmehr, daß ein skrupelloser Autor jene Erzählung *abgeschrieben* haben dürfte – aus einem Buch des britischen Schriftstellers *Harold T. Wilkins.* Dieser veröffentlichte sein Werk (»Mysteries Solved and Unsolved« – »Gelöste und ungelöste Rätsel«) im Jahr 1959. Zuvor war die Woolpit-Saga im europäischen Raum kaum bekannt gewesen. Um welchen Plagiator aus Spanien es sich dabei gehandelt haben könnte, dem es genügte (bis auf unwesentliche Veränderungen), die Story lediglich umzudatieren, um sie sodann in ein imaginäres Dorf nach Katalonien zu verlegen, ließ sich bislang nicht feststellen. Mit einiger Gewißheit hat jener Abschreibspezialist das Dorf »Banjos« erfunden, wobei es ihm natürlich nützlich war, dessen von ihm behauptete Abgeschiedenheit jedweder ernsthaften Überprüfung zu entziehen. Lediglich ein gewisser *John Macklin* meldete sich bisher zur Entlastung des unbekannten Autors zu Wort. Seine Nachforschungen hätten ergeben, so behauptet er, daß die betreffenden, die spanische Version von den »grünen Kindern« bestätigenden Dokumente wirklich existieren. Ein Beweis für die Richtigkeit von Macklins Angaben liegt uns allerdings leider nicht vor. In jedem Fall hat durch diese offensichtlichen Widersprüche die ganze Geschichte um die Vorfälle in Woolpit und/oder Banjos erst recht einen höchst mysteriösen Hintergrund erhalten.

11 Wanderer durch Raum und Zeit

Wer war der Graf von Saint-Germain?

Da war ziemliche Unruhe gewesen unter den Soldaten jener deutschen Kompanie, die im August 1914 an der Vogesen-Front auf ihren Einsatz warteten. Ihrem Kommandanten, einem Leutnant, war kurz zuvor die Festnahme eines dubiosen Zivilisten geglückt, welcher sich in unmittelbarer Nähe des Militärlagers herumgetrieben und verdächtig gemacht hatte. Hier, in der Tiefebene, in der Nähe des Wasgenwaldes, der den Gebirgszug entlang des Oberrhein begrenzt, war in diesen Zeiten besondere Vorsicht geboten. Man befand sich zudem im Kriegszustand – der Erste Weltkrieg war ausgebrochen und Deutschland gehörte zusammen mit Österreich-Ungarn, der Türkei und Bulgarien zu einem gemeinsam agierenden »Vierbund«, dem eine alliierte Staatengemeinschaft von 30 Ländern gegenüberstand. Jeden Tag mußte damit gerechnet werden, auf die am Anmarsch befindlichen französischen Truppen zu stoßen. Spione trieben sich haufenweise umher.

Auch der Fremde stand unter Verdacht, mit dem Feind zu kooperieren, hatte er doch zunächst versucht, sich seiner Gefangennahme durch die Flucht zu entziehen – was jedoch verhindert werden konnte. Dennoch weigerte sich der Mann, seine Identität preiszugeben, ohne aber später auf Gespräche mit den neugierigen Soldaten ganz zu verzichten. Er unterhielt sich mit ihnen auf deutsch und französisch, schien aber auch noch andere Sprachen zu beherrschen.

Das alles beobachtete in jenen Tagen der oberbayerische Schreinermeister *Andreas Rill* aus der Ortschaft *Untermühlhausen.* Der biedere Handwerker war nur höchst unwillig zu den Waffen geeilt, hatte sich aber dann, wie auch seine Kameraden, damit getröstet, daß sein unfreiwilliger Einsatz an der Front nicht allzu lange dauern werde und der Krieg bis spätestens Weihnachten, also in etwa vier Monaten, zu Ende sein würde. Um so amüsierter zeigte sich die Truppe über die Behauptungen ihres anonymen Gefangenen, der dieser Ansicht hartnäkkig widersprach. Die Auseinandersetzung mit den Alliierten würde noch *Jahre* andauern, ließ er die Deutschen wissen, und es werde dabei große Verluste an Menschen und Material geben.

Niemand, vom Kommandanten abwärts, war gewillt, dem Gefangenen zu glauben, und im zünftigen bayerischen Dialekt bezeichneten ihn die Soldaten als »spinnad«. Wie sich schon sehr bald herausstellen sollte, war die Prophezeiung des fremden Unbekannten keineswegs bloß Spintisiererei gewesen – im Gegenteil: der Ablauf der kriegerischen Ereignisse bestätigte die Voraussage in jeder Beziehung. Nicht nur das: Der Mann vermochte offenbar auch in die *Zukunft* zu schauen, und zwar in eine, die weit jenseits gegenwärtiger und demnächst zu erwartender Geschehnisse lag. Dieser Krieg, erfuhren die Kompanieangehörigen, sei für Deutschland bereits verloren, er würde ins fünfte Jahr gehen, dann gäbe es Revolution. Aber auch dadurch würde nichts besser werden. Allerdings: das Volk wäre dann plötzlich reich, jeder besäße so viel Geld, daß er es bedenkenlos beim Fenster hinauswerfen könnte, und niemand würde es aufheben.

Während dieser krisenhaften Zeit würde im äußersten Rußland der *Antichrist* geboren werden, verkündete der Gefangene den Deutschen weiter. Aber erst in den fünfziger Jahren werde er in Erscheinung treten. Zuvor aber würde sich ein Mann aus der niederen Stufe in Deutschland bemerkbar machen. Da er von Anfang an die Gleichmacherei propagiere, hätte das Volk danach nichts mehr zu reden. Seine Befehle würden mit einer Strenge durchgesetzt werden, daß es den Leuten das Wasser bei allen Fugen heraustreiben würde. Den Menschen werde mehr genommen als gegeben werden, und die Strafen würden entsetzlich sein. Danach würden die Leute wieder ärmer sein, ohne es zu merken. Jeder Tag brächte neue

Gesetze, und viele Leute hätten darunter zu leiden, oder würden es sogar mit ihrem Leben bezahlen. Diese Zeit, vernahmen die staunenden deutschen Soldaten, würde etwa um *32* (gemeint war wohl 1932) beginnen und neun Jahre dauern. Aber der nachfolgende Krieg würde für diesen Mann verheerend enden und ebenso für seine Getreuen.

Nicht nur für den biederen Schreinermeister Andreas Rill waren diese unerwarteten Voraussagen »spanische Dörfer«. Er wie auch seine Kameraden an der Vogesen-Front wußten sich auf all das keinen Reim zu machen. Woher hätten sie auch etwas wissen sollen von bevorstehenden *Umstürzen,* heraufdämmernden *Inflationen* und sich abzeichnenden *Diktaturen* in Rußland und im eigenen Land. Wie hätte er und die übrige Kompanie etwas von der kommenden Schreckensherrschaft eines *Stalin* oder *Hitler* ahnen sollen. Beide stellten in den Augusttagen des Jahres 1914 noch unbekannte Faktoren dar. Keiner der Zuhörer des »spinnaden« Gefangenen nahm dessen Prophezeiungen wirklich ernst – auch nicht jene Angaben, die sich sogar auf den *dritten* Weltkrieg bezogen. Dieser würde nicht sehr lange dauern, »28 oder 58 Tage«, schrieb Andreas Rill an seine Angehörigen in Untermühlhausen. »Ich habe es nicht mehr so genau in Erinnerung«, entschuldigte sich der Bayer, als er am 7. August 1947 dem aus seinem Heimatdorf stammenden Pater *Balthasar Gehr* von verschiedenen Mitteilungen des Fremden berichtete.

Daß diese Kriegsepisode aus Rills Soldatenzeit überhaupt bekannt wurde und auch schriftlich erhalten geblieben ist, verdanken wir zwei von ihm verfaßten *Feldpostbriefen,* geschrieben am 24. und 30. August 1914. Darin erzählte der Schreiner alles Wesentliche, das sich damals im Lager der deutschen Soldaten ereignet hatte. So auch die Prophezeiung des anonym gebliebenen Fremden, Rußland würde im dritten Weltkrieg gegen die Türkei, Deutschland, Polen und Frankreich kämpfen, während England und Amerika »mit sich selbst beschäftigt« wären. »Als wir unseren Gefangenen bedrängten, uns doch mehr Einzelheiten aus jener kommenden Zeit mit-

zuteilen, sagte der nur immer wieder: ›Wenn ihr wüßtet, was ihr vor euch habt, würdet ihr große Augen machen!‹« So ist es in dem schriftlichen Nachlaß nachzulesen.
Die beiden Feldpostbriefe des Andreas Rill haben die Unbill der Zeiten überdauert. Nicht zuletzt auch deswegen, weil sie nach dem Ableben des Schreinermeisters im Jahre 1952 im 71. Lebensjahr von dem bereits erwähnten, mit ihm befreundet gewesenen Pater Balthasar Gehr verwahrt und so der Nachwelt erhalten worden sind. Unbeantwortet blieb freilich die Frage nach der Identität des Unbekannten, und auch, was mit dem Gefangenen in der Folge geschehen war – ob man ihn freiließ oder exekutierte –, blieb im Dunkeln. Rill hat sich darüber auch später nie mehr geäußert.
Auftreten und Verhalten des Fremden erinnern allerdings in gewisser Weise an eine Persönlichkeit, die vornehmlich im 18. Jahrhundert von sich reden machte und angeblich von Adel gewesen sein soll. Dieser Mann nannte sich *Graf von Saint-Germain.* Seine Herkunft ist unbestimmt, und auch der Tag seines Ablebens wird bezweifelt. Ebenso diffus verlief sein ganzes Leben, das ihn – unter verschiedenen angenommenen Tarnungen – an nahezu sämtliche Herrscherhäuser des alten Europa zu führen vermochte. Dort machte sich der Graf mit seinen vielfältigen Kenntnissen und Aktivitäten geradezu unentbehrlich. Als Zeitgenosse *Ludwigs XV., Friedrichs des Großen* oder *Giacomo Casanovas* (der ihn in seinen Memoiren gesondert erwähnt) sowie als Günstling einflußreicher Frauen von damals, wie Madame *Pompadour* und Rußlands Zarin *Katharina der Großen* (der er angeblich sogar auf den Thron verholfen hat), war Saint-Germain den Mächtigen des 18. Jahrhunderts in mancherlei Funktion dienlich: als hochgeschätzter Diplomat ebenso wie als königlicher Kurier oder Geheimagent.
Seinen privaten Unterhalt verschaffte sich der Graf vorwiegend durch alchimistische Kunststücke, mit denen er seine Umwelt verblüffte. So war er imstande, auf Wunsch hochherrschaftlicher Gönner, auch *künstliche* Edelsteine herzustellen,

die er dann, wenn es erforderlich schien, freigiebig zu verschenken pflegte. Geschickt verstand es der undurchschaubare Aristokrat (dessen adelige Abstammung zwar von ihm behauptet, aber niemals wirklich bewiesen worden ist) das Gerücht in Umlauf zu setzen, er sei im Besitz eines *Lebenselixiers,* das es ihm ermögliche, die Jahrhunderte ohne merklichen Alterungsprozeß zu überstehen und dem Tod damit ein Schnippchen zu schlagen. Der französische Philosoph, Historiker und Dichter *Voltaire* zeigte sich von Saint-Germain dermaßen beeindruckt, daß er ihn in überschwenglicher Bewunderung als einen Mann bezeichnete, »der alles weiß und niemals stirbt«.

Tatsächlich war der Graf vielseitig begabt. Er galt als exzellenter Maler, Musiker und in vielen Sprachen bewandertes Allroundgenie. Auch in der Textilbranche bewies er kaufmännisches Talent. Saint-Germain war Mitglied des Malteser-Ordens, und auch die Freimaurer und Rosenkreuzer durften ihn zu den ihren zählen. Besonders gefragt war der Edelmann als Gesellschafter erlauchter Tafelrunden. Man schätzte ihn dort als brillanten Erzähler. Der Graf verstand es geschickt, seine geistreichen Histörchen mit vielen Details zu bereichern, die seinen Zuhörern zwangsläufig unbekannt sein mußten. So behauptete er, mit verschiedenen historischen Persönlichkeiten zusammengetroffen zu sein, die schon lange das Zeitliche gesegnet hatten: *Cleopatra* wurde dabei namentlich genannt, *Pontius Pilatus* oder *Heinrich VIII.* Sogar mit *Jesus Christus* habe er gesprochen, wurde von Saint-Germain unverfroren behauptet. Zweifeln an derartigen Angaben begegnete der Graf mit dem Hinweis auf die Wirksamkeit seines Elixiers, das es ihm ermögliche, Zeitunterschiede mühelos zu überbrücken. Casanova vermerkte dazu in seinen Lebenserinnerungen: »Dieser sonderbare Mensch wohnte oft den Diners der besten Häuser der Hauptstadt bei, allein er berührte nie etwas, da er sagte, sein Leben hinge von der Nahrung ab, die er genieße, und die niemand außer ihm kenne. Man fügte sich in seine Eigentümlichkeit, denn man war nur auf seine

Schwatzhaftigkeit neugierig, welche in der Tat die Seele aller Gesellschaften wurde, die er besuchte ...«

Casanova hatte ganz offensichtlich keine besonders hohe Meinung von dem Mann, den er in bestimmter Weise als Nebenbuhler betrachtete. Er hielt ihn für einen Scharlatan, obwohl ihm der Graf von Saint-Germain in gewisser Hinsicht imponierte. Fast widerwillig bekannte der liebeshungrige Abenteurer aus Italien in seinen Memoiren: »Trotz seiner Prahlereien, seiner offenbaren Lügen und seiner übertriebenen Behauptungen hatte ich doch nicht die Kraft, ihn unverschämt zu finden, ebensowenig aber fand ich ihn achtenswert, aber wider meinen Willen erschien er mir merkwürdig, denn er setzte mich wirklich in Erstaunen.«

Daß da eine gehörige Portion Neid mitgespielt haben dürfte, läßt sich aus diesen Worten Casanovas unschwer erkennen. Er ärgerte sich über den gesellschaftlichen Erfolg seines Nebenbuhlers, ohne ihm aber seine Bewunderung gänzlich zu versagen. Wahrscheinlich wäre er selbst gerne so aufgetreten wie der Graf, und der italienische Abenteurer hat dies auch in seinen autobiographischen Erinnerungen in verräterischer Weise zugegeben: »In meinem Leben habe ich keinen Betrüger gesehen, der geschickter und verführerischer war als er.«

Aber war Saint-Germain wirklich bloß ein Betrüger? War alles, was er in der Öffentlichkeit und vor den Augen des hochherrschaftlichen Adels demonstrierte, nichts weiter als Scharlatanerie? Darüber läßt sich streiten. Es waren nämlich durchaus kluge Köpfe, die diesem feinsinnigen Mann auf die Finger schauten und die bestimmt nicht mit jedem billigen Trick zu übertölpeln waren. Was auch die Gräfin *de Genlis* in ihren 1825 in Paris erschienenen Memoiren bewundernd vermerkte. »Saint-Germain scheint in vielen Dingen erstaunlich beschlagen gewesen zu sein«, stellte sie fest. »Jedenfalls wußte er in Physik gut Bescheid und war ein großer Chemiker.« Und ein anderer Aristokrat, Prinz *Karl von Hessen-Kassel,* nannte in seinen »Mémoires de mon temps« Saint-Germain (als des-

sen Schüler er sich sah) einen der größten Philosophen, die jemals gelebt haben.
Unbestritten bleibt freilich, daß die schillernde Persönlichkeit dieses Mannes Neid und Mißgunst bei vielen seiner Zeitgenossen provozierte, die – wie Casanova – selbst gerne in ähnlicher Weise im Rampenlicht des gesellschaftlichen Lebens gestanden hätten. So wissen wir heute von den Bestrebungen eines unversöhnlichen Gegners des Grafen, dem jedes noch so infame Mittel recht war, Saint-Germain bei den wichtigen Leuten jener Zeit zu diskriminieren, ihn vor allem in den Kreisen des Hochadels unmöglich zu machen. Es handelte sich hierbei um den Herzog *de Choiseul.* Er verfolgte Saint-Germain mit glühendem Haß und schreckte auch nicht davor zurück, sich der Dienste eines Schwindlers zu versichern, der dem Grafen erstaunlich ähnlich sah. Dieser Doppelgänger, ein Mann namens *Gauve,* hatte nichts weiter zu tun, als unter der Maske Saint-Germains diesen, wo immer es möglich war, unglaubwürdig erscheinen zu lassen. Das geschah beispielsweise bei wichtigen gesellschaftlichen Anlässen, wo Gauve als falscher Graf zugegen war und Geschichten verbreitete, die maßlos übertrieben, wenn nicht gar völlig erfunden waren. So kam es, daß Saint-Germain bei vielen Leuten in ein schiefes Licht geriet und als Hochstapler angesehen wurde. Es läßt sich heute nicht mehr überprüfen, *welche* Histörchen nun tatsächlich *original* aus des Grafen Mund überliefert sind, und was möglicherweise aus der Quelle seines Verleumders herrührt. Wir wissen jedoch, daß Saint-Germain darüber informiert war, daß man systematisch versuchte, seinem Ruf zu schaden. Dem Baron *Karl Heinrich von Gleichen,* der ihn offenbar auf verschiedene, sich um die Person seines Gastes rankende, wenig schmeichelhafte Anekdötchen angesprochen hatte, bekannte er einmal offenherzig: »Die Pariser Schafköpfe glauben, ich sei 500 Jahre alt, und ich bestärke sie in dieser Meinung, weil ich sehe, daß sie ihnen soviel Vergnügen macht, nicht, daß ich nicht wirklich viel älter sei, als man nach meinem Aussehen denken sollte.« Was deutlich macht, daß sich

der Graf von Saint-Germain in Wahrheit über diese Fabeln amüsierte und nach dem löblichen Grundsatz handelte: Jedem das Seine!

Seltsam scheint hingegen eine Angewohnheit dieses Aristokraten gewesen zu sein, die auch Casanova aufgefallen war und die er in seinen Memoiren ausdrücklich erwähnte: »Anstatt zu essen, redete er von Anfang bis zum Ende des Mahls. Ich folgte seinem Beispiel und aß ebenfalls nichts, sondern hörte ihm mit der größten Aufmerksamkeit zu. Man kann wohl ruhig behaupten, daß er ein Konversationsgenie war wie kein Zweiter.«

Tatsächlich verzehrte Saint-Germain seine Mahlzeiten stets unter Ausschluß der Öffentlichkeit in den eigenen vier Wänden. Niemand wußte deshalb, *was* der Graf eigentlich zu essen pflegte. *Colin Wilson* vermutet in seinem Buch »The Occult«, daß der Graf möglicherweise *vegetarische* Kost bevorzugte, dies aber für sich behalten hat. Vielleicht war es auch nur einer seiner geschickten Schachzüge, den Eindruck des Geheimnisvollen um seine Person um eine weitere Facette zu bereichern. Während also um ihn herum in reichem Maße getafelt wurde, begnügte sich der Graf von Saint-Germain damit – *Mineralwasser* zu trinken. Als einmal Giacomo Casanova darum bat, von seinem diplomatischen Konkurrenten in dessen Haus empfangen zu werden, erhielt er einen von Saint-Germain geschriebenen Brief in italienischer Sprache. Darin hieß es kurz und bündig: »Meine Beschäftigungen machen es mir zur Notwendigkeit, jede Art von Besuch zurückzuweisen. Sie aber machen eine Ausnahme von der Regel. Kommen Sie morgen, Sie sollen auf der Stelle vorgelassen werden. Aber nennen Sie meinen Leuten Ihren Namen nicht. Ich lade Sie nicht zum Essen ein, denn es würde Ihnen nicht zusagen, besonders wenn Sie Ihren früheren guten Appetit bewahrt haben.«

Das klingt schon eigenartig. Um welche Speisenfolge könnte es sich gehandelt haben, von der Saint-Germain mit gutem Grund annehmen mußte, sie würde Casanova nicht munden?

Handelte es sich hier wirklich bloß um *Vegetarisches?* Erklärt dies allein das geradezu ängstliche Bemühen des Grafen, die von ihm bevorzugte Nahrung vor seiner Umwelt geheimzuhalten? Unwillkürlich ist man versucht, an eine Kost zu denken, die vielleicht völlig andersartig beschaffen war, als jene Speisen, die man damals im 18. Jahrhundert, etwa in Frankreich, zu sich zu nehmen pflegte. Offensichtlich war Saint-Germain auch ein nur bescheidener Esser – darauf läßt seine Bemerkung schließen, mit welcher er sein Schreiben an Casanova beendete: »... besonders wenn Sie Ihren früheren guten Appetit bewahrt haben.«
Ernährte sich der Graf von speziellen Präparaten? Handelte es sich bei seinen Speisen womöglich um eine bestimmte Zusammensetzung, wie sie den Leuten seiner Zeit unbekannt und vielleicht auch kaum zuträglich war? Woher kam diese Nahrung? Wurde sie von Saint-Germain, der, wie wir wissen, ein ausgezeichneter Chemiker gewesen ist, selbst hergestellt? Auf welche Weise und wo und wann? Sind hier Zusammenhänge mit seinem Aussehen gegeben, das ihn scheinbar nicht altern ließ? Kannte Saint-Germain tatsächlich die geheime Zauberformel der ewigen Jugend? Hatte er alle die historischen Persönlichkeiten, von denen er bei höfischen Tafelrunden so überzeugend zu erzählen wußte – Cleopatra, Pontius Pilatus, Heinrich VIII., ja sogar Christus –, tatsächlich gekannt? Besaß der Graf womöglich Mittel und Wege, *durch Zeit und Raum* zu reisen?
Leider ist uns von diesem Mann, den man auch die »Sphinx des 18. Jahrhunderts« nannte, nur noch ein einziges Schriftstück erhalten geblieben. Es befindet sich in der Bibliothek von *Troyes* und heißt »La très Sainte Trinosophie«. Der tiefere Sinn dieses seltsamen Dokuments blieb jedoch unenträtselt, wie so vieles im Leben des Grafen von Saint-Germain. Im 5. Abschnitt der Niederschrift lesen wir eine höchst merkwürdige Schilderung. Ihr Wortlaut scheint durchaus dem uns vertrauten Vokabular entnommen, wirkt auf verblüffende Weise zeitgemäß: »Die Geschwindigkeit, mit der wir durch

den Raum jagten, läßt sich mit nichts anderem vergleichen. In einem Augenblick hatte ich die Sicht auf die unten liegenden Ebenen vollkommen verloren. Die Erde erschien mir nur noch wie eine verschwommene Wolke. Man hatte mich zu riesiger Höhe emporgehoben. Eine ganze Weile zog ich durch den Weltraum dahin. Ich sah Himmelskörper um mich herum sich drehen und Erdkugeln zu meinen Füßen versinken.«

Sollte der Graf von Saint-Germain irgendwann in der Vergangenheit zu einem Raumflug gestartet sein? Oder ereignete sich das beschriebene Abenteuer vielleicht erst in der Zukunft? Ein entsprechender Hinweis existiert tatsächlich. Es ist nämlich eine Aussage dieses ungewöhnlichen Mannes überliefert, der zu irgendeinem Zeitpunkt einem erlauchten Kreis überraschter Zuhörer gestand: »Ich reiste durch die Zeit und befand mich unbewußt in weit entfernten Ländern.« Hatte er eine außerkörperliche Erfahrung? War es ein reelles Erlebnis?

Auch sein Ende geriet im nachhinein zu einer Farce. Angeblich starb Saint-Germain auf dem Landsitz seines Freundes, Schülers und Gönners, des Landgrafen Karl von Hessen-Kassel, als dieser verreist war. Der Tod ereilte den Grafen, wurde kolportiert, in den Armen zweier Kammerzofen. Der offizielle Beweis dafür kann im Kirchenregister von *Eckernförde* jederzeit nachgeprüft werden: »Gestorben am 27. Februar, begraben am 2. März 1784, der sogenannte Graf von Saint-Germain und Weldon. Weitere Angaben unbekannt. In aller Stille in dieser Kirche beigesetzt.« Dürre Angaben freilich. Kein Geburtsjahr, kein Geburtsort, nicht einmal der Vorname ist angeführt. War der sich so verschlossen gebende Aristokrat tatsächlich dahingeschieden? Zweifel darüber erscheinen uns angebracht.

Am 15. Februar 1785, ein Jahr nach Saint-Germains angeblichem Ende, wurde wiederum ein großangelegter Freimaurerkongreß abgehalten. Mitglieder der Rosenkreuzer, Kabbalisten, Illuminaten und anderer Geheimorden nahmen daran teil. Unter ihnen eine vertraute Persönlichkeit. Im Band II, auf

Seite 9, der französischen Freimaurerbruderschaft ist festgehalten: »Unter den Freimaurern, die zu der großen Sitzung in Wilhelmsbad am 15. Februar 1785 eingeladen wurden, finden wir zusammen mit Saint-Martin und vielen anderen auch *Saint-Germain.*«
Der »verstorbene« Graf soll bei diesem Kongreß sogar eine Rede gehalten haben, und es kursiert auch das Gerücht, er sei dort mit der russischen Zarin Katharina der Großen zusammengetroffen. Hatte also Saint-Germain seinen Tod bloß vorgetäuscht? Offenbar, denn auch in den folgenden Jahren trat der Graf an verschiedenen Orten in Erscheinung. *1793* besuchte er angeblich Madame *Dubarry,* die Geliebte Ludwigs XV., kurz vor ihrer Hinrichtung, um sie zu trösten – was auch der Gemahlin Ludwigs XVI., *Marie Antoinette,* widerfahren sein soll, als ihr Saint-Germain überraschend im Gefängnis erschien, wo er sie auf ihre Todesstunde vorbereitete. *1821* traf er nachweislich den französischen Gesandten Graf *de Chalon* auf dem Markusplatz in Venedig. Er ließ es sich auch nicht nehmen, *1867* einem Treffen der Großen Loge in Mailand beizuwohnen.
Die Theosophin Dr. *Annie Besant* will dem Grafen im Jahr *1896* begegnet sein. Sollte das zutreffen, dann hätte sich dieser bereits im biblischen Alter von *236* Jahren befunden – was auf eine authentische Aussage Saint-Germains zurückgeführt werden kann. Dieser hatte *1710* nämlich einbekannt, vor *fünfzig* Jahren geboren worden zu sein.
Sollte es ihn immer noch geben?
Selbst erfahrene Fachleute im Fernsehstudio schüttelten verständnislos die Köpfe, während sie der Darbietung eines jungen Mannes folgten, die dieser vor den TV-Kameras in eindrucksvoller Weise zelebrierte. Niemand von ihnen vermochte das Gesehene plausibel zu erklären. Dem so selbstbewußt vor die Kameras getretenen Studiogast hatte für seine Vorführung ein gewöhnlicher Camping-Kocher genügt. Damit vollführte er vor aller Augen ein alchimistisches Experiment. In kürzester Zeit verwandelte er Blei – zu *Gold!*

Natürlich hatte jeder der Anwesenden im Aufnahmestudio (und wahrscheinlich auch die meisten Zuseher an den Bildschirmen) argwöhnisch darauf geachtet, den modernen Alchimisten bei einem Taschenspielertrick zu ertappen. Doch niemand zeigte sich in der Lage, etwas Unredliches nachzuweisen. Da gab es keine Illusionskunststücke mit magischen Spiegeln und auch keinen doppelten Boden. Nichts war da als der Camping-Kocher und verschiedene Zutaten, deren Zusammensetzung der Studiogast jedoch nicht verriet. Das ungewöhnliche Experiment fand vor einundzwanzig Jahren statt, an einem Januarabend des Jahres *1972*. In Frankreich.
Jener vielleicht fünfundzwanzigjährige Mann, der so kühn seine Fähigkeiten vor den unbestechlichen Objektiven der Fernsehkameras demonstriert hatte, krönte sein sensationelles Experiment mit der womöglich noch gewagteren Behauptung, sein bürgerlicher Name laute zwar auf *Richard Chanfray* – aber in Wahrheit sei er mit jenem Mann identisch, der als Wanderer durch Raum und Zeit die Jahrhunderte zu überbrücken in der Lage sei: *der Graf von Saint-Germain!*
Unverfrorener Bluff oder Tatsache? Die haltlose Publicity eines maßlos übertreibenden Showman? Oder eben doch bloß das Eingeständnis eines Mannes, dem es vielleicht gegeben ist, die Zeitschranke zu überwinden? Den Gesetzen der *Logik* scheint dies alles zu widersprechen. Aber was ist schon Logik? Und kennen wir wirklich alle ihre Gesetze?

12 Was flog da über Golgatha?

Auf den Spuren biblischer Quellen

»Von der sechsten Stunde an trat Finsternis ein über das ganze Land bis zur neunten Stunde. Und um die neunte Stunde rief *Jesus* mit lauter Stimme: ›Eli, Eli, lema sabachthani?‹ (›Mein Gott, mein Gott, warum hast du mich verlassen?‹) Einige von denen, die dabeistanden und dies hörten, sagten: ›Er ruft den Elias.‹ ... Die übrigen aber sagten: ›Laß, wir wollen sehen, ob Elias kommt, ihm zu helfen.‹ Jesus schrie nochmals mit lauter Stimme und gab seinen Geist auf. Und siehe, der Vorhang des Tempels riß von oben bis unten entzwei, die Erde bebte, und die Felsen spalteten sich.« (Mt. 27,45 und 27,46 sowie 27,49 bis 27,51)

So berichtet es uns *Matthäus* in seinem Evangelium, und ähnlich lesen wir es auch bei *Markus* und *Lukas:* die Kreuzigung Jesu auf Golgatha. Lediglich der Evangelist *Johannes* enthält sich jener dramatischen Wiedergabe. Lukas ergänzt den Satz »trat Finsternis ein über das ganze Land bis zur neunten Stunde« in seinem Evangelium mit dem möglicherweise richtungsweisenden Hinweis: »... denn die Sonne verlor ihren Schein.«

Wir wissen leider nicht, wie weit die hier wiedergegebenen Ereignisse auf dem Berg Golgatha in Palästina dem *wirklichen* Hergang der Kreuzigung entsprechen. Keiner der Evangelisten war damals dabei. Jeder gab nur wieder, was er aus soundsovielter Quelle erfahren hatte.

Die Wahrscheinlichkeit spricht jedoch sehr dafür, daß es in jenen Minuten, als Jesus am Kreuze hing und nach seinem verzweifelten Aufschrei das Bewußtsein verlor, ein außergewöhnliches Vorkommnis gegeben haben dürfte. Fiel seine Hinrichtung – gewollt oder zufällig – mit einem spektakulären Naturschauspiel, etwa einer *Sonnenfinsternis,* zusammen?

Oder könnte etwas ganz anderes – viel Sensationelleres – dahinterstecken?
Ehe wir uns diesen Fragen wieder zuwenden, sollte erst einmal auf bestimmte »Begleiterscheinungen« eingegangen werden, die, im besonderen Fall, sich nicht allein darauf beschränken, in Wort und Schrift überliefert zu sein – sondern auch *bildlich* dokumentiert sind: etwa als *Freske* in einem katholischen Gotteshaus!
Es entzieht sich unserer Kenntnis, ob das im südjugoslawischen *Kosovo-Metohija* stehende Kloster *Desani* durch den unseligen Bürgerkrieg zwischen Serben und Kroaten in Mitleidenschaft gezogen wurde – es wäre in jedem Fall ein schwerer Verlust. Denn gerade Desani birgt einen historischen Schatz, der nicht mit Gold aufzuwiegen ist: zahlreiche Fresken, die sich thematisch hauptsächlich mit dem Alten und dem Neuen Testament befassen. Die Fresken befinden sich in der Klosterkirche, weit oben unter der Altarkuppel. Das Kloster selbst wurde in der ersten Hälfte des 14. Jahrhunderts erbaut, um 1350 waren malende Künstler damit beschäftigt, das Innere der Klosterkirche zu verschönern und mit religiösen Motiven auszustatten.
Im Zuge einer Generalrenovierung des Gotteshauses im Jahre 1964 kamen unvermutet bislang unbekannte Fresken zum Vorschein, die durch ihre bildhaften Darstellungen ein riesiges Aufsehen unter Klerikern und kunstbeflissenen Laien hervorriefen. Man kann verstehen, daß die Klostermönche ob der rätselhaften Motive dieser Fresken verwirrt waren. Das gläubige Volk, das diese Malereien ebenfalls zu Gesicht bekam, nicht minder. Reporter der jugoslawischen Zeitschrift »Svijet« fotografierten die ungewöhnlichen Darstellungen und veröffentlichten ihren Bildreport mit entsprechend reißerisch aufgemachten Überschriften: »Raumschiffe an der ›Passion von Desani‹?«, »Sollen die Ikonenmaler in Desani Raumschiffe dargestellt haben?« oder »Sputniks auf unseren Fresken?«
Das waren nicht bloß Hirngespinste von sensationslüsternen Journalisten gewesen – und auch Ketzerei oder Blasphemie

waren hier nicht im Spiel. Jedoch zeigen diese Ikonen derart überraschende Motive, wie man sie bei gemalten Kreuzigungsszenen an anderen Orten bisher noch nie gesehen hat. Die auffallendste Freske zeigt *zwei* Gebilde über dem Kreuz Christi, die auf verblüffende Weise modernen *Raumkapseln* oder sogenannten *UFOs* ähneln. Beide Flugkörper sind *bemannt* und bewegen sich hintereinander von Westen nach Osten.

Im ersten Gefährt sitzt ein Wesen, dessen Hände nicht sichtbare Schalthebel zu bedienen scheinen. Sein Kopf ist aufmerksam nach hinten gerichtet, als achte es auf das ihm folgende Fahrzeug. Dessen Pilot gleicht seinem Vordermann. Er wirkt sichtlich konzentriert, Kopf und Augen sind nach vorne gerichtet. Mit den Händen scheint der Flieger ebenfalls seine Maschine zu steuern.

Wer immer da in den seltsamen Vehikeln dargestellt werden sollte – um *Engel* kann es sich dabei kaum handeln. Keiner der beiden ist mit dem sonst üblichen Heiligenschein ausgestattet. Ihre Raumkapseln sind *stromlinienförmig,* und Strahlen, die jeweils vom hinteren Teil der »UFOs« ausgehen, könnten die Tätigkeit der Düsenaggregate symbolisieren. Offensichtlich bewegen sich beide Flugkörper mit großer Geschwindigkeit durch den Luftraum. Diese Darstellung der seltsamen Wesen veranlaßte die Verfasser des Artikels in der Zeitschrift »Svijet« zu der treffenden Bemerkung: »In den Flugapparaten sitzen Heilige in den Posen von Piloten.«

Es sind jedoch nicht die fliegenden Maschinen allein, die Anlaß geben, über die aus dem Rahmen fallende Freske in Desani zu staunen – auch das andere darauf Dargestellte widerspricht den auf solchen Ikonen sonst üblichen Normen. Da sind nämlich über dem Kreuz des Erlösers durchaus Engelsgestalten abgebildet, aber ihre Haltung verrät, daß diese himmlischen Boten in keiner Weise etwas mit den Raumkapseln zu tun haben oder mit deren Insassen in Zusammenhang stehen. Im Gegenteil! Die Ikonenmalerei läßt uns vielmehr erkennen, daß sich die Engel beim Anblick der Fluggeräte sogar

ängstigen. Schützend halten die geflügelten Wesen ihre Hände vor Augen und Ohren – was deutlich macht, daß damit auch lärmende akustische Geräusche gemeint waren, die wohl durch die Düsenaggregate der beiden Luftfahrzeuge hervorgerufen wurden.
Zu Füßen des Kreuzes malten die Künstler zwei Menschengruppen, die ebenfalls durch das Auftauchen der »UFOs« erschreckt worden sind. Aus ihren Gesichtern sprechen Angst und Bestürzung. Sollte jenes Spektakel nach Jesu Kreuzigung auf Golgatha mit dem Überflug der rätselhaften Körper in Zusammenhang gestanden haben? Handelte es sich hierbei um eine geschickt arrangierte Demonstration *nichtirdischer* Mächte? Standen Erdbeben, Dunkelheit und das seltsame Aussehen der Sonne, die angeblich »ihren Schein verlor«, mit den Geschehnissen um Christus in einem unmittelbaren Zusammenhang? Läßt sich der unglaubliche Vorfall von damals aus heutiger Sicht erklären?
Es sieht so aus. Denn ähnliches ereignete sich auch anderswo – wenn auch um mehr als 1900 Jahre später. In *Fatima,* wo Tausende Menschen eines sogenannten »Sonnenwunders« teilhaftig wurden. Sein Ablauf wird uns in unzähligen Publikationen geschildert. Hier ein Beispiel unter vielen: »Plötzlich hörte es auf zu regnen, die dunklen Wolken, die seit dem Morgen den Himmel bedeckt hatten, zerstreuten sich. Die Sonne erschien am Zenit wie eine silberne Scheibe, auf die man den Blick heften kann, ohne geblendet zu werden. Ein leuchtender Kranz ist um diese matte Scheibe erkennbar.«
In einem Brief beschrieb auch ein Missionar, *Ignazio Lourenco Pereira,* dieses Ereignis. Er befand sich zu jener Zeit in der Nähe von Fatima und wurde so ebenfalls Augenzeuge des »Wunders«. Da lesen wir: »Ich blickte fest auf das Gestirn; es schien mir *fahl und ohne Glanz …«* Genauer erfahren wir es von Dr. *José Almeida Garret.* Er ist Professor an der Universität von Coimbra. Ihm erschien die Sonne »wie eine Scheibe mit scharf umrissenem Rand …« Andere sahen eine »durch

den Nebel scheinende Sonne«, sie sei »nicht rund wie der Mond« gewesen, »ihr Licht hatte nicht die Stimmung und das Helldunkel des Mondscheins. Sie erschien wie eine flache, polierte Scheibe ...«

Ähnliches ereignete sich auch im österreichischen *Eisenberg*. Wir haben darüber und über Fatima bereits an anderer Stelle dieses Buches berichtet. Handelte es sich bei den Ereignissen auf Golgatha, Fatima und anderswo um parallele Erscheinungsformen? Haben alle diese Begebenheiten in Wahrheit nichts mit himmlischen »Wundern«, sondern vielmehr mit *Außerirdischem* zu tun? Fresken im Kirchenschiff des Klosters Desani deuten darauf hin. So zeigt die Ikone »Auferstehung« (die sich unterhalb der zuvor beschriebenen Freske »Kreuzigung« befindet) eine Messiasgestalt, die von einem Gebilde umgeben ist, das der Form einer *Rakete* auffallend gleicht. Der obere Teil des Körpers läßt zwei Stabilisierungsflügel erkennen. Mit der rechten Hand scheint Jesus einen Menschen, der sich außerhalb des Gebildes befindet, gerade zu sich in das Innere ziehen zu wollen.

Natürlich wollten die neugierigen Zeitungsleute etwas mehr über die seltsamen Darstellungen auf den Desani-Fresken erfahren. Sie baten deshalb die Mönche des Klosters um eine Erklärung, was das alles da zu bedeuten habe. Die geistlichen Herren zeigten sich jedoch uninformiert. Mit den »Raumschiffen« wären wohl Sonne und Mond gemeint, versuchten sie die erregten Gemüter der Reporter zu beschwichtigen. Stünde denn nicht in den Evangelien im Zusammenhang mit der Kreuzigung Jesu etwas von einer Sonnenfinsternis? Versuchten die in die Enge getriebenen Mönche das Heft an sich zu reißen. Was ein paar hartnäckige Journalisten zu der Gegenfrage ermunterte, seit wann denn die Sonne im *Westen* aufgehe – wenn es sich bei den ostwärts fliegenden »UFOs« bloß um die bekannten Himmelskörper handeln sollte. Was die ratlosen Klosterbrüder endgültig verstummen ließ.

Mysteriös anmutende Christus-Darstellungen findet man im übrigen nicht nur in Jugoslawien. Im Kabinett für Kirchenarchäologie der Moskauer *Geistlichen Akademie* kann die Ikone »Auferstehung« aus dem 17. Jahrhundert besichtigt werden. Sie zeigt den Messias, umkränzt von einem Glorienschein, in einem stromlinienförmigen Gehäuse, das in seinem Aussehen an ein auf der Erde ruhendes Fluggerät erinnert. Wie um eine solche Annahme zu unterstreichen, strömt zu beiden Seiten des Gehäuses in Bodenlage Rauch aus, der die Beine der das Gefährt flankierenden Gestalten verdeckt. So wie bei dem Fresko in Desani zieht auch hier Jesus mit seiner Rechten einen Menschen zu sich herein. Nach kirchlicher Lesart soll es sich dabei angeblich um *Adam* handeln, während die Gestalt zu Jesu Linken als *Eva* gedeutet wird. Die Ikone in Moskau ist zweifellos apokryph. Wahrscheinlich existierte früher einmal auch ein Gegenstück in *schriftlicher* Form. Darin wurde wohl der wirkliche Tatbestand über Auferstehung und Himmelfahrt Christi behandelt, der sich möglicherweise grundlegend von dem der kanonischen Lesart unterschied. Leider ist jegliches Schriftgut verlorengegangen – vielleicht auch von der griechisch-orthodoxen Kirchenzensur (die ebenso rigoros aussonderte, was ihr nicht zu Gesicht stand, wie das bei Katholiken und Protestanten geschah) vernichtet worden.

So wie es sich bei dem angeblichen »Sonnenwunder« in Fatima (oder dem in Eisenberg) in Wirklichkeit um eine fliegende Scheibe handelte, könnte uns das Fresko in Desanis Klosterkirche die Frage beantwortet haben, was sich vor bald 2000 Jahren während der Kreuzigung Jesu in Palästina ereignete. Wurde auch damals die vermeintliche »Sonne« fehlgedeutet? Malte der (oder die) Ikonenmaler jene Freske im Kirchenschiff aufgrund alter apokrypher Beschreibungen? Müssen zwischen der historischen Gestalt des Jesus und dem spektakulären Erscheinen außerirdischer Piloten über Golgatha womöglich gewisse Zusammenhänge gesehen werden?

Ebensolche wie beim »Stern von Bethlehem«? Sieht man von der geläufigen astronomischen Interpretation der Leuchterscheinung ab – eine »große Konjunktion« durch das Zusammenrücken von *Jupiter* und *Saturn*, wodurch ihr Licht sich zu einer einzigen Lichtquelle bündelte (was laut *Johannes Kepler* im Jahre sieben *vor* Christus geschehen sein soll) –, ranken sich um dieses Himmelslicht zahlreiche Legenden. Im Altertum, aber auch im Mittelalter wurde die Phantasie der Menschen von diesem Stern angeregt. Nicht um einen Fixstern soll es sich dabei gehandelt haben oder um eine simple Sternschnuppe, sondern um etwas ganz Besonderes: ein sternenähnliches, fliegendes Objekt, das sowohl *gleiten* als auch *leiten* konnte.

Schon aus dieser Beschreibung läßt sich erraten, daß damit in keinem Fall jene Planetenkonstellation gemeint gewesen sein kann, die Saturn und Jupiter bewirkt hatten und heute von Historikern und Astronomen als die Ursache für den damals helleuchtenden »Stern von Bethlehem« angesehen wird. Ohne dieses Zusammentreffen zweier intensiver Lichtquellen in jener Zeit bestreiten zu wollen, sei doch darauf hingewiesen, daß es etwas absonderlich anmutet, anzunehmen, daß drei weise Männer aus dem Orient (die erst später im Volksmund zu den uns geläufigen »heiligen drei *Königen*« geworden sind) imstande gewesen sein sollen, bloß aus dem Vorhandensein eines außergewöhnlich auffallenden Himmelskörpers – ohne sonst über wirkungsvolle Ortskenntnisse zu verfügen – die Heimstatt Jesu aufzuspüren.

Wohlgemerkt: wir gehen in diesem Zusammenhang allein von dem uns vorliegenden Schriftgut aus (biblische und apokryphe Texte), das über dieses Geschehen berichtet. Das meiste davon stammt aus der frühen Zeit des Christentums. So auch eine Sage, die von *drei Magiern* erzählt (die natürlich *nicht* Kaspar, Melchior und Balthasar hießen – Namen, die ihnen erst viel später angedichtet worden sind). Das lateinische Original jener Legende wird in seiner Entstehung um die Mitte des 3. Jahrhunderts angesiedelt. Später verbreitete sich die Geschichte auch in anderen Sprachen. Immer ist darin davon die Rede, daß die drei Magier einem Stern gefolgt seien, der vor ihnen herwanderte, sie also sozusagen *führte*. Da kann es dann nicht mehr überraschen, eine höchst ungewöhnliche, jedoch sinnverwandte Interpretation dieses Gebildes am Nachthimmel (wie orientierten sich die Orientalen eigentlich tagsüber? War da der »Stern von Bethlehem« überhaupt zu sehen?) zu entdecken, die vermutlich im 15. Jahrhundert entstanden ist und in einer *belorussischen* Fassung vorliegt. Hier erfahren wir, daß der seltsame Stern in vielen orientalischen Ländern beobachtet werden konnte, daß man eigens dafür »Warten« errichtet habe, wo Astronomen ihrer Tätigkeit nachzugehen vermochten.

Weiter schafft diese Sage Klarheit über die »Fähigkeiten« des himmlischen Objekts. Der »Stern« soll nachts das ganze Firmament »gleich einer Sonne« erleuchtet haben, tagsüber sei er – »ohne die Luft zu erschüttern« – über dem Berg *Wans* geschwebt. Immer, wenn mit der hereinbrechenden Dunkelheit die Sterne am Himmelszelt aufgeflammt wären, habe der Leitstern der drei Weisen aus dem Morgenland dermaßen hell geleuchtet, daß zwischen ihm und dem Strahlenglanz der Sonne *kein Unterschied* mehr bestanden hätte.

Bis hierher könnte es sich ja durchaus noch um die uns aus astronomischer Sicht geläufige Konstellation Jupiter-Saturn gehandelt haben – dann aber weicht die belorussische Legende doch erheblich von dieser Darstellung ab. Heißt es doch in der Erzählung, der Stern habe sich schließlich zur Erde *niedergesenkt* und sei »so leicht wie ein Adler« auf den Berg Wans *hinabgeglitten.* Der wahrscheinlich apokryphe Text beruft sich des weiteren auf »einige Bücher« (unbekannter Herkunft), in denen – angeblich – behauptet worden sei, Jesus selbst wäre mit diesem Stern gekommen und habe dann erstmals den Boden Palästinas betreten. Es wäre kein gewöhnlicher Stern gewesen, über den hier berichtet würde, wird ausdrücklich hinzugefügt, und er sei auch nicht so beschaffen gewesen, wie man ihn jetzt »in unseren Ländern in den Kirchen« darzustellen beliebe. Tatsächlich unterscheidet sich die Beschreibung des seltsamen Gestirns erheblich von geläufigen astronomischen Erklärungen, wie wir sie aus diversen wissenschaftlichen Publikationen kennen. Wir erfahren, daß von dem Flugobjekt »viele lange Strahlen« ausgegangen sein sollen, zudem habe es auch »Schwingen« besessen. Damit soll der leuchtende Körper imstande gewesen sein, »sich im Kreis zu bewegen«, ehe er schließlich auf dem bereits erwähnten Berg »Wans« landete.

Der Philologe *Wjatscheslaw Saizew*, lange Zeit an der Weißrussischen Akademie in Minsk tätig, befaßte sich ebenfalls über viele Jahre mit biblischen Überlieferungen. Nach seiner Überzeugung war Jesus Christus kein Erdenbürger, sondern *außerirdischer* Herkunft. Zweifellos eine gewagte Behauptung, auch wenn sich Saizew dabei auf die kryptisch klingende Aussage des Messias beruft, sein Reich sei *»nicht von dieser Welt«*.

Gesetzt den Fall, der russische Forscher läge mit seiner Vermutung richtig – spielen wir hier ruhig einmal diese Hypothese durch. Woher könnte Jesus gekommen sein? Aus einer fernen Galaxis? Oder vielleicht bloß von einem Planeten unseres Sonnensystems? Vielleicht sogar – vom *Mars?*

Der österreichische Hobbyforscher *Walter Hain* aus Wien hat sich angelegentlich mit dem geheimnisvollen »roten Planeten« befaßt und darüber auch ein Buch veröffentlicht (»Wir vom Mars«). In einer neuen Arbeit stellte er nunmehr eine erstaunliche Parallele her zwischen dem von US-Raumsonden entdeckten, höchst rätselhaften »Marsgesicht« sowie jenem auf dem Turiner Grabtuch sichtbar gewordenen Antlitz, das auf Christus zurückgeführt wird. Gibt es da wirklich ernsthafte Zusammenhänge? War dieser Jesus in Wahrheit der Abgesandte einer fortgeschrittenen, marsianischen Intelligenz? Sind wir alle Enkelkinder des Mars?

Mit dieser ein wenig skurril anmutenden Frage ist auch jene verknüpft, die sich mit dem Ursprung der Menschheit befaßt. In Zusammenhang mit unserer möglichen Herkunft werden mehrere Alternativen in Erwägung gezogen:

- Der Mensch als das Ergebnis einer *Evolution* auf der Erde;

- der Mensch als *unmittelbare* Schöpfung *Gottes;* sowie als dritte Möglichkeit:
- der Mensch als Kettenglied einer langwierigen stufenweisen Entwicklung, die irgendwann auf einem *fremden Planeten* begonnen hat und hier auf der Erde fortgesetzt wurde.

Verfechter letzterer Theorie glauben, in der erdgebundenen Evolutionsanschauung (wiewohl sie logisch und wissenschaftlich begründet scheint) eine bedenkliche Lücke entdeckt zu haben: den *Zeitpunkt* nämlich, wann sich die Spezies Mensch vom Affenstamm abgesondert haben soll. Nach wie vor fehlt hierfür das berühmte »missing link« – das fehlende Glied in der Kette. Gemeint ist der *Pithekanthropus,* die Übergangsform zwischen Affe und Mensch. Auch die zweite Version – der Mensch als ausschließlicher Schöpfungsakt des Allmächtigen – läßt sich aus Sicht und Kenntnis moderner Wissenschaft nicht bestätigen.

Bleibt noch die bereits angesprochene Möglichkeit der Zwei-Planeten-Theorie. Sie kann sich überraschenderweise auf eine nicht minder lange Tradition berufen wie die in den Religionen vertretene. Zahlreichen Mythen und Legenden zufolge, die weltweit anzutreffen sind, mußte die Spezies Mensch zuerst auf einem *anderen* Himmelskörper heranreifen, ehe sie (aus ungeklärten Gründen) auf die Erde verschlagen wurde, um sich später den Verhältnissen dieses Planeten anzupassen. Was mit dem Alter unserer Welt konform gehen würde, das mit dem Zeitablauf einer weit länger währenden Evolution ohnehin nicht übereinstimmt. Vielleicht, so meinen die, welche derlei behaupten, war der *Mars* jenes Gestirn, wo zu einer Zeit, als die Erde sich noch in ihren Geburtswehen befand, bereits Leben – *intelligentes* Leben – existierte, ehe dieses aufgrund einer dort ständig stärker zunehmenden Versteppung und des nunmehr vorherrschenden akuten Wassermangels *evakuiert* und der »rote Planet« verlassen werden mußte.

Handelte es sich bei jenem Jesus um einen der letzten Nachkommen einer früheren Mars-Zivilisation? Gelangte er schließlich, als ein Weiterleben auf seinem Heimatstern un-

40

42

43

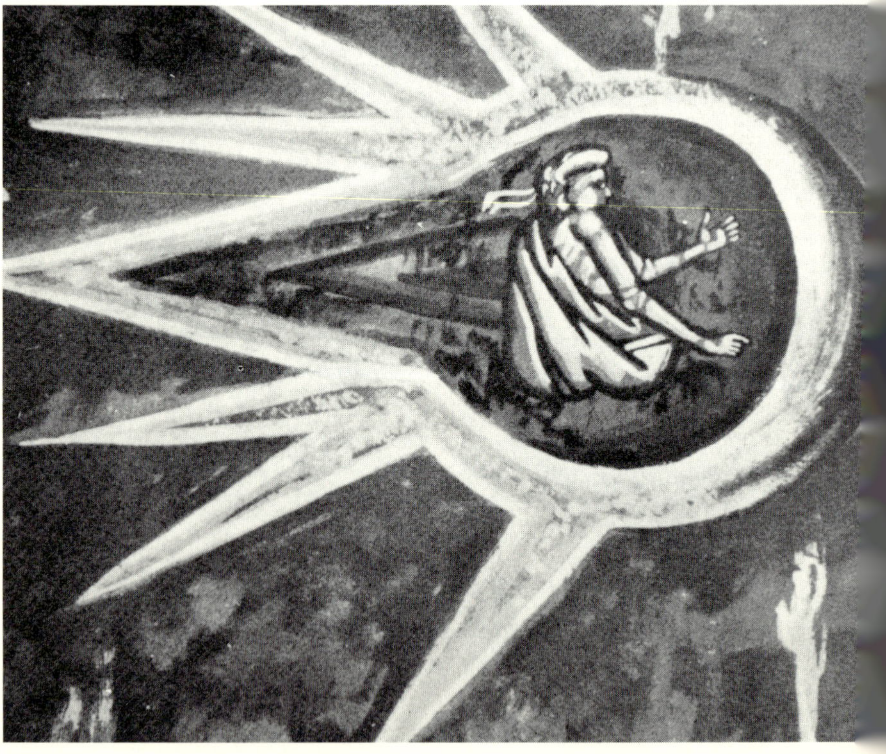
45

44

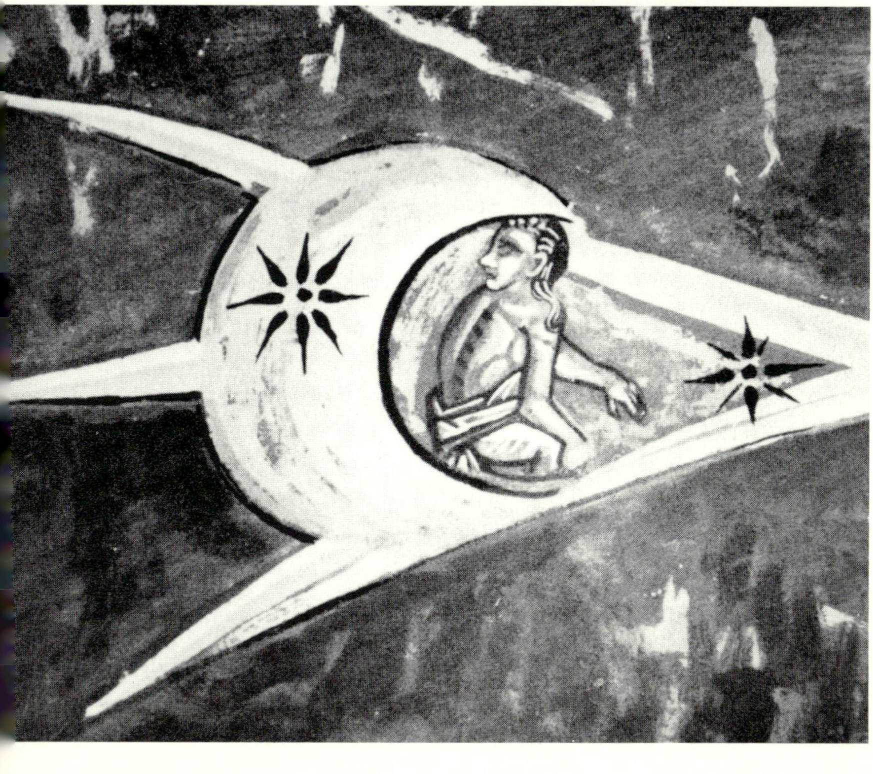
46

47

38 Richard Chanfray behauptete im französischen Fernsehen, der unsterbliche Graf von Saint-Germain zu sein. Bluff oder Tatsache?

39 Auch der oberbayrische Schreinermeister Andreas Rill berichtete in den Feldpostbriefen des Jahres 1914 von einer seltsamen Begegnung.

40 So soll der legendäre und geheimnisvolle Graf von Saint-Germain ausgesehen haben. Er lebte und verblüffte jeden im 18. Jahrhundert.

41 Ein eigenartiges Fresco in Desani unterhalb der Kreuzigungsszene zeigt Christus in einem raketenähnlichen Gebilde.

42 Auch eine Ikone in der Moskauer Geistlichen Akademie stellt den Heiland in einem merkwürdigen »Raketen-Gehäuse« dar.

43/44 Dieses Fresco aus dem 14. Jahrhundert (Fotomontage aus zwei Bildern) befindet sich im Kirchenschiff des Klosters Desani in Kosovo-Metohija im ehemaligen Jugoslawien. Über dem Gekreuzigten fliegen zwei bemannte Objekte.

45 Welche Quellen benützten der oder die Künstler, als vor sechs Jahrhunderten diese rätselhafte Darstellung geschaffen wurde?

46 Die Mönche des Klosters versuchten die Flugkörper als Sonne und Mond zu erklären – was sich jedoch leicht widerlegen ließ: Beide Objekte fliegen von Westen nach Osten. Und wer waren die Piloten?

47 Handelt es sich bei dem Stern von Bethlehem bloß um das Erscheinungsbild einer Planetenkonstellation – oder steckt mehr dahinter?

48a

48

49

48 »Die Taufe des Christus« nennt sich dieses Gemälde aus dem frühen 18. Jahrhundert. Was bedeutet der Flugkörper über der Menschengruppe? Zum Vergleich: Darstellung einer UFO-Sichtung bei Nacht (Abb. 48 a).

49 Wer diktierte »Rabbi« Moses die legendären 10 Gebote?

50 Ein Amateurfilm des US-Farmers Roger Patterson. Waren dem Amerikaner Aufnahmen von einer Yeti-Abart gelungen?

51 Ein vergrößerter Filmausschnitt scheint die Behauptung Pattersons zu bestätigen, wonach »Bigfoot« wirklich existiert.

52 Auch im Kaukasus scheint es einen Yeti-Verwandten zu geben. Professor Igor Burzew gelang ein Gipsabdruck von der Fußspur eines »Almasti«.

53 Die Engländer Eric Shipton und Michael Ward fotografierten 1951 im Himalaya-Gebiet sensationelle Fußabdrücke eines Yeti. Sind diese Wesen zwei Meter groß, wie das der Extrembergsteiger Reinhold Messner (Abb. 53 a) behauptet?

54 Malereien an den Wänden des tibetischen Klosters Tengpoche sowie alte Schriftrollen scheinen die Existenz einer Primatenart zu bestätigen.

55 Ein 1938 aufgefundenes Fossil eines zwei Meter großen Quastenflossers.

50

52

53

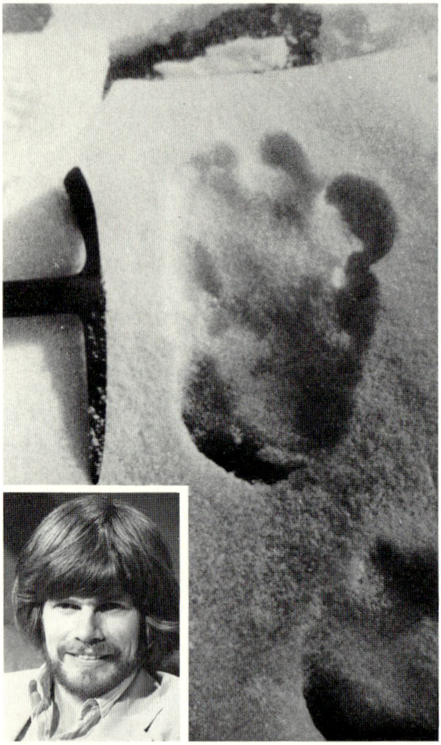

53a

55

möglich geworden war, mit einem fliegenden Gefährt zur Erde? Wählte er sich das Palästina vor 2000 Jahren zum Zielgebiet – und machte er sich hierorts im Zuge seiner zwielichtigen Tätigkeit – halb Prediger, halb Partisane – sowohl bei der römischen Besatzungsmacht als auch bei der ihr eher willfährigen jüdischen Geistlichkeit, den Sadduzäern und Pharisäern, nach und nach unbeliebt? Versuchten später Angehörige der letzten Marsflüchtlinge, die vielleicht mit Jesus in dem fehlinterpretierten »Stern von Bethlehem« – einem Raumfahrzeug – auf die Erde gelangt waren, ihren »Messias« vom Kreuz zu retten? Stützten sich jene alten Ikonenmaler in Rußland, Kosovo-Metohija und auch *Bulgarien* (wo es ebenfalls eine ähnliche Darstellung gibt, d. V.) bei der Anfertigung ihrer ungewöhnlichen Fresken auf älteste christliche Quellen mit schriftlichen sowie bildlichen Darstellungen aus der Zeit Christi? Gab es an jenem schwarzen Freitag (den wir heute als *Karfreitag* begehen), als Jesus ans Kreuz geschlagen worden war, womöglich eine durchaus gewollte »himmlische« Demonstration seiner marsianischen Freunde? Geschehnisse also, die in den Jahrzehnte später verfaßten Evangelien nur ansatzweise Erwähnung fanden?
Das mag ein für viele vielleicht zu phantastisches Gedankenexperiment sein, für manche sogar Ketzerei und Blasphemie, aber wer so urteilt, möge nicht vergessen, daß uns aus jenen Tagen vor 2000 Jahren nach wie vor keine wirklich authentischen Unterlagen zur Verfügung stehen. Auch die Schriften aus *Qumran* haben dabei keine Abhilfe geschaffen. Lediglich bruchstückhafte Überlieferungen in legendärer Form sowie die tendenziösen Beschreibungen des jüdischen Historikers *Josephus Flavius* (37 bis ca. 100 n. Chr.), der Jesus nur nebenbei erwähnte, liegen uns vor. Wissen wir also wirklich, *was* sich damals so Unglaubliches auf dem Berg Golgatha ereignet hat? Könnten daher die wundersamen Ikonen Jugoslawiens, Rußlands und Bulgariens womöglich *wahre Geschehnisse* aus dieser Zeit wiedergeben?
Wir könnten es dabei bewenden lassen – gäbe es nicht noch

mehr bildhafte Indizien, die diese zugegeben phantastisch klingende Überlegung scheinbar stützen. Wer sie persönlich in Augenschein nehmen möchte, braucht sich lediglich auf eine Reise nach *England* zu begeben. Dort, in der berühmten Universitätsstadt *Cambridge,* im *Fitzwilliam-Museum,* ist das Gemälde eines holländischen Künstlers zu besichtigen – »The Baptism of Christ« (Die Taufe des Christus). Damit wollen wir uns zum Abschluß dieses Rückblicks etwas genauer beschäftigen.

»Da kam Jesus aus Galiläa an den Jordan zu Johannes, um sich taufen zu lassen von ihm. Johannes aber hielt ihn zurück und sprach: ›Ich habe nötig, von dir getauft zu werden, und du kommst zu mir?‹ Jesus antwortete ihm: ›Laß es jetzt geschehen; denn so ziemt es uns, daß wir alle Gerechtigkeit erfüllen.‹ Da ließ er ihn zu. Als Jesus getauft war, stieg er sogleich aus dem Wasser heraus, und siehe, *es öffnete sich ihm der Himmel, und er sah den Geist Gottes wie eine Taube herabsteigen und über sich kommen.* Und siehe, eine Stimme vom Himmel sprach: ›Dieser ist mein geliebter Sohn, an dem ich Wohlgefallen fand.‹« (Mt. 3,13 bis 3,17)

Fast gleichlautend berichten auch die Evangelisten *Markus* und *Lukas* über den Taufakt, und selbst *Johannes,* der sonst alle Ereignisse um Christus eigenwillig zu überhöhen pflegte, weicht von den Darstellungen seiner Vorläufer kaum ab. Selbstverständlich haben viele Maler sich davon anleiten lassen, die Taufe Jesu im Jordan künstlerisch festzuhalten. Einer von ihnen stammte aus *Holland,* wo ja bekanntlich eine Reihe großartiger Meister des Pinsels zu Hause waren.

»The Baptism of Christ« stammt von *Aert de Gelder.* Am 16. Oktober 1645 geboren, scheint der Künstler schon frühzeitig seine Berufung erkannt und den weiteren Lebensweg richtungsweisend bestimmt zu haben. De Gelder wurde Schüler seines malenden Landsmannes *Samuel van Hoogstraten,* um später – eine künstlerische Stufe höher – von 1665 bis 1667, also zwischen seinem 20. und 22. Lebensjahr, bei keinem Geringeren als dem holländischen Maler, Radierer und

Zeichner *Rembrandt* zu studieren, dessen unnachahmlichen Stil er sich anzueignen versuchte.
Was Aert de Gelder animierte, sich die Taufe Christi durch Johannes den Täufer als Motiv zu erwählen, wissen wir nicht. Noch unverständlicher scheint uns der Beweggrund des Holländers, zudem einen Darstellungsverlauf auf die Leinwand zu bringen, der christlichen Dogmatikern, aber auch laienhaften Betrachtern seines Gemäldes ernsthaft zu denken geben müßte. Das Außergewöhnliche an de Gelders Meisterwerk (denn um ein solches handelt es sich ohne jeden Zweifel) sind die darauf sichtbaren Geschehnisse. Man erkennt Jesus und Johannes im Kreise der Jünger während des Taufrituals. *Über ihnen* aber, am Himmel, schwebt ein *grünliches*, ovales Objekt – eine *Scheibe!* Konzentrische Strahlen gehen von ihr aus, reichen bis zur Erde und umfließen Jesus, Johannes und die übrigen mit ihrem weichen, milden Schein (siehe Foto im Bildteil). Beim Anblick der Malerei bedarf es keiner besonders ausufernden Phantasie. Jeder Beschauer, dessen Blicke noch nicht durch sich selbst auferlegte Scheuklappen getrübt wurden, wird jenen seltsamen Himmelskörper über den Köpfen der dargestellten Personen spontan als das klassifizieren, was mit ihm offenbar gemeint war – als ein fliegendes, diskusförmiges Gefährt. Zeitgemäß interpretiert: als ein *UFO!*
Nun kann Aert de Gelder ganz bestimmt nicht verdächtigt werden, in dieser Richtung beeinflußt worden zu sein. Der holländische Künstler lebte und wirkte in einer Zeit zwischen dem auslaufenden 17. und dem beginnenden 18. Jahrhundert. Er starb 1727 im hohen Alter von 82 Jahren. Die Entstehung seines Gemäldes wird im offiziellen Katalog des Fitzwilliam-Museums um das Jahr 1710 vermutet. Damals aber, im 18. Jahrhundert, war das Weltbild der Menschen noch völlig anders geprägt und von religiösem Gedankengut überlagert. Auch Rembrandt oder van Hoogstraten dürften Aert de Gelder in keinem Fall als Inspiratoren gedient haben – beide Maler galten zu ihrer Zeit als tief religiös, und sie fühlten sich zu-

dem, unabhängig voneinander, den überaus dogmatisch ausgerichteten *Quäkern* zugehörig. Es müssen also andere Quellen und Informanten gewesen sein, die de Gelder zu dem Entschluß kommen ließen, sein geplantes Gemälde so und nicht anders zu gestalten. Besaß der Maler Zugang zu alten Aufzeichnungen bildlicher oder schriftlicher Art? Wir wissen es leider nicht, unser einziger »Zeuge« ist sein meisterhaftes Bildnis im Fitzwilliam-Museum von Cambridge.
Für uns war es deshalb von besonderem Reiz, einen Experten der Jetztzeit, einen Kunstsachverständigen, darüber zu befragen. Wir fanden *Chris Castle* aus Cambridge; hier sein kritisches Urteil:
»Es herrscht Zwielicht«, so der britische Fachmann in der Charakterisierung des holländischen Gemäldes. »Man sieht eine Bergspitze, dahinter dehnt sich in weiter Fläche eine Landschaft aus. Am Horizont sind im diffusen Licht schwachglänzende Umrisse zweier Städte wahrzunehmen, dahinter erkennt man Berge. Auf der Bergspitze selbst: eine Ansammlung von Menschen in alten Gewändern. Jeder von ihnen starrt bewegungslos auf die sich vor ihnen abspielende Szene: Zwei Gestalten, die eine knietief im Gewässer eines Flusses oder Tümpels stehend, den Kopf gebeugt, die Hände betend gefaltet. Die andere Person benetzt das gebeugte Haupt der ersteren mit Wasser, hält dabei ihre Arme weit ausgestreckt. Tatsächlich hat etwas Bedeutungsvolles die Aufmerksamkeit der den Taufvorgang mitverfolgenden, die beiden Gestalten umringenden Zuschauer auf sich gezogen. Die Wasseroberfläche sowie die beiden das Taufzeremoniell vollziehenden Gestalten sind in eine besondere Art von Licht getaucht. Hoch über ihnen am Himmel schwebt eine grünliche Scheibe. In ihrem Zentrum fliegt eine kleine Taube mit ausgebreiteten Flügeln. Von dieser Scheibe strömen vier dünne Lichtstrahlen. Sie erwecken den Anschein, als würden sie auf der Erde direkt das Zentrum des Geschehens – Getaufter, Täufer und Zuseher – durchdringen. Auch scheint es so, als würden die vier Strahlen die fliegende Scheibe an beiden Seiten stützen. Sie

scheinen Segen und Vollendung des Taufzeremoniells auszudrücken.«
Danach kommt Chris Castle auf die technische und künstlerische Ausarbeitung des Bildes zu sprechen: »Die Strahlen selbst wurden von Aert de Gelder in derartiger Weise gemalt, daß ihre Konturen nicht zu erkennen sind. Vielleicht wollte der Meister damit eine andere Art von ›Licht‹ zum Ausdruck bringen. Die dadurch hervorgerufene Lichtqualität der Szene wird von ihm noch gesteigert, indem der Maler durch jenen Strahlenglanz die Taufzeremonie auf besondere Weise als das eigentliche Hauptereignis schlechthin hervorzuheben vermochte. Es hat in der Tat den Anschein, als würde das Wasser, in dem die beiden Gestalten knietief stehen, durch dessen Berührung durch die vier Strahlen aus der fliegenden Scheibe mit irgendwelcher geistiger Energie aufgeladen werden. Der gesamte Wohlklang des Gemäldes wird auf besondere Weise durch de Gelders strenge Kontrolle seiner Farbenskala aufrechterhalten. Das Vorbild seines Meisters Rembrandt dient ihm als Richtschnur und bestätigt gleichzeitig auch de Gelders Farbenkomposition so wie seine malerische Geschicklichkeit. Sein Gemälde orientiert sich nirgendwo an irgendwelcher beliebigen revolutionären Eintönigkeit. Es ist vielmehr im Grunde genommen in der Tradition Rembrandts entstanden und uns so erhalten geblieben. Das Äußere der Malerei wirkt befreiend und kann als nahezu impressionistisch angesehen werden – mit seinen weichen, schmierigen Pinselstrichen. Es gibt einige Zweifel, was der holländische Künstler hinsichtlich der Verbreitung der Landschaft über das gesamte Gemälde hin beabsichtigt haben könnte. Jedenfalls erweckt das Ritual der Taufe den Anschein, auf der Spitze eines Berges in einem Flußbett vorgenommen zu werden. Ob es sich bei dem Gewässer jedoch tatsächlich um den Fluß Jordan gehandelt hat (ein Fluß auf einer Bergspitze?), ist unbestimmt. Vielleicht handelt es sich hierbei bloß um einen Tümpel – oder Aert de Gelder hatte mit seiner Darstellung gar nicht die Taufe Christi gemeint …«

Eine interessante Schlußbemerkung des Kunstsachverständigen Chris Castle. Ob sie zutrifft, kann leider nicht beantwortet werden. Das hätte allein Aert de Gelder vermocht. Letztlich bleibt auch dieses Christus-Rätsel ungelöst. Seine wirkliche Identität – Sohn Gottes, Menschensohn oder kosmischer Bote – ist ebenso ungeklärt wie die Fragen um sein Ende. *Was flog da über Golgatha?*

13 »Rabbi Moses, schreiben Sie!«

Ein Code und der verschlüsselte Pentateuch

Wer verfaßte die fünf Bücher des Moses? Wem müssen die Propheten- und Königsbücher im Pentateuch zugeschrieben werden? Und wem die Psalmen aus dem Alten Testament?

Katholische und auch protestantische Theologen halten in ihrer großen Mehrheit sämtliche verfügbaren Urtexte der Bibel für Abschriften von Abschriften, und selbst diese bloß für Duplikate von seit langem verschollenen Originalen. Entschieden verneinen sie die Behauptung der jüdischen Orthodoxie sowie bestimmter dogmatischer Kreise aus dem christlichen Lager, der ursprüngliche Text jener Niederschriften müsse auf einen *einzigen* Verfasser – nämlich *Moses* selbst – zurückgeführt werden. Gängige Ansicht bei den Exegeten ist, daß die Urtexte nach und nach und im Verlauf mehrerer Perioden entstanden seien und zahllose Verfasser sie niedergeschrieben hätten. Muß nun auch diese Auffassung revidiert werden? Es scheint so, sollten sich die wissenschaftlichen Untersuchungen zweier Israeli, Dr. *Moshe Katz* und Dr. *Menachem Wiener,* als zutreffend erweisen.

Moshe Katz ist Exeget, Menachem Wiener Computerfachmann. Beide arbeiten an der Technischen Universität in Haifa – dem Technion. Hier steht ihnen das modernste Rechenzentrum Israels zur Verfügung. Es ermöglichte beiden Wissenschaftlern, alttestamentarische Texte einer präzisen Computeranalyse zu unterziehen. Katz und Wiener bedienten sich einer spezifischen Methode des »Abzählens von Buchstaben«. In ihren Überlegungen waren sie dabei von bestimmten Hinweisen in der späteren rabbinischen Literatur ausgegangen. Beide Experten gelangten dabei zu der überraschenden Erkenntnis, wonach es in aramäischen Originaltexten der ersten fünf Moses-Bücher bedeutungsvolle Wörter gibt. Diese Wörter, die seltsamerweise durch gleich lange Intervalle voneinander getrennt sind, mit Computerhilfe zu suchen, zu finden und aus dem Text herauszufiltern, glückte beiden Israeli auf beeindruckende Weise.

Sowohl Dr. Katz als auch Dr. Wiener widersprechen aufgrund ihrer Forschungsergebnisse nunmehr der herkömmlichen theologischen Meinung, wonach die insgesamt vorliegenden 39 Schriften des Alten Testaments erst im Verlauf einer lange währenden Entwicklung entstanden sind. Aber so, wie sie die Theorie verwerfen, hinter diesen Niederschriften müßte eine Vielzahl von Autoren vermutet werden, teilen sie auch nicht die dogmatische Auffassung jüdischer Traditionalisten beziehungsweise orthodox eingestellter Religionsverkünder in Israel, Moses, vielleicht auch der Prophet *Esra* müßten als die Ur-Verfasser der ersten Überlieferungen angesehen werden, die das Schriftgut für das Alte Testament sammelten. Vielmehr sind beide Wissenschaftler davon überzeugt, daß die Quelle aller biblischen Informationen ausschließlich *in Gott selbst* gesucht werden muß!

Liegen Katz und Wiener damit richtig? Läßt sich eine Existenz Gottes überhaupt *beweisen?*

Das ist *keine* Glaubensfrage. Glaube und *Wissen* sind zweierlei. Oder wie es ein alter Sinnspruch so treffend formuliert: »Glauben heißt: nichts wissen!« Gefragt wird nach dem unumstößlichen Beweis. Läßt sich ein solcher irgendwo feststellen? Hat dieses, in den Weltreligionen postulierte Schöpferwesen *Zeichen* gesetzt? Können die Bibel oder andere »heilige Bücher« als derartiger »Fußabdruck« seines so gerne behaupteten Einwirkens auf die Geschicke der Menschheit und ihrer Geschichte verstanden werden? Wird Gott nunmehr mittels Computeranalysen »de facto« bestätigt? Oder muß hinter den überraschenden, fundiert anmutenden Ergebnissen zweier Experten eine *ganz andere* Erkenntnis gesehen werden? Eine nicht weniger verblüffende, scheinbar logischen Argumenten widersprechende?

Sicher ist jedenfalls: Moshe Katz und Menachem Wiener entdeckten und entschlüsselten in Niederschriften des Alten Testaments eine Art biblischen *Code,* der offenbar erst gefunden werden konnte *(durfte?),* als die Zeit – und das Wissen – dafür *reif* geworden war.
Das klingt vielleicht ein wenig phantastisch, offenbart aber andererseits die wahrscheinliche *Strategie* jener Intelligenz, die es möglicherweise darauf angelegt hatte, ihre »Botschaft« erst jener Generation der Nachwelt zugänglich zu machen, die hierfür das nötige Rüstzeug besitzen würde.
Verharren wir aber zunächst in der Gegenwart. Zwar sind weder Dr. Katz noch Dr. Wiener besonders erpicht, zu sehr in der Öffentlichkeit zu stehen – man könnte sie fast als »publicity-scheu« bezeichnen –, doch zeigten sich beide Wissenschaftler zumindest anfangs vor Journalisten durchaus auskunftsbereit.
Jene »versteckten« Worte im hebräischen Bibeltext – sich regelmäßig wiederholende Buchstabenkombinationen –, die Katz und Wiener aus dem reinen Konsonantentext ohne Vokalzeichen und unter Absehen von Wortsinn und Wortzwischenräumen, also aus einer scheinbar *sinn-losen* Buchstabenfolge, herauszufiltern vermochten, ergaben schließlich überraschende und unvorhersehbare *Buchstabenmuster.* Da diese »Muster« in sämtlichen überprüften Bibeltexten nachzuweisen waren, können sie, sind sich beide Wissenschaftler einig, auf keinen Fall »zufällig« entstanden sein. Dafür spricht ihrer Ansicht nach auch die statistische Wahrscheinlichkeit. Daß sie sich geirrt haben könnten, wird von den Israeli verneint und im Verhältnis von 1 zu 3 Millionen eingestuft.
Um Beispiele sind Dr. Katz und Dr. Wiener nicht verlegen: So wiederholt sich das Wort *Thora* (der hebräische Name des »Pentateuch«) im Buch Genesis (1. Buch Moses) regelmäßig nach jeweils *50* Schriftzeichen. Das Wort *Elohim* (die Bezeichnung für »Gott«) erscheint in demselben Buch jeweils nach *26* Buchstaben. Allgemein bekannt ist in diesem Zusammenhang die Bedeutung der Ziffern 50 und 26 in der jüdischen

Überlieferung, was von dem Exegeten Moshe Katz entsprechend hervorgehoben wurde. Bemerkenswert scheint auch das Faktum zu sein, daß die betreffenden Wörter immer in direkter Verbindung mit jener Textstelle stehen, in der sie bislang verborgen gewesen waren. Da wird etwa die Grabstätte der ersten biblischen Menschen *Adam* und *Eva* nirgendwo im Bibeltext erwähnt. Erst durch die Entschlüsselung des Buchstaben-Codes wurde dies nunmehr möglich: Beider Namen fand sich genau an jener Stelle, an welcher die Ruhestätte von *Abraham* und *Sara* beschrieben ist.
Begonnen hatte, laut Katz und Wiener, ihr »biblisches Abenteuer«, als wissenschaftliche Neugier den Exegeten veranlaßte, den Pentateuch mit Hilfe spätrabbinischer Methoden (jener des Buchstabenzählens) zu analysieren. Da aber hierfür ein entsprechendes Computerprogramm erforderlich war, das jedwede Erforschung des Buches Genesis verlangte, wandte sich Dr. Katz an einen Kollegen, der am selben Institut tätig ist. Dieser, Dr. Menachem Wiener, zeigte sich von Anfang an von einer solchen Untersuchungsmethode alter Bibeltexte fasziniert und sofort bereit, dabei mitzumachen. Der Computerfachmann sekundierte seinem Kollegen vor Journalisten, auf welche Weise sie dann gemeinsam vorgegangen waren: »Wir verwendeten zwei Forschungsmethoden. Der eine Ansatz beinhaltet das Ausdrucken des Textes mit vorgegebener Buchstabenzahl je Zeile. Mittels einer Durchsicht der Zeilen stellten wir fest, ob die neue Anordnung von Buchstaben bestimmte Wörter ergab. Die Buchstabenzahl je Zeile wurde von uns völlig willkürlich vorgenommen, und wir experimentierten danach mit immer neuen Anordnungen.«
Bei der zweiten Methode veranlaßten die beiden Wissenschaftler den Computer, anhand eines vorgegebenen Schlüsselwortes herauszufinden, ob – etwa bei »Adam« – die Buchstabenfolge A-D-A-M ebenfalls in einer der Niederschriften des Pentateuch zu finden war, und zwar in willkürlichen oder *regelmäßigen* Abständen. Zu ihrer Genugtuung wurden die Forscher auch dabei fündig.

Für Katz und Wiener ein »Fact«, den Nachweis für eine gemeinsame Ur-Quelle aller biblischen Offenbarungen im Alten Testament entdeckt zu haben. Wobei sie vor allem auf die offensichtlich *prophetische* Bedeutung vieler in den Texten aufgedeckter Wörter aufmerksam wurden. Das aufsehenerregende Resümee, das beide Israeli aus ihrer Forschungsarbeit zu ziehen vermeinen: »All das hat unsere Überzeugung bestärkt, daß das Alte Testament sowie bestimmte spätere heilige Texte *nicht von Menschenhand* verfaßt worden sind!«

Moshe Katz und Menachem Wiener warteten auch gleich mit einem interessanten und in seiner Art überraschenden Beispiel auf, das ihrer Meinung nach sowohl die prophetische als auch ihre »göttliche« These stützt, biblisches Schriftgut sei nicht auf diesem Planeten entstanden. *Logik* findet darin allerdings *keinen* Platz.

Die Forscher berufen sich dabei auf das »Buch Esther«. Darin wird erzählt, daß *Haman,* einer der königstreuen Minister, von seinem Herrn den Befehl erhalten hatte, alle Juden in der Bevölkerung auszurotten. Königin *Esther,* die von dem grausamen Plan ihres Mannes erfahren hatte, gelang es in letzter Minute, den König zu einer Rücknahme des Befehls zu bewegen. Unter den ihrer bösen Bestimmung so glücklich Entronnenen gab es darüber natürlich große Freude. Noch heute feiern deshalb die Israeli – zum Gedenken an ihre Errettung – alljährlich das *Purim*-Fest. Im Buch Esther erfahren wir weiter, daß der so antijüdisch eingestellte Minister nunmehr des Königs Ungnade zu spüren bekam. Sämtliche seiner zehn Söhne starben am Galgen. Ihre Namen sind uns überliefert. Nach der Hinrichtung, so lesen wir, wurde Esther von ihrem königlichen Gemahl gnädig gefragt, was er noch für sie und ihr Volk – denn auch Esther war jüdischer Herkunft – tun könne. Die Antwort der Königin stieß bei den Bibeldeutern jahrhundertelang auf Unverständnis. Esther soll nämlich gesagt haben (9,13): »Man möge die zehn Söhne Hamans an den Galgen hängen.«

Ein Wunsch, der absurd erscheinen muß, geht man davon

aus, daß zu diesem Zeitpunkt die verurteilten Söhne längst hingerichtet waren. Dr. Katz hingegen vermeint die Lösung dieses seltsamen Widerspruchs gefunden zu haben. In der Auflistung von Hamans zehn erhängten Söhnen, erläuterte er vor Journalisten, habe er drei hebräische Buchstaben herausgefiltert – »taf«, »schin« und »sajin« –, die *kleiner* als die übrigen geschrieben sind. Diese Buchstaben bedeuten gemäß der hebräischen Zeitrechnung aus traditioneller Sicht – das Jahr *1946* des Gregorianischen Kalenders.
Was hat sich in diesem Jahr an Besonderem ereignet?
Am 16. Oktober wurden in *Nürnberg* (nach der Urteilsverkündung im aufsehenerregenden Kriegsverbrecherprozeß) *zehn* Nazibonzen *gehängt!* Zwar war damals die Todesstrafe gegen elf Hitlergetreue ausgesprochen worden, aber einer von ihnen – *Hermann Göring* – hatte es vorgezogen, seinem Leben eine Stunde vor der Hinrichtung durch die Einnahme einer Giftampulle ein vorzeitiges Ende zu setzen. Der Exeget Moshe Katz sieht in diesen Geschehnissen keinen Zufall, sondern die Erfüllung einer *Prophetie,* vor mehr als 2000 Jahren ausgesprochen.
Zum Beweis für seine Behauptung präsentierte der Wissenschaftler die Titelseite der »International Herald Tribune« vom *16. Oktober 1946.* Darauf in Schlagzeilen der Ausruf eines der Verurteilten – *Julius Streicher.* Sekunden vor seinem Ableben hatte er die Worte geschrien: »Purim-Fest! 1946!« Streicher wie Göring, vermeint Dr. Katz herausgefunden zu haben, seien somit zu Werkzeugen für das Zutreffen einer biblischen Prophezeiung aus dem Buch Esther geworden. Zudem müsse der Umstand angemerkt werden, wonach 1946 (laut jüdischem Kalender) der 16. Oktober genau auf den Feiertag »Hoschana Raba« gefallen wäre. Dieser gilt als letzter Tag des Gerichts in der Reihe der Hohen Feiertage in Israel, zu denen auch Neujahr und Jom Kippur gehören – Zeit gerichtlicher Entscheidungen. »Eine solche Erscheinung kann keinesfalls rational erklärt werden«, solidarisiert sich auch der Computerfachmann Menachem Wiener mit seinem Forscher-

kollegen. »Und weil dem so ist, benötigen wir eine *nicht-rationale* Erklärung. Deshalb teilen wir beide die Auffassung, daß die Bibel von *Gott* durch die Hand des *Moses* verfaßt worden ist.«

Ob sich Katz und Wiener darüber im klaren sind, für ihre kühne Behauptung keinerlei Beweise vorlegen zu können, die unwiderlegbar ihre »göttliche« Zuweisung zu stützen vermag? Wir wissen es nicht, hatten leider auch nicht den Vorzug, beide Herren persönlich kennenzulernen. Dennoch möchten wir unsere Zweifel an der wissenschaftlichen Haltbarkeit ihrer Erkenntnis nicht verhehlen. Eher scheint es hier doch so zu sein, daß eine derartige Annahme wohl lediglich dem religiösen Bedürfnis der Forscher entsprungen sein dürfte, das zweifellos außergewöhnliche Ergebnis ihrer Computeranalysen »sinnvoll« zu interpretieren. Sicher hingegen ist, daß die Computer-Technologie dem Bibelstudium und nachfolgender wissenschaftlicher Deutung der Heiligen Schrift eine neue packende Dimension verliehen hat.

Wenn wir nun von der Tatsache ausgehen, wonach Moses (oder vielleicht Esra) bloß Erfüllungsgehilfen einer *nichtirdischen* Intelligenz gewesen sind – uns darunter aber aus rationaler Überlegung nicht »Gott« als Auftraggeber vorzustellen vermögen –, dann stellt sich die »Gretchenfrage«, *wer* (oder »was«) hinter all dem Sonderbaren zu suchen ist? Die von uns vermutete Antwort ergibt sich aus der Bibel selbst. Bereits der Umstand, daß jene übermenschliche Intelligenz sich quasi eines »Rätselspiels« bediente, um ihre Botschaft, vielleicht sogar ihr Vermächtnis, in Form einer codierten Nachricht weiterzugeben – sie der Generation von Menschen erst zugänglich zu machen, deren Wissende das hierfür erforderliche Know-how zur Entschlüsselung des Übermittelten besitzen –, weist klar und deutlich in eine bestimmte Richtung. Ein göttliches Schöpferwesen hätte sich, so meinen wir, kaum ähnlicher, im Grunde genommen, *komplizierter* Verhaltensmuster bedient. Nicht zuletzt auch deshalb nicht, weil doch ein solcher Gott keineswegs *zeitgebunden* ist, er also nicht gezwun-

gen wäre, für die *Zukunft* zu planen. Behaupten denn nicht sämtliche Religionen der Welt in beschwörendem Ton, ER sei allmächtig, allwissend, *allgegenwärtig?* »Zeit« hingegen stellt immer noch eine kaum zu überwindende Barriere für alle sterblichen Geschöpfe des Universums dar.
Welche *Identität* muß also jener geheimnisvollen »Intelligenz«, die Dr. Katz und Dr. Wiener hinter ihrem biblischen Forschungsprojekt erkannt haben wollen, zugeschrieben werden?
Halten wir uns zwecks Beantwortung dieser Frage an den Bibeltext selbst. An das 1. Buch Moses, die *Genesis,* worin wir nicht »Gott«, sondern *Elohim* begegnen. Dieser Name ist jedoch kein Einzahlbegriff für den kosmischen Schöpfer, sondern muß als Plural, als *Mehrzahlwort,* verstanden werden. In der Urfassung des Pentateuch ist ausnahmslos von *den* (und nicht »dem«) Elohim die Rede. Sie spricht von »Göttern«, die Himmel und Erde geschaffen haben sollen, und wir finden in den alten Texten noch die ursprüngliche Fassung jenes Schöpfungsaktes, der uns Menschen in die Welt setzte. Deutlich wird da von den »Elohim« verkündet: »Lasset *uns* Menschen machen, nach *unserem Abbild,* uns *ähnlich* ...« (Gen. 1,26) Und später dann, als Adam und Eva das Verbot übertraten, von den Früchten des Baums der Erkenntnis von Gut und Böse nicht zu essen, erkannten die Elohim bedauernd (Gen. 3,22): »Der Mensch ist jetzt wie einer von *uns* geworden, da er Gutes und Böses erkennt ...«
Was immer damals geschehen sein sollte und im Bibeltext bloß in allegorischer Form überliefert worden ist, läßt erkennen, daß jene Götter offensichtlich um ihre Vorherrschaft fürchteten und in Sorge darüber gerieten, von einer fortgeschrittenen Menschenrasse womöglich überflügelt zu werden (Gen. 3,22: »Nun geht es darum, daß er nicht noch seine Hand ausstrekke, sich am Baum des Lebens vergreife, davon esse und ewig lebe.«). Die rigorose Verhinderung dieser menschlichen Anmaßung – wie immer sie auch erfolgt sein sollte – hat sich in den »heiligen Büchern« rund um den Globus lediglich sym-

bolhaft erhalten: Als die Vertreibung aus dem Garten Eden, dem »Paradies«.
Handelte es sich bei den Elohim wirklich um »Götter«? Um unsterbliche, allmächtige Wesen? Drei Theologen haben darüber eine eigene Meinung. Sie führen uns auf die richtige Spur:

- Dr. *M. Buchberger* bezeichnete bereits 1931 in seinem »Lexikon für Theologie und Kirche« (3. Band) die Elohim als *göttliche Menschen.*
- *P. van Imschoot,* ein Holländer, definierte im 1. Band seiner »Theologie de l'Ancien Testament« die Elohim als *Synonym* für solche Menschen, die mit *göttlicher Kraft* gesegnet seien.
- Dr. *Ferdinand Dexinger,* Exeget aus Wien, verallgemeinerte diese letztere Aussage noch dahingehend, als er bei den Elohim von *Menschen* spricht, die *außerordentliche Kräfte* besaßen.

Sagen wir es deutlicher: Die Elohim waren Wesen aus Fleisch und Blut, wie wir auch, und ebenso verwundbar und sterblich. Nur in einem unterschieden sie sich von uns Menschen:
Sie stammten nicht von diesem Planeten! Die Elohim waren unzweifelhaft *außerirdischer* Herkunft, Besucher aus dem Kosmos. Diese extraterrestrischen Intelligenzen standen an der Wiege der Menschheit, haben auf unserer Erde manches bewirkt – und haben letztlich auch in den historischen und religiösen Niederschriften weltweite Spuren hinterlassen.
Noch dramatischer verhält es sich wahrscheinlich mit jenem codierten Text aus dem Pentateuch, dessen Entschlüsselung wir den beiden israelischen Exegeten Dr. Katz und Dr. Wiener zu verdanken haben. Seine Interpretation könnte durchaus unser religiöses Weltbild verändern. Vor allem dann, wenn sich bestätigt, daß hinter diesem Schriftgut keine göttliche Weisung zu suchen ist, sondern das Vermächtnis, vielleicht auch eine Botschaft jener übergeordneten nichtmenschlichen *außerirdischen* Intelligenz.
Dann wäre es völlig unbedeutend, ob diese Elohim aus einem

fremden Sonnensystem ihre Anliegen dem Propheten *Esra* und seinen 120 Schreibern diktiert haben – oder jenem Ägypter, der später als Patriarch und Anführer einer stattlichen Schar vertriebener Israeliten Geschichte schrieb. Ob es auf dem Berg Sinai geschehen ist, zu dessen Gipfelplateau er demütig emporstieg, um dort oben universell gültige »zehn Gebote« entgegen zu nehmen? Und wo er 40 Tage und 40 Nächte verblieb, Anordnungen der Elohim empfing und vielleicht der Aufforderung seiner Auftraggeber nachgekommen war, die Urfassung des Pentateuch nach ihrer Vorstellung zu ermöglichen? Vielleicht hält dieser codierte Text auch darüber eine befriedigende Antwort bereit, die imstande ist, Genaueres über die eigentlichen Hintergründe zu verraten, welche zu der Berufung eines wegen Mordes geflüchteten, unehelichen Pharaonensohnes geführt haben. Die den jungen, auch wissenschaftlich ausgebildeten Priester zu einem willfährigen Handlanger außerirdischer Pläne und Interessen werden ließen, der sich letztlich jeder Anordnung der Elohim beugte.
»Rabbi Moses, schreiben Sie!«

14 Zeugen einer fernen Zeit

Yetis, Bigfoots, Vorzeitmonster

Zwischen Tibet und Indien ragt das höchste Gebirge der Erde in den Himmel – der *Himalaja.* Dieses tertiäre Falten- und Kettengebirge erreicht eine Länge von 2500 Kilometern und ist 220 Kilometer breit. Seine Kammhöhe erreicht 5500 Meter, der Gipfel des Himalaja hingegen erreicht sogar die stolze Höhe von mehr als 8000 Metern. Nur wenige Unentwegte gelangten bisher in die oberen Regionen der »Stätte des Schnees«, wie der Name »Himalaja« übersetzt werden muß.

Die unwegsamen Schluchten seiner Täler, die schnee- und eisbedeckten Höhen seiner Kämme – vom Gipfel gar nicht zu reden – sind fast unberührt. Dennoch scheint es dort oben nicht so einsam und menschenleer zu sein, wie gerne angenommen wird. Seit Jahrhunderten hält sich in den besiedelten Gebieten rund um den Himalaja das hartnäckige Gerücht von der Existenz rätselhafter Wesen. Sie werden von den Einheimischen *Yetis* genannt und hausen angeblich, jeden Kontakt mit ihrer Umwelt vermeidend, in den einsamen Gebirgsregionen.

Manche Bergsteiger behaupten, schon irgendwann einen Yeti erspäht zu haben, und es gibt auch Fotografien, auf denen riesige Fußspuren zu erkennen sind. Beweise für die tatsächliche Existenz der Schneemenschen sind aber bislang nicht erbracht worden. Für die Besiedler jener Landstriche im Einflußbereich des Himalaja – Tibeter und Nepalesen – gibt es sie jedoch, die Yetis. Und weil auch einige besonders risikofreudige Extrembergsteiger daran glauben, sind Tibet, das »Dach der Welt«, und Nepal zu einem bevorzugten Einzugsgebiet ausländischer Himalajaexpeditionen geworden, die es sich in den Kopf gesetzt haben, ein Exemplar der im Verborgenen leben-

den Rasse aufzuspüren. Dazu nehmen sie mit besonderer Vorliebe die Dienste der *Sherpas,* Abkömmlinge eines mongoliden Bergstammes im Himalajagebiet, in Anspruch. Sie dienen den Forschern sowohl als Bergführer als auch als Lastenträger und sie sind zudem eine wertvolle Informationshilfe. Oft schon haben die Expeditionsteilnehmer von ihnen Näheres über das Aussehen der Yetis erfahren. Der Beschreibung nach handelt es sich dabei um merkwürdige, riesige Geschöpfe, die insgesamt weder menschen- noch affenähnlich wirken. Ihr Körper soll mit harten borstigen Haaren von rostbrauner bis schwarzer Färbung bedeckt sein, dazu ein plattes, affenartiges Gesicht und ein nach oben hin zugespitzter Kopf.
Gibt es auch von den Yetis vorläufig keine beweiskräftigen Aufnahmen, so existieren andererseits uralte Malereien, die über Schneemenschen angefertigt wurden und die an den Wänden des Klosters *Tengpoche* nachgeprüft werden können. Auch jahrhundertalte tibetische sowie chinesische Schriftrollen geben Zeugnis von den Yetis, enthalten genaue Abbilder ihres Aussehens, parallel modernen Beschreibungen solcher seltsamen Geschöpfe.
Die vermutlich erste Beobachtung von einem dieser Bergbewohner stammt aus dem Jahr 1832. Der britische Regierungsbeamte *B. H. Hodgson* will eines der Wesen mit eigenen Augen gesehen haben. Später berichtete er, daß einige seiner nepalesischen Träger, die ihn auf seiner Tour durch die Himalaja-Bergwelt begleiteten, Hals über Kopf die Flucht ergriffen hätten, als sie in einiger Entfernung eines dieser behaarten Ungetüme ansichtig geworden waren. 1889, 57 Jahre später, entdeckte Major *L. A. Wadell* Fußspuren eines Menschen, die ihn frappierten. Ihre Größe wies auf ein Geschöpf von riesigen Ausmaßen hin, das noch dazu *barfuß* gegangen sein mußte. In Einöden, wohin sich niemand wagte.
Ähnlich mysteriöse Fußabdrücke stachen auch der ersten Expedition auf den *Mount Everest* ins Auge, als sie 1921 das Llakpa-La in 6000 Meter Höhe erkundete. Der Himalajaforscher *N. A. Tonbazi* wiederum will vier Jahre danach sogar

Eine Yeti-Darstellung aus dem 18. Jahrhundert. Die Inschrift darauf konnte mit der Bezeichnung »Waldmensch« übersetzt werden.

einen echten Yeti auf dem 4500 Meter hohen *Zemu-Gletscher* erblickt haben.
Aber das blieben alles Aussagen ohne Beweiskraft, und sie wurden von anderen Hochalpinisten in wenig kollegialer Form auch durchweg angezweifelt. Erst der Brite *Don Whillans* sowie sein Seilgefährte *Douglas Haston* brachten die Schneemenschen wieder in aller Munde, als sie 1970 ein Foto veröffentlichten, auf dem in unzweideutiger Weise eine riesige Fußspur abgebildet war. Sie konnte, laut den beiden Himalajabesteigern, nur von einem Yeti herrühren – und so, als ob ihm dies auch bestätigt werden sollte, bekam Whillans ein derartiges Monstrum bald darauf wirklich zu sehen. In seinem Bericht beschrieb er diese unglaubliche Begegnung: »Ich schaute dem Yeti etwa 20 Minuten lang zu, holte sogar das Fernglas und erkannte ein schwarzes affenartiges Wesen. Plötzlich aber sprang es davon, als hätte es gemerkt, daß es beobachtet wurde. Dabei legte die Gestalt noch fast einen Kilometer zurück, ehe sie im Schatten eines Felsens verschwand.«
Gerade Don Whillans konnte man in keinem Fall Wichtigtuerei anlasten. Er gilt als seriös, kritisch und besonnen und besitzt überdies einen hervorragenden Ruf als Alpinist. Seine Behauptung, einem monströsen Geschöpf, halb Tier, halb Mensch, begegnet zu sein, muß deshalb ernst genommen werden. Und doch gibt es gewichtige Gegenstimmen, die die Existenz eines derartigen Mischwesens bezweifeln. So zum Beispiel der Wiener Universitätsprofessor Dr. *Horst Seidler*, der sich erstmals zu Wort meldete, als im Herbst 1986 die Meldung über die Fernschreiber ging, Rekordkletterer *Reinhold Messner* wäre im Norden Tibets, in 4200 Meter Höhe, fündig geworden und habe ein zwei Meter großes behaartes, fast schwarzes Monstrum gesehen, das sonderbare Pfeiflaute ausgestoßen hätte. Der aus Südtirol gebürtige Bergsteigenthusiast war sich sofort sicher, einen Yeti im Blickfeld zu haben, erstmals einem Schneemenschen begegnet zu sein. Anders dachte der Wiener Pädagoge. Alles sei bloß auf eine Halluzi-

nation des Betreffenden zurückzuführen, meinte Professor Seidler selbstsicher – ausgelöst durch extremen Sauerstoffmangel in großer Höhe. Und der Wiener Sportmediziner *Ludwig Prokop* ging mit Messner noch härter ins Gericht, als er unterstellte: »Bei Sauerstoffmangel gehen zwangsläufig Gehirnzellen zugrunde. Das Problem mit der Höhe beginnt bei den meisten schon bei 5000 Metern, da kann sich die Höhenkrankheit einschleichen und auch von sonst durchaus selbstkritischen Personen unbemerkt bleiben.«

Auch wenn von wissenschaftlicher Seite an dieser Beurteilung nichts auszusetzen ist, muß doch angemerkt werden, daß Reinhold Messner zum Zeitpunkt seiner behaupteten Sichtung die kritische Höhe von 5000 Meter noch gar nicht erklommen hatte. Ganz abgesehen von der Tatsache, die für den Höhenrekordler zu sprechen scheint, zuvor sämtliche Achttausender *ohne Sauerstoffgerät* bezwungen zu haben.

Der Wiener Zoologe Dr. *Pucher* vom Naturhistorischen Museum beschäftigte sich besonders mit den Fußabdrücken, die Messner während seiner Klettertour fotografiert und einem Yeti zugeordnet hatte. Seiner Meinung nach handelt es sich dabei jedoch um eine *Bären*fährte, denn er will auf den Fotos deutlich *Krallen*abdrücke erkannt haben, die von einem solchen Tier herrühren dürften. Er hat (wie auch die anderen Messner-Antipoden) einen prominenten Fürstreiter, der gleichfalls derartige Sichtungen verwirft – den Tibet-Experten und Reiseschriftsteller *Heinrich Harrer.* In seinem Buch »Der Himalaja blüht« vermerkt er kritisch: »Auf allen meinen Expeditionen halte ich Ausschau nach Spuren des sogenannten Yeti oder Schneemenschen. Für mich ist es ganz klar, daß es ihn nicht gibt und daß die bisher entdeckten Spuren eine ganz andere Herkunft haben.«

Wem also sind jene rätselhaften Fährten im Schnee der Himalaja-Regionen zuzuschreiben? Stammen sie von den dort ansässigen *rotfelligen Bären?* Oder von hier ebenfalls beheimateten *Languraffen?* Auch die *Alpendohle* wird gelegentlich als Lösungsvorschlag herangezogen – und nicht zuletzt verdäch-

tigt man auch den sich allerdings nur höchst selten zeigenden, fast schon sagenhaften *Schneeleoparden.* Seine Abdrücke zeigen aber kaum Gemeinsamkeiten mit den fotografierten Fußspuren, die ein Yeti hinterlassen haben soll. Zwar wird dem entgegengehalten, daß »Fußabdrücke in Schnee und Eis infolge Sonneneinstrahlung und der dadurch bewirkten Ausschmelzung sich stark vergrößern«, doch gilt dies lediglich für *ältere* Fährten. Dutzende Abbildungen zeigen hingegen *frische* Spuren von beachtlichen 40 Zentimetern Größe.
Der Zoologe *W. Tschernezky* vom Londoner Queen Mary College analysierte gerade erst fotografierte Fährten und verglich diese mit Hilfe eines von ihm rekonstruierten Modells mit Fußabdrücken eines Gorillas sowie solchen fossiler und neuzeitlicher Menschen. Das Ergebnis war eindeutig: Im Gegensatz zu Spuren von Bären und anderen uns bekannten Tierarten zeigen die des Yeti-Modells zwei typische Besonderheiten: Man kann in ihnen den Abdruck einer ungewöhnlich breiten zweiten Zehe sowie den eines auffallend kurzen Mittelfußknochens erkennen. Tschernezky schließt daraus, daß es sich bei den Yetis in Wahrheit »um riesenhafte, schwer gebaute zweibeinige Primaten handelt, die wahrscheinlich dem fossilen *Gigantopithecus* nahestehen«.
Allerdings beantwortet auch das nicht die Frage, welcher wirklichen Abstammung diese Schneemenschen nun eigentlich sind. Als sogenannte »Primaten« werden nämlich sowohl wir Menschen als auch die Affen angesehen. Deshalb ist es ziemlich unwahrscheinlich, daß derartige Mischwesen, für welche die Yetis von verschiedenen Leuten gehalten werden, sich so lange Zeit – über Jahrhunderte hinweg – sämtlichen Nachforschungen zu entziehen vermochten und es auch niemandem gelang, wenigstens eines Exemplars jener Gattung habhaft zu werden.
Edward W. Cronin jun., einer der Forschenden, die sich an Yeti-Expeditionen beteiligten, meint die Antwort zu wissen. Er hält alle Schneemenschen für *Nachttiere,* die sich »wie viele andere große Säugetiere in ihrem Lebensraum von uns

Menschen gestört fühlen«. Diese Kreaturen würden wahrscheinlich tagsüber in ihren Verstecken schlafen, vermutet der Alpinexperte, und erst des Nachts auf Nahrungssuche gehen.

Welches schlüssige Beweismaterial ist vorhanden, um die wirkliche Existenz der Schneemenschenart zu untermauern? Wir kennen *drei* Kategorien. Sie untergliedern sich in

- Augenzeugenberichte,
- Fußspuren,
- Knochenfunde und Tierhäute.

Die Glaubwürdigkeit von Augenzeugen läßt sich selbstverständlich anzweifeln. Auch die vorliegenden Fotografien angeblicher Yetispuren sind anfechtbar. In den vergangenen Jahrzehnten sind Bilder dieser Art lawinenmäßig angewachsen. Die meisten davon müssen wohl als Irrtum oder Fälschung angesehen werden. Erste derartige Aufnahmen entstanden bereits 1937. Damals behauptete ein Engländer namens *F. S. Smithe,* er habe seine Fotos in 5000 Meter Höhe aufgenommen. Noch erstaunlicher waren jene der beiden Hochalpinisten *Eric Shipton* und *Michael Ward.* Sie fotografierten im Jahr 1951 mehrere Fußabdrücke in einer kristallinen Schneeschicht auf eisigem Untergrund. Als exakten Größenvergleich zur Spur benützten sie einen Eispickel. Der Fußabdruck war 29 Zentimeter lang und 17 Zentimeter breit, woraus die beiden Bergsteiger ableiteten, daß der Yeti mindestens zwei Meter groß sein müsse.

»Ich habe von vielen Alpinisten unzählige Geschichten über unheimliche Schneemenschen gehört«, schrieb Eric Shipton zehn Jahre nach dieser sensationellen Entdeckung im Vorwort zu *Odette Tschernines* Buch »The Snowman and Company«, um zu ergänzen: »Viele wollen vor mir riesige Fußabdrücke im Schnee gesehen haben. Auch die einheimische Bevölkerung war fest davon überzeugt, daß der Yeti tatsächlich existiert. Ich hielt diese Kreatur allerdings für ein Phantasieprodukt. Dann stieß ich selbst mit meinem Freund Michael Ward im Menling-Becken auf diese seltsamen Spuren. Sie waren frisch, und der Abdruck der nackten Füße hob sich so deutlich ab, daß ich jetzt selbst an ein Wesen glaube, das im ewigen Eis des Mount Everest wohnt. Es gab keinen Zweifel. Kurz vor uns mußte an dieser Stelle ein riesiges Geschöpf gegangen sein.«

Ein Monster aus der Steinzeit? Nicht wenige Yetiforscher sind davon überzeugt. Eigens hierfür ausgerüstete Expeditionen begannen im Himalajagebiet nach den Schneemenschen zu suchen. Dazu gehörte auch der bekannte amerikanische Zoologe und Professor an der Harvard-Universität in Cambridge (Massachusetts) *Stephen Jay Gould.* Der an der berühmtesten, 1936 gegründeten Hochschule in den USA lehrende Pädagoge, hat in den vergangenen eineinhalb Jahrzehnten sämtliche Daten und Niederschriften über Yetis gesammelt. Anfang 1989 machte sich Gould mit einer der bislang aufwendigsten Expeditionen auf den Weg in das Gebiet des Mount Everest. Dort hofften der Wissenschaftler und seine Leute endlich einen jener sagenhaften Schneemenschen aufzuspüren und aus dem Versteck zu locken. Vergebliche Liebesmüh', wie wir inzwischen zur Kenntnis nehmen mußten.

Professor Gould war nicht der erste Forscher gewesen, der ohne konkreten Beweis für die Existenz der Yetis aus der Himalajaregion zurückgekehrt war. Bereits 1954 hatte es eine ähnlich groß angelegte Suchaktion gegeben – von einem Team angesehener Alpinexperten in Tibet in die Wege geleitet, das von der hochseriösen englischen Tageszeitung »Daily Mail« zusammengestellt worden war. Zwar gelang es damals den Leuten, vier weit auseinanderliegende Fährten unbekannter, offensichtlich ausnehmend großer Wesen zu entdecken und auf Film zu bannen, aber die so sehnsüchtig erhofften Yetis ließen sich nicht blicken. Nicht besser erging es drei Jahre danach einer Expedition, die die beiden amerikanischen Millionäre *Thomas Slick* und *F. Kirk Johnson* finanziert hatten. Auch sie wurde ein Flop.

Ganz große Erwartungen setzte man schließlich 1960 in das Vorhaben einer Forschungsgruppe, die den Mount-Everest-

Bezwinger Sir *Edmund Hillary* begleitete. Zielbewußt wurden vor allem jene Hochtäler im Himalajagebiet durchstreift, aus denen die häufigsten und zuverlässigsten Berichte über angebliche Begegnungen mit den geheimnisvollen Bewohnern dieser Gegend vorlagen. Aber wieder schien sich kein Erfolg einstellen zu wollen. Dann aber gab es ein erstes »Lebenszeichen«: In dem Dörfchen *Khumjung* zeigte man Hillary und seinen Begleitern ein kappenförmiges Hautstück mit rotbraunen Haaren und behauptete steif und fest, mit diesem Relikt einen echten Yeti-Skalp zu besitzen. Es läßt sich denken, mit welcher wissenschaftlichen Gier die Expeditionsteilnehmer nach diesem Happen schnappten. Sie erbaten sich nach längerem Verhandeln mit den Dorfältesten die Erlaubnis, das kostbare Stück – von den Einheimischen wie eine Reliquie verehrt – sechs Wochen lang mit wissenschaftlicher Genauigkeit zu untersuchen. Das Ergebnis war ernüchternd: Eine methodische Analyse unter dem Mikroskop entlarvte den angeblichen »Skalp« als das Fell einer tibetischen Bergziege! »Wir haben zwar keinen Yeti gesehen«, bemerkte dazu später *Desmond Doig,* einer der Expeditionsteilnehmer, mit süß-saurer Miene, »aber andererseits bekamen wir ja auch keinen Schneeleoparden zu Gesicht – und den gibt es nachweislich.« Man sei während der ganzen Suchaktion in den Bergtälern fast keinem Lebewesen begegnet, ließ er die Pressevertreter nach der Rückkehr des Hillary-Teams wissen, um dann resignierend festzustellen: »Unser Suchtrupp war wohl zu zahlreich und dadurch viel zu unbeweglich.«
Sir Hillary selbst bezeichnete später einmal, aufgrund des gefälschten »Skalps«, die Existenz von Yeti-Monstern als erfundene Legende. Eine Legende freilich, die nicht umzubringen ist und sich ebenso hartnäckig behauptet wie die des sagenhaften Loch-Ness-Ungeheuers. Immer wieder hört man vom Auftauchen der Schneemenschen – und das nicht nur in Nepal oder Tibet. Auch im hohen Norden der früheren Sowjetunion wurden sie gesichtet. Zuletzt im Winter des Vorjahres in *Kargupul* von einem russischen Soldaten, der angab, zwei

solchen merkwürdigen Gestalten nahegekommen zu sein. Die Russen nennen ihren »Yeti« *Almasti,* wobei sich diese Geschöpfe von ihren nepalesischen und tibetischen »Brüdern« in gewisser Weise unterscheiden. Die Almastis gleichen der Beschreibung nach, im Gegensatz zu den eher affenähnlichen Yetis, mehr uns Menschen. Sie hausen im unwegsamen Bergland des *Kaukasus,* wurden aber auch schon im *Altai* sowie in der mongolischen Wüste *Gobi* angetroffen. Über sie gibt es unzählige Gerüchte.

Igor Tazl, Leiter jener sowjetischen Expedition, die in den Sommermonaten des Jahres 1979 die Suche nach den Almastis aufgenommen hatte, behauptet, eines dieser geheimnisvollen Geschöpfe gesehen zu haben. Damals biwakierte er mit seiner Crew in den *Gissarbergen* nahe der sowjetisch-afghanischen Grenze. Während der Nachtstunden des 21. August hatten sie ungebetenen Besuch. Das merkten die Leute bei Tagesanbruch, als sie rings um ihren Lagerplatz gewaltige Fußspuren entdeckten, deren Verursacher ganz offensichtlich Plattfüße aufzuweisen hatten. Die Unbekannten lebten auf großem Fuß, das ergab ein Abguß der Gipsabdrücke: 34 Zentimeter Länge, 16 Zentimeter Breite muß der Fußumfang der Eindringlinge betragen haben, was auf eine riesenhafte Statur schließen läßt.

Auch wenn, von Igor Tazl abgesehen, kein anderes Expeditionsmitglied optische Bekanntschaft mit einem Almasti machen konnte, ihre Existenz versuchten diese Wesen keineswegs zu verbergen. So berichtete Professor *Igor Burzew,* einer der Teilnehmer, nach ihrer Rückkehr in die Zivilisation von »gewissen Anzeichen eines Fremdeinwirkens«, die sich in Gestalt »entwurzelter Gewächse, Resten von verspeisten Mäusen, großer Exkremente sowie Haaren« gezeigt hätten. Die Haare seien natürlich sofort untersucht worden, mit einem ganz eindeutigen Ergebnis: »Sie stammen zweifellos von einer bislang noch unbekannten Primatenart!«

Was immer auch in der Folge versucht wurde, einen Almasti einzufangen, blieb ein hoffnungsloses Unternehmen. Hinwei-

Die gezeichnete Darstellung eines kaukasischen Primaten. In der Mongolei kennt man diesen Yeti-»Verschnitt« als »Almasti«. Sie hausen im unwegsamen Bergland, wurden aber auch in der Wüste Gobi angetroffen.

se gab es genug. So geriet einer der Dorfbewohner, deren Ansiedlung in unmittelbarer Nähe des Expeditionslagers lag, aus dem Häuschen, als man ihm eine Zeichnung mit einem darauf abgebildeten Schneemenschen zeigte: »Ich habe so ein Monster gesehen«, verkündete er ganz aufgeregt und schilderte sein ungewöhnliches Erlebnis: »Das war beim Schilfrohrschneiden gewesen, als ich ihm begegnete. Eben war ich mit meiner Arbeit fertig geworden, als ich plötzlich spürte, daß irgend jemand hinter meinem Rücken war und mich beobachtete. Erstaunt drehte ich mich um – und erschrak ganz fürchterlich. Da saß auf einem Felsen eine Kreatur, die mich anstarrte. Voller Angst schloß ich die Augen und tastete vorsichtig nach meiner stets griffbereiten Flinte. Das Ungeheuer war nur etwa 15 Meter von mir entfernt. Rasch legte ich an und schoß mit geschlossenen Augen. Erst nach fünf Minuten wagte ich sie wieder zu öffnen – aber der Platz, wo dieses schreckliche Wesen gesessen hatte, war leer.« Anzunehmen, daß der furchtsame Dorfbewohner sein Ziel verfehlt haben dürfte, wobei offen bleiben muß, wer von beiden sich letztlich mehr gefürchtet haben mochte.

Weit über 100 ähnliche Beobachtungen wurden in der Zwischenzeit von Bewohnern der Landstriche rund um das *Pamirgebirge,* in deren Bereich die menschenscheuen Almastis offenkundig ihre Behausungen haben, an verantwortliche Dienststellen gemeldet. Auf diese Weise war es den Behörden möglich, die sehr ähnlichen Beschreibungen zu einem recht detaillierten Phantombild von den Almastis zusammenzufügen. Professor *Boris Portschnew* von der Moskauer Akademie der Wissenschaften hat die wesentlichsten Merkmale der russischen Schneemenschen zusammengefaßt: »Da das Unterhaar fehlt, schimmert stellenweise die Haut durch ... der Schädel wölbt sich kegelförmig auf ... das Gebiß entspricht dem menschlichen, doch sind die Zähne breiter und die Lükken zwischen den Eckzähnen größer ... beim Fassen von Gegenständen werden oft nur Finger und Handfläche, nicht aber der Daumen gebraucht ... sie sind beinahe so schnell wie

Pferde, können auf Bäume klettern und in reißenden Gewässern schwimmen ... Pärchen bleiben zur Aufzucht der Jungen zusammen und suchen vielfach in Löchern im Boden Unterschlupf ... sie riechen unangenehm, können Steine schleudern, aber keine Werkzeuge fertigen und wärmen sich gern an der Glut verlassener Feuer ... sie ernähren sich von Kleintieren sowie Pflanzen und sind vorwiegend bei Dämmerung oder nachts auf Nahrungssuche.«
Aufgrund russischer Untersuchungsergebnisse ist sich die englische Anthropologin Dr. *Myra Shackley* jetzt sicher, hinter das Geheimnis der Almastis gekommen zu sein. Sie erkennt hinter diesen Wesen die letzten überlebenden Exemplare der *Neandertaler,* die man bislang für seit 40000 Jahren ausgestorben gehalten hat. »Ich kann einfach nicht glauben«, beteuert die Forscherin, »daß Yetis und Almastis bloß Phantasieprodukte sind. Selbst dann, wenn man die Hälfte aller Zeugnisse, die angeblich ihre Existenz belegen, verwirft, bleibt immer noch ein stattlicher Rest von Beweismaterial übrig.« Sie sei durchaus willens zuzugestehen, daß die menschliche Einbildungskraft manches zustande brächte – »aber jene unidentifizierbaren Fußabdrücke riesenhafter Wesen sind belegbar, und niemand hat sie sich bloß eingebildet«, kontert Myra Shackley angriffslustig auf abfällige Äußerungen gegenteilig denkender Berufskollegen.
Muß also die Vorzeitforschung nunmehr ernsthaft in Erwägung ziehen, das Geschichtsbild unserer Erde umzugestalten? Das stünde ihr nämlich bevor, sollte es sich unwiderlegbar herausstellen, daß Primaten aus der Stein- und Eiszeit unbemerkt von der übrigen Welt in den unwirtlichen Gebirgsregionen Tibets und Rußlands den Untergang ihrer Rasse überlebt haben. Auch die Evolutionstheorie wäre dann anzuzweifeln. Wie es nämlich scheint, ist vieles in der Entwicklung des Menschen anders verlaufen. Was jüngste Untersuchungen in Israel bestätigen. Skelettreste von Menschen, die in ihrem körperlichen Aussehen durchaus bereits denen der Jetztzeit gleichen (Homo sapiens sapiens), zeigen auch auf, daß unsere

Vorläufer um einige zehntausend Jahre früher gelebt haben müssen als die in der gleichen Region einst ansässigen Neandertaler, deren Knochenreste dort ebenfalls entdeckt worden sind. Was bedeuten müßte, daß jene Gattung Mensch, zu der auch wir uns zählen dürfen, zumindest im Nahen Osten in jedem Fall *vor* den Neandertalern zu vermuten wäre. Was wiederum die Abstammungslehre in Frage stellen würde.

Phantomdarstellung eines tibetischen Yeti aus den Regionen des Himalaya.

Alles deutet darauf hin, daß wir die Ansicht korrigieren müssen, wonach der Mensch (Homo sapiens sapiens) alle Neandertaler verdrängt habe – ganz im Gegenteil: Beide Rassen scheinen mindestens 50000 Jahre nebeneinander gelebt zu haben, ohne daß ein Austausch des Erbgutes stattfand. Trifft das alles wirklich zu, erübrigt sich auch die bisher vorgenommene Einteilung beider Menschenarten in Untergliederungen der Spezies Homo sapiens.
Sollte es sich bei den Primaten im Himalaja sowie im Kaukasus um überlebende Reste von Neandertalern handeln? Wie viele von ihnen sind noch am Leben?
Zoologen auf den Spuren geheimnisvoller Lebewesen aus einer fernen Zeit können heute bereits auf einige erfolgreiche Studien verweisen. So etwa auf die Wiederentdeckung des seltsamen *Coelacanthus,* der uns als *Quastenflosser* zum Begriff geworden ist. Zuvor waren die Wissenschaftler überzeugt gewesen, daß mit den Sauriern auch die Amphibien der Vorzeit ausgestorben und in den Ozeanen nicht mehr nachweisbar seien. Sie hatten sich geirrt. Das machte ihnen jener ungewöhnliche Fund deutlich, der im Jahr 1938 das Licht der Öffentlichkeit erblickte: Ein fast zwei Meter langes Fischfossil mit einem furchtbaren Gebiß in dem molchartigen Schädel. Es war in Südafrika entdeckt worden und gilt als erstes Wirbeltier, das in grauer Vorzeit den Schritt aus dem Wasser gewagt hatte, um danach einen weiteren einzuleiten bis hin zur Entwicklung des Menschen. Erst 50 Jahre nach diesem Fund gelang es einem deutschen Forscherteam, *lebende* Quastenflosser in ihrem kaum erschlossenen Lebensraum im Indischen Ozean zu filmen. Was also spricht dagegen, daß auf unserem Planeten nicht auch noch andere Urzeitwesen überlebt haben könnten? Beispielsweise der dagegen geradezu noch »jugendliche« Neandertaler, dessen Nachkommen wahrscheinlich weltweit verstreut worden sind. In Gestalt der Yetis, der Almastis – oder der »Bigfoots« in Amerika?
Begegnungen mit haarigen Monstern scheinen deshalb keineswegs nur die Ausgeburt phantasiebegabter Spinner zu

sein. In China beispielsweise gibt es an die dreihundert Einwohner, die Stein und Bein darauf schwören, mit einem solchen Wesen zusammengetroffen zu sein. Unter den Augenzeugen befinden sich auch mehrere Wissenschaftler. *Li Jian,* Mitglied einer Studiengesellschaft, die sich mit der Existenz der Mensch-Affen-Kreuzung befaßt, weiß sogar über das Aussehen und die Größe dieser »Wilden von Hubai« – wie jene affenartigen Kreaturen allgemein bezeichnet werden – genauestens Bescheid. Sie sind am ganzen Körper rotbraun behaart und über zwei Meter groß. Ihre Gesichtshaut ist dunkel, die Augenbrauen sind buschig. Dazu eine flache Nase, kahle Schläfen sowie ein üppiger Haarwuchs im Nacken. Man will diese Geschöpfe in vereinzelten Fällen sogar beobachtet haben, als sie Werkzeug benützten. Die »Wilden von Hubai«, mögliche Nachkommen der behaupteten Mensch-Affen-Kreuzung, leben angeblich in den Weiten des mongolischen Gebietes der Wüste *Gobi.*

Nicht immer scheinen Begegnungen mit diesen Vorzeitwesen friedlich zu verlaufen. Zumindest dürfte allein der Anblick eines solchen behaarten Riesen für manchen Betroffenen bedrohlich gewirkt haben. So für den 33jährigen *Pang Gensheng* aus der Provinz Shansi. Im Juni 1977 stand er plötzlich, während er gerade Holz hackte, einer über zwei Meter großen Gestalt gegenüber. Zähneklappernd mußte er sehen, wie der ungebetene Besucher näher und näher kam. »Ich hob sofort meine Axt und war bereit, um mein Leben zu kämpfen«, berichtete der schockierte Mann. »Als das schreckliche Wesen aber noch immer nicht stehenblieb, ergriff ich in meiner Angst einen Stein und schleuderte ihn nach dem Angreifer. Völlig überrascht unterbrach das Monster seinen Gang und rieb sich mit der linken Hand die verletzte Stelle seiner Schulter, wo ich es mit dem Stein getroffen hatte. Dann schlich es, seltsame Laute ausstoßend, endlich davon ...«

Das Zwitterwesen dürfte ebenfalls zu der Gattung der »Wilden von Hubai« gehört haben, doch trotz der sich in diesem Gebiet häufenden Zwischenfälle machen die Behörden keine

Anstalten, die unerwünschten Eindringlinge einzufangen oder unschädlich zu machen. In China denkt man heute vielmehr daran, den Bewohnern der Wüste Gobi schon bald ein eigenes Reservat zuzuweisen. Dafür ist ein bestimmtes Gebiet innerhalb des *Shennongjia*-Naturschutzparkes in der Provinz Hubai vorgesehen – eine, wie man glaubt, hierfür besonders geeignete, gebirgige Region.
Über die riesigen Lebewesen kursieren in China viele alte Sagen. Sie stammen noch aus einer Zeit, als sich das Land unter kaiserlicher Herrschaft befand und »Reich der Mitte« nannte. Bereits im 3. Jahrhundert vor Christus erwähnte der Dichter *Qu Yuan* in einem seiner Werke die Existenz eines »Bergungeheuers«. Es soll nahe von Shennongjia gelebt haben. Aber auch später finden sich in der chinesischen Literatur immer wieder Erzählungen von »haarigen wilden Menschen«, die dort zum Entsetzen der Bevölkerung ihr Unwesen trieben. Sogar die Darstellung eines dieser »wilden Männer« gab es auf einem in dieser Gegend früher einmal existenten Grab aus der Han-Dynastie (206 v. bis 220 n. Chr.). Das wurde jedenfalls durch Kunsthistoriker herausgefunden. 1940 berichtete ein Biologiestudent von einer unheimlichen Kreatur aus dem benachbarten, südwestlich gelegenen *Shansi.* Er behauptete, diese Kreatur selbst gesehen zu haben, nachdem sie von Jägern erschossen worden war.
Neandertaler-Nachkommen scheint es auch auf dem Kontinent *Australien* zu geben. Eingeborene berichten dort immer wieder von riesigen Gestalten, vor denen sie sich fürchten und die es schon seit langer Zeit gäbe. Ähnliches wird auch aus *Neuguinea* bis hinunter nach *Tasmanien* gemeldet. Dort nennt man die Wesen, wenig freundlich, »behaarte Teufelsmenschen«.
Dr. *R. Gilroy,* Direktor des Naturhistorischen Museums von Mount York im Staate Victoria, nimmt solche Erlebnisberichte durchaus ernst. Der Australier appellierte sogar an seine Mitbürger, ihm alle Legenden, Erzählungen oder gar persönliche Erfahrungen mit derartigen »Teufelsmenschen« – Gilroy

nennt sie *Yowie* – mitzuteilen. Sein Interesse besteht nicht zufällig: Gilroy folgt den Spuren der haarigen Urbewohner schon seit mehr als 25 Jahren. Er gründete sogar ein australisches Yowie-Forschungszentrum. Gilroy stützt sich dabei auf Informationen eingeborener Zuträger, deren Vorfahren den Kontinent seit 35 000 Jahren besiedeln. Er glaubt ihre Legenden, wonach die Yowies aus *Asien* gekommen sein sollen. Gilroy verweist in seiner Beweisführung gerne auf historische Aufzeichnungen der ersten europäischen Siedler in Australien, denen zufolge sie »unzählige Male« unfreiwillige Bekanntschaft mit über zwei Meter großen, affenähnlichen Wesen gemacht hatten.

Auch *Afrika* hat seine »Yetis«. Besonders *Kenia* scheint von ihnen frequentiert zu werden. Immer häufiger finden sich Berichte von Jägern und Nomaden, die merkwürdige Begegnungen mit zotteligen Gestalten meldeten. Nach allgemeiner Beschreibung weisen diese Waldmenschen eine dichte Körperbehaarung auf. Einer von ihnen soll sogar eine Mähne besessen haben, die »fast bis zu den Fersen« gereicht hätte. Mehrmals wurde beobachtet, wie die Wesen Tiere mit ihren Keulen erschlugen, zerlegten, um sie danach mit anscheinend gutem Appetit zu verspeisen. Die Soziologin *Jacqueline Roumequere Eberhardt* vom Nationalen Wissenschaftlichen Forschungszentrum in Paris hat solche Fälle untersucht. Sie ist inzwischen von der tatsächlichen Existenz derartiger Affenmenschen (die die französische Forscherin in ihren Berichten einfachheitshalber mit dem Buchstaben *X* titulierte) restlos überzeugt.

Und damit wären wir nun bei einem weiteren geheimnisvollen Monster angelangt, das die Wälder der *Vereinigten Staaten* sowie *Kanadas* unsicher macht und arglose Wanderer und Jäger erschreckt. Es handelt sich um des Yetis berühmtesten »Vetter« – genannt *»Bigfoot«* (Großfuß). So wie seine haarigen Verwandten in anderen Regionen der Erde, ist auch Bigfoot seit vielen Generationen eine legendäre Gestalt in der indianischen Folklore. Es war im Jahre 1811, als der Forschungsreisende *David Thompson* beim Überqueren der Rokky Mountains auf höchst seltsame, etwa 35 Zentimeter große Fußspuren stieß und daraus seine Schlüsse zog. Dem Größenverhältnis der Fährte angemessen, vermutete der Forscher dahinter ein offensichtlich riesenhaftes Wesen, das er – ohne es allerdings selbst gesehen zu haben – treffend, der monströsen Abdrücke wegen, »Bigfoot« taufte. Offenbar hatte Thompson damit einen Stein ins Rollen gebracht, denn seither ist die Flut von Berichten über Spuren oder persönliche Begegnungen mit riesigen und dichtbehaarten Affenwesen nicht mehr abgerissen. Hunderte Augenzeugen haben beschworen, in den Felsregionen der Nordwestküste Amerikas »Bigfoot« gesehen zu haben.

Ganz typisch die Begegnung dreier Holzfäller im Mount Hood National Forest in Nord-Oregon. *Fermin Osborne, J. C. Rourke* und *Jack Cochran* arbeiteten damals auf einer Waldlichtung. Plötzlich fühlte sich einer von ihnen, Cochran, beobachtet. Dieser war gerade dabei, den Kran zu bedienen. Überrascht blickte er auf und bemerkte am Waldrand eine menschenähnliche Gestalt, die ihn aufmerksam betrachtete. Neugierig kletterte Cochran aus der Kanzel des Krans, rief seine beiden Kollegen herbei und machte sie auf das an seinem Platz nach wie vor verharrende Wesen aufmerksam. Erstaunt registrierten die Männer das Aussehen des aufrecht stehenden Geschöpfes. Es war von massiger Figur und dunkel behaart. Fermin Osborne, einer der drei Augenzeugen, gestand später im Polizeibericht ein: »Ich sah das Wesen bei dieser Gelegenheit nicht genau, da es sich gleich darauf rasch in den Wald zurückzog.« Allerdings wurden er und einer seiner Begleiter dafür bald entschädigt. »Tags darauf«, erfahren wir durch Osborne, »als ich mit Rourke wieder draußen war und wir eben beschlossen hatten, eine Arbeitspause einzulegen, tauchte der Behaarte wieder auf. Diesmal wurden wir aber buchstäblich überrumpelt, denn wir waren zum Waldesrand hinübergeschlendert, als das Riesenbiest unerwartet aus dem Unterholz auftauchte. Es war keine zehn Meter von uns entfernt, und jetzt konnten wir es auch, allerdings unfreiwillig, näher betrachten. Es besaß ein dunkles Fell, das nicht nur den Körper, sondern auch den Kopf und sein Gesicht bedeckte, und es war schwer gebaut. Als uns das großgewachsene Ungetüm erblickte, nahm es Reißaus. Rourke jagte zwar sofort hinterdrein, konnte aber das Biest nicht einholen. Er warf ihm lediglich ein paar Steine nach. Also, ein Grizzlybär war das bestimmt nicht – da hab' ich schon zu viele von diesen Untieren gesehen.«

Sehr aktiv war Bigfoot im Juni 1977. Da schockierte er den Busfahrer *Pat Lindquist* sowie vier Passagiere, die mit ihm in der kanadischen Provinz British Columbia unterwegs gewesen waren. Lindquist hatte sich nach seinem unheimlichen Erlebnis völlig verstört bei einer Polizeistelle gemeldet, um dort zu berichten: »Ich war mit dem Bus und vier Fahrgästen auf Tour, als sich plötzlich mitten auf der Straße ein riesiges Wesen breitmachte und uns mit starrem Blick fixierte. Das Ungetüm gab keinen Laut von sich, ließ uns aber nicht aus den Augen. Als ich mich halbwegs gefaßt hatte, versuchte ich das zweibeinige Hindernis von der Fahrbahn zu verscheuchen – und wirklich: es machte unversehens kehrt und verschwand im Gestrüpp des angrenzenden Waldes. Ich wollte mich auf keine neuerliche Konfrontation mehr einlassen und lief blitzartig zu meinem Fahrzeug und den darin kauernden, verängstigten Passagieren zurück.«

An der angegebenen Stelle auf der Landstraße fanden dann die Polizisten tatsächlich mehrere, etwa 40 Zentimeter große Fußabdrücke – jene abnormalen Spuren, die dem rätselhaften Waldwesen seinen Namen gegeben haben. Diese abermalige Begegnung mit dem berüchtigten Monster bestätigte nun nachdrücklich die verschiedenen Augenzeugenberichte. Sie sprechen übereinstimmend von einem über zwei Meter großen, etwa 150 Kilogramm schweren und auf zwei Beinen aufrecht gehenden Ungetüm mit unverkennbaren, immer gleichen Merkmalen: platte Nase, braune Haare auf dem Körper, am Kopf und im Gesicht sowie einer grauenhaft riechenden Ausdünstung. »Es stank ungefähr so wie verbranntes Fleisch«, rümpfte der zuvor erwähnte Busfahrer angewidert die Nase, als er auch darüber berichtete.

Begegneten die fünf Leute lediglich einem verwilderten Menschen, einem heruntergekommenen Einsiedler? Oder war es doch Bigfoot gewesen, Abkömmling eines Mischwesens, das der Gattung einer möglicherweise so gut wie ausgestorbenen Art von Menschenaffen angehört? Sich darüber und über jene Leute lustig zu machen, die Bigfoot begegnet sein wollen, wäre wohl zu einfach. Welches Motiv sollten wohl die Betroffenen gehabt haben, derartige Gruselstories zu erzählen, die ihnen letzten Endes eher den Spott als das Verständnis der Öffentlichkeit eingebracht hatten?

Das unheimliche Waldmonster kam auch dem Holzfäller *Glenn Thomas* aus Estacada, Oregon, in die Quere. Auf dem Weg nach Tarzan Springs am Round Mountain hörte er plötzlich ein Geräusch. Das Knacken der brechenden Äste verriet ihm, daß irgend etwas Schweres durch den Wald stapfte. Sicherheitshalber ging Thomas hinter einem Baum in Deckung – und nicht zu früh, denn im nächsten Augenblick sah der Holzfäller etwas, was ihm das Blut gefrieren ließ: »Durch das Geäst konnte ich drei riesenhafte Gestalten erkennen, die nun damit begannen, mit bloßen Händen einen Steinhaufen umzugraben. Ihre Arme waren ebenso behaart wie die ungewöhnlich großen Hände. Alle drei waren kräftig gebaut und unglaublich groß. Offenbar handelte es sich um eine Familie, denn ich vermochte ein männliches, ein weibliches sowie ein etwas kleineres Wesen – wahrscheinlich ihr Junges – zu unterscheiden. Gemeinsam wuchteten sie mehrere Felsbrocken weg und gruben danach fast zwei Meter tiefe Löcher in den Boden. Dann erst erkannte ich, weshalb sie das getan hatten: Der männliche Riese griff mit seinen mächtigen Pranken in die Vertiefungen und holte daraus ein Nest mit Nagetieren hervor. Ich war unfreiwilliger Zeuge, wie sich die drei die Beute schmecken ließen.« Erst als die Bigfoots ihre üppige Mahlzeit beendet hatten, um daraufhin wieder im Wald zu

verschwinden, wagte sich Glenn Thomas aus seinem Versteck hervor.
War auch seine Aussage zunächst von den Polizeibehörden angezweifelt worden, so wurden der zum Tatort geeilte Sheriff und seine Helfer sehr schnell eines Besseren belehrt: Über 30 Erdlöcher wurden gefunden sowie mehrere mindestens 100 Kilogramm schwere Felsblöcke, die offensichtlich aus dem Erdreich gebuddelt worden waren. Zudem stieß man auf zahlreiche tote Murmeltiere, die zuvor wahrscheinlich in ihren Nestern unter dem felsigen Gelände überwintert hatten. All das bestätigte auf das nachdrücklichste die Beteuerungen des Holzfällers, eine Bigfoot-Familie bei ihrer Nahrungssuche beobachtet zu haben. Thomas' Aussage deckt sich zudem mit einer wissenschaftlichen Studie eines Experten des Distriktmuseums von British Columbia. Dieser Fachmann, *Frank L. Beebe,* stellt in seinem Bericht fest: »In allen Wäldern dieser Erde gibt es, je nach Vegetation, Produkte mit wichtigen Aufbaustoffen und Vitaminen, die ebenso für die Ernährung riesiger Affenmenschen ausreichen würden, auch wenn es sich dabei bloß um Vegetarier handeln sollte.«
Nun sind Augenzeugenberichte, so der gute Wille der Zuhörer fehlt, immer anfechtbar. Selbst Spuren wie die im Waldboden – seien sie auch aufgrund ihrer abnormen Größe höchst ungewöhnlich – können die tatsächliche Existenz Yeti-ähnlicher Riesenwesen nicht *beweisen.* Deshalb dürfte die Dunkelziffer jener Personen insgesamt recht groß sein, die ihr unglaubliches Erlebnis lieber für sich behielten (wo auch immer sie ihre erschreckende Begegnung gehabt haben sollten). Einer der Betroffenen nennt den Grund hierfür ganz unverblümt: »Es ist besser, man hält den Mund, sonst meint jeder, man sei verrückt!«
Immerhin: Spuren gibt es zuhauf. Viele der Abdrücke wurden in Gips gegossen. Ihre Sammlung reicht von Alaska bis Mexiko. Besonders beeindruckend ist jene fast einen Kilometer lange Fährte, die 1969 bei *Bossburgh,* Washington, entdeckt werden konnte. Jeder dieser Abdrücke ist 44,5 Zentimeter

lang und 18 Zentimeter breit. Der Anthropologe *John Napier*, der diese Spur sehr gründlich untersucht hat, stellte fest, daß der rechte Fuß des offensichtlich riesigen Wesens *verkrüppelt* war, es aber dennoch imstande gewesen sein dürfte, einen 110 Zentimeter hohen Zaun mühelos zu überklettern.
Ein de-facto-Beweis ist zweifellos der 16-Millimeter-Farbfilm des Ranchers *Roger Patterson* aus dem Jahr 1967. Er drehte ihn in *Yakima* im Staate Washington. Darauf kann eine haarige Gestalt beobachtet werden, deren Aussehen und Verhalten darauf schließen läßt, daß hier eine Gattung des Homo sapiens auf einer Zwischenstufe in der menschlichen Entwicklung stehengeblieben ist. Zwar wirkt die gefilmte Szene durchaus glaubwürdig, aber auch dabei fehlt letztlich der alles überzeugende Beweis, der eine Fälschung restlos ausschließen könnte. Die wissenschaftliche Meinung über den Patterson-Film ist, wie sollte es auch anders sein, ziemlich geteilt. Einer jener Fachleute, der die Echtheit des Streifens einer sorgfältigen Analyse unterzogen hat, ist Dr. *D. W. Grieve*, Dozent für Biomechanik am Londoner Royal Free Hospital. Er ermittelte vor Ort mit einigen sich zur Verfügung stellenden Personen die wahrscheinliche Größe des gefilmten Geschöpfes – *1,95* Meter. Beträchtlich, aber nicht außergewöhnlich. Anders hingegen verhält es sich mit der Schulter- und Hüftbreite des Wesens: Beide liegen weit über den üblichen Maßen des Menschen und ließen Dr. Grieve das zu vermutende Gewicht des Bigfoot bestimmen – mindestens *127* Kilogramm. Auch die gemessene Schrittweite ist außerordentlich groß. Sie beträgt ungefähr *1,07* Meter. Was den Londoner Dozenten schließlich veranlaßte, eine filmische Manipulation auszuschließen, ist der auf dem Streifen dargestellte Szenenausschnitt. Er zeigt eine große behaarte Gestalt sich in eiligen Schritten entfernen, um im Unterholz des Waldes zu verschwinden. Nach Grieves Meinung wäre es für einen normalen Menschen, der sich ein Pelzkostüm angezogen hätte, um mit Schulterpolstern und ausgestopften Körperpartien den Eindruck eines gewichtigen Wesens hervorzurufen, fast un-

möglich gewesen, die auf dem Film erkennbaren, ungezwungenen Körper- und Laufbewegungen nachzuahmen. Zur gleichen Ansicht gelangte auch der in British Columbia lebende Tierpräparator *Robert Titmus.* Er glaubt genügend berufliche Erfahrung zu besitzen, jedweden Täuschungsversuch zu erkennen. Nach einer eingehenden Prüfung des Filmmaterials gelangte er zu dem Urteil: »Ich kann mir keine Methode vorstellen, wie man diese Fährten hätte fälschen können. Das Gewicht dieses im Film sichtbaren Geschöpfes muß enorm gewesen sein.«

Der Patterson-Film wurde auch in *Moskau* unter die Lupe genommen. Drei russische Spezialisten, die Doktoren *Bajanow, Donskoj* und *Burzew* (das ist jener Professor, der sich mit der Erforschung der kaukasischen *Almastis* befaßt, d. V.), gelangten zu ähnlichen Resultaten wie ihr englischer Kollege. Ihre Nachforschungen ergaben ein Bild des wahrscheinlichen Aussehens des gefilmten Wesens: affenartiger Kopf, kurzer Hals und eine enge Parallele zum *Java-Menschen* – einem affenähnlichen Geschöpf, das im Gegensatz zum frühen Homo sapiens als Tier und nicht als Mensch eingestuft wird. Aus dem Filmausschnitt sei hervorgegangen, gaben die drei Forscher übereinstimmend zu Protokoll (wobei sie sich vor allem auf die dabei erkennbaren, vor Ort gefilmten *Fußabdrücke* beriefen), daß der Bigfoot bei seinem Gang weniger Gewicht auf die Fersen verlagere – wie das bei uns Menschen geschieht –, kein Fußgewölbe besitze und bei der Fortbewegung leicht in den Knien einzuknicken scheine. Bisherige Untersuchungen in den USA haben zusätzlich ergeben, daß im Nordwesten Amerikas durchaus eine solche Säugetierart (gleich dem Java-Menschen) überlebt haben könnte. Ähnlich wie der *Yeti* in Tibet und Nepal, der *Almasti* in Rußland, der *Yowie* in Australien oder sein *chinesisches* Pendant in der Provinz Hubai. Skeptiker werden aber wohl auch weiterhin derartige Berichte ins Reich der Phantasie verweisen – so wie sie schon bisher alle Fakten als Hirngespinste oder Betrügereien verworfen haben. Hartnäckig bleiben sie dabei, auch wenn seriöse Untersuchungen dagegen sprechen, den Bigfoot auf dem Patterson-Film für einen verkleideten Schauspieler zu halten. Alles Unsinn, wie es in diesen Kreisen verallgemeinernd heißt – und wie auch der Höhenrekordler *Reinhold Messner* sein Teil abbekommen hat. Er sei übergeschnappt, behaupten die einen; er sei bloß einer Sinnestäuschung zum Opfer gefallen, urteilen die anderen, oder der Höhenrausch habe ihm einen Streich gespielt, vermuten besonders Ungläubige – auch wenn Messner darauf beharrt: »Daß der Yeti existiert, ist für mich so sicher wie die Tatsache, daß es den Mount Everest gibt.« Für ihn ist der Schneemensch auf dem »Dach der Welt« eine ethnologische Sagengestalt, »zu der es immer noch das lebendige Wesen gibt. Eine Gattung Säugetier irgendwo zwischen Mensch und Affe, die nur überleben kann, weil einige hundert von ihnen existieren.«

Messner mag ins Schwarze getroffen haben, doch daß sich Witzbolde seiner und seiner Yeti-Leidenschaft angenommen haben, vermochte er nicht zu verhindern.

Treffen sich zwei Yetis. Sagt der eine zum anderen: »Sag mal, hast du schon einmal den Reinhold Messner gesehen?« »Nein«, meint der andere, »aber mein Bruder. Der hat sogar mit ihm gesprochen.« »Ach«, entgegnet der andere erstaunt, »dann gibt's den Messner also wirklich?«

15 Das Zauberreich im Untersberg

Unerklärliche Begegnungen mit seltsamen Wesen

Es ist etwas Besonderes um den in die Salzburger Landschaft eingebetteten *Untersberg*. An der bayerisch-österreichischen Grenze gelegen, ist er der nördlichste Gebirgsstock der Berchtesgadener Alpen in den Salzburger Kalkalpen. Sein höchster Gipfel, »Hochthron« genannt, erreicht 1973 Meter. Der Untersberg, ein gegen das nördliche Alpenvorland geneigtes Tafelgebirge, wird von drei Schluchten sowie der sogenannten Mittag- oder Weitscharte, einer Einsattelung, durchzogen. Seine Hauptmasse besteht aus Hauptdolomit, Dachsteinkalk und Liaskalk. Neben Marmor- und Kalksteinbrüchen enthält der Untersberg vor allem eine Unzahl von Höhlen, von denen bisher etwas mehr als 100 erforscht werden konnten. Zu den bekanntesten zählen die Eishöhlen des Berges: die Kolowratshöhle, die Schellenberger Eishöhle, der große und der kleine Eiskeller, die Windlöcher, die Naturfreundehöhle sowie der Schacht beim Zeppezauerhaus.

Um das »Innenleben« des Untersberges ranken sich seit jeher zahlreiche Sagen und Legenden. Allerlei Wundersames wissen sich die Bewohner der umliegenden Gehöfte und Ortschaften darüber zu erzählen. Es wimmelt nur so von unglaublichen Vorfällen und phantastischen Geschehnissen. Man erfährt von Leuten, die – oft gegen ihren Willen – in das Innere des Berges entführt worden sein wollen und darin eines Zauberreiches ansichtig wurden, von dem sie später, nach ihrer Rückkehr in die reale Welt, in märchenhaft anmutenden Schilderungen zu berichten wußten. So wie *Ingomar von Lex*, ein heute 40jähriger Mann adeliger Herkunft, welcher als zweijähriger Knabe eine ungewöhnliche Begegnung gehabt haben will. An einem Maientag, 1956, betrat er eine jener

Höhlen und gelangte so auf unbekannten Wegen ins Zentrum des Untersberges. Was dem kleinen Jungen dort widerfahren ist, hat Ingomars Vater dankenswerter Weise aufgeschrieben und dadurch der Nachwelt erhalten.
Baron *Hjalmar von Lex* besaß zu dieser Zeit, 1956, ein hübsches Haus an der Südseite des Untersberges. Am Waldesrand gelegen, war es ringsum von Wiesen umsäumt. Somit ein ideales Terrain für seinen damals gerade zweijährigen Sohn, der hier die Möglichkeit hatte, den ganzen Tag lang unbeschwert und von jedem Straßenverkehr ungefährdet umherzutollen. Gedanken um das Wohlergehen des Knaben mußte sich der Baron ebenfalls nicht machen, denn Ingomar besaß einen Spielgefährten, der keinen Fußbreit von der Seite seines unternehmungslustigen Herrchens wich, es vor fremden Zugriffen beschützte und somit als idealer Wachhund fungierte – *Jacky,* der Schäferrüde der Familie von Lex. Das junge Tier hing abgöttisch an Klein-Ingomar.
Für Baron von Lex bestand also kein Anlaß, sich zu ängstigen oder sich über den täglichen Verbleib seines Kindes Sorgen zu machen. Die Gegend rings um Ingomars Zuhause lag abseits anderer Wohnhäuser, war geradezu menschenleer – sah man davon ab, daß gelegentlich der eine oder andere Forstarbeiter oder ein Jäger die Wege des die Umgebung erkundenden Jungen sowie seines vierbeinigen Aufpassers kreuzte.
Zudem war Ingomar verläßlich. Pünktlich fand er sich mittags und abends bei den Eltern ein, konnte sich dabei auf das Zeitgefühl seines treuen Gefährten verlassen. So war es auch an jenem Maientag vor 37 Jahren gewesen. Nach dem Frühstück waren Herrchen und Hund bei prächtigem Wetter losgezogen, Schlag neun Uhr. Entferntes Bellen verriet Baron von Lex, daß alles in Ordnung war, und auch als wenig später Stille herrschte, wurde der Vater keineswegs nervös.
Unruhig wurde der Adelige erst, als Ingomar nicht wie gewohnt mittags nach Hause kam. Auch der Hund ließ sich diesmal nicht blicken. Die Rufe des Vaters verhallten scheinbar ungehört, und auch als sich nunmehr die Eltern auf die

Suche machten, fand sich keine Spur des Knaben. Der Kleine und sein vierbeiniger Begleiter schienen sich in Luft aufgelöst zu haben.

Die Zeit verrann, und inzwischen war es zwei Uhr Nachmittag geworden. Bis dahin hatte es kein Lebenszeichen Ingomars gegeben – dann aber vernahm Hjalmar von Lex mit großer Erleichterung die vertraute Stimme seines Sohnes und im fröhlichen Zweiklang auch das Bellen des Schäferrüden Jacky. »Alles war wie immer«, erinnert sich der Baron. »Ingomar bekundete großen Appetit und war sich seines ungewöhnlich langen Fernbleibens offenbar nicht bewußt. Er glaubte, so wie immer, pünktlich nach Hause gekommen zu sein. Seltsamerweise war aber auch unser Hund dieser Fehleinschätzung erlegen.«

Verständlich, daß der besorgte Vater wissen wollte, wo der Junge so lange gewesen war. »Ich war bei einem Freund«, lautete daraufhin Ingomars arglose Antwort. Erstaunt vernahm es der Baron. Er war ratlos. Um welchen Freund konnte es sich da nur handeln? Hier gab es doch weit und breit keine Nachbarn ...

»Neugierig geworden, ließ ich mir nun diesen sogenannten Freund etwas genauer beschreiben«, erzählt er uns – um danach seinen kleinen Sohn verständnislos anzustarren. Bei Ingomars »Freund« schien es sich nämlich um einen – *Zwerg* zu handeln. Dem war der Zweijährige im Wald hinter dem Haus begegnet und hatte freudig der Einladung Folge geleistet, dem »Zwergel« (wie Ingomar das winzige Wesen ganz unbefangen nannte) zum Untersberg zu folgen. »Aus der Schilderung des Jungen entnahm ich, daß dies im Bereich des ›Drachenloches‹ gewesen sein dürfte«, vermutet Baron von Lex aus heutiger Sicht. Um fortzufahren: »Dort betraten die drei eine Höhle.« Merkwürdigerweise ging auch der sonst so mißtrauische Hund willig mit. Durch einen schmalen Gang (»Da drinnen war es gar nicht finster«, erzählte der Kleine) gelangten sie in das Innere des Berges – bis zu einem kleinen See, wo sich viele Leute aufhielten. »Was denn für Leute?«

fragte der Vater seinen Jungen erstaunt. Handelte es sich womöglich um Höhlenforscher? Ingomar verneinte sofort, und als wäre es ganz selbstverständlich, fügte er hinzu: »Das waren keine gewöhnlichen Leute – die waren alle *durchsichtig!*«

Wahrscheinlich habe er in diesem Moment seinen Sprößling nicht sehr geistreich angestarrt, vermutet Baron von Lex in der Rückerinnerung. Der Zweijährige bekräftigte damals jedenfalls seine ungewöhnliche Beobachtung: »Wirklich, Papa, das waren lauter durchsichtige Leute – ich konnte durch jeden hindurchschauen ...« Keiner von ihnen habe ihm jedoch etwas getan (»Sie waren gar nicht bös'«), beruhigte Klein-Ingomar seinen ziemlich erschrockenen Vater. »Und das Zwergel hat zu mir gesagt, die ›Durchsichtigen‹ würden mich von nun an beschützen«, erfuhr der Baron, dem es damals zunächst die Sprache verschlagen hatte. Später dann seien sie zu dritt – er, das Männchen und der Hund – zum Höhlenausgang zurückgekehrt, erzählte der Junge. Dort habe sich dann »das Zwergel« freundlich verabschiedet. »Weißt du eigentlich, wie lange du im Berg gewesen bist?« wollte der Vater noch wissen. »Ach, nur ganz kurz«, glaubte der Kleine erkannt zu haben. »In Wirklichkeit waren aber seither nicht weniger als *fünf Stunden* vergangen«, korrigierte Baron von Lex die damalige kindliche Annahme.

Ingomar war also auf unbegreifliche Art die Zeit »abhanden« gekommen. Minuten hatten sich zu Stunden gedehnt; die Physik nennt dieses Phänomen – *Zeitdilatation.* Wir begegnen solchen Anomalien nicht selten in spannenden Science-fiction-Stories, aber nicht nur dort: Sie sind seltsamerweise auch in so manchen *Sagen* und *Märchen* zu finden. Wir kennen einige davon – etwa das vom »gläsernen Berg«. Die sonderbare Erzählung wurde im vorigen Jahrhundert von dem aus Meiningen gebürtigen deutschen Märchendichter und -sammler *Ludwig Bechstein* (1801–1860) aufgeschrieben und handelt von einem kleinen Mädchen, das sich in einer der vielen Höhlen verirrte. So gelangte das Kind ins Berginnere und in eine verwunschene Welt, wo es *sieben* Jahre seines Lebens verbrachte. Nach Ablauf der Frist durfte es wieder zu den Seinen zurückkehren. Aber wie groß war der Schrecken, als das Mädchen in sein Dorf nach Hause kam: Nicht sieben, sondern *100* Jahre waren hier seit seinem Weggang vergangen, und niemand, weder die Eltern noch sonst jemand, den die Kleine gekannt hatte, war mehr am Leben. Solche und ähnliche Legenden ranken sich auch um den Untersberg.

Von ihm erzählt man sich seit langem, daß in seinem Innern Kaiser *Karl der Große* auf seine Erlösung warte. Bis dahin schlafe er ihr entgegen. Sein Bart sei währenddessen so stark gewachsen, daß er sich um die Beine des riesigen Marmortisches geschlungen hätte, auf dem Kopf und Arme des Herrschers ruhten. Mit ihm aber schliefe ringsum auch Hofstaat und Volk: Krieger, Gefolgsleute, Bürger und Bauern. Erst wenn die den Berg umfliegenden Raben ihren Flug beenden sollten, weiß die Sage, würde sich der Untersberg donnernd öffnen und der Kaiser mit seinem Heer hervorbrechen, um gegen den »Antichristen« die allerletzte, siegreiche Schlacht zu schlagen.

Nach ihrem Ende aber würde Karl der Große seinen blutigen Schild an jenen Birnbaum drunten auf dem Walser Feld hängen, um Gericht zu halten über die Schurken und Feigen. Salzburgs Bewohner würden danach den Monarchen zu einem seinen Endsieg krönenden Dankgottesdienst in den Mauern der Stadt erwarten. Ungefähr so verkündet es uns der Text jener alten Sage. Allerdings gibt es hier mehrere Varianten. Eine von ihnen läßt beispielsweise auch den rotbärtigen Kaiser *Friedrich I. Barbarossa* gemeinsam mit Karl dem Großen auf die erlösende Endschlacht gegen den Höllenfürsten warten. Leider ist zu befürchten, daß die beiden gekrönten Häupter dazu verurteilt sind, bis ans Ende ihrer Tage im Bergesinnern zu verweilen. Und zwar deshalb, weil jener legendäre Birnbaum schon vor längerer Zeit (angeblich am 7. Mai 1772) gefällt worden sein soll. Andere Quellen wiederum wollen dagegen wissen, daß der ominöse Baum seit Jahrhunderten immer an demselben Platz stets von neuem gepflanzt werde, weil ohne ihn das Erlösungswerk durch Karl den Großen und/oder Friedrich Barbarossa nicht in Szene gehen könnte.

Den Kaiser Karl mit eigenen Augen zu sehen, glückt einem Sterblichen angeblich nur alle 100 Jahre einmal, weiß die Fama. So wie das einem armen Hirtenjungen widerfahren sein soll, der täglich seine Lämmer- und Ziegenherde am Fuß des Untersberges weidete. Wie er eben frohen Mutes auf einem bemoosten Stein saß und an seinem Weidenpfeifchen schnitzelte und ab und zu einen wachsamen Blick auf seine Tiere warf, sei plötzlich wie aus dem Boden gewachsen ein zierlicher Zwerg vor ihm gestanden. Mit heller Stimme habe dieser gefragt: »Heda, lieber Junge, willst du wohl den Kaiser Karl im Untersberg schauen?« Der Hirtenbub war offenbar nicht abergläubisch, denn unerschrocken soll er geantwortet haben: »Das will ich wohl!« Ihm war sofort klar gewesen, einen der Untersberger Zwerge vor sich zu haben, die damals, zu seiner Zeit, angeblich gar nicht so selten den Menschen über den Weg liefen.

Geleitet von dem Männchen folgte der Knabe ohne Zaudern durch Gebüsch und über Felsgeröll, durchwanderte viele Schluchten, bis die beiden schließlich zu einer eisernen Tür gelangten, die fest verschlossen schien. Kein Schloß und kein Schlüssel war daran zu entdecken, doch das Bergmännchen machte nur eine Bewegung mit der Hand – da sprang die Tür unter donnerndem Krachen auf, und der Hirtenjunge befand sich im Innern einer großen, prächtigen Halle mit einem riesigen, glitzernden Gewölbe, das auf vielen hundert mächtigen Säulen ruhte. Die Wände der Halle sollen wie reinstes Silber geglänzt und dazwischen helleuchtende Karfunkelsteine gestrahlt haben. Staunend gewahrte der junge Hirte ringsherum stumm und starr stehende Wächter, die aussahen, als seien sie aus Granit gehauen, und ebenso regungslos lagerten Ritter und Landsknechte, ehernen Bildsäulen gleich, in der weiten Rundung des Raumes.

Der nach einer alten Sage im Untersberg schlummernde Kaiser Karl und sein ebenfalls schlafender Hofstaat. Vor dem Monarchen ein ihm hofierendes Bergmännchen. Die Legende behauptet, daß der Herrscher alle hundert Jahre aus seinem Schlaf erwacht, um zu erfahren, ob der Zeitpunkt gekommen sei, mit seinem Heer zum allerletzten Gefecht gegen den »Antichristen« ins Feld zu ziehen.

In der Mitte des ungeheuer riesigen Saales stand ein goldener Thron und vor ihm ein mächtiger Tisch, auf dem eine schwere Marmorplatte lag. Auf dem Thron saß ein steinalter Mann, dessen Augen wie im Schlummer geschlossen waren. Sein Haupt zierte eine funkelnde Krone, und der silberweiß glänzende Bart des Greises, in dem der Knabe sofort den sagenhaften Kaiser Karl wiedererkannt hatte, floß breit vom Antlitz des Herrschers herab. Schon zweimal hatten sich seine Barthaare um den marmornen Tisch geschlungen. Um den Kaiser herum sah der junge Hirte viele edle Herren, Grafen, Fürsten und geistliche Würdenträger sitzen, mit glänzender Rüstung und kostbaren Gewändern bekleidet, ihre Häupter in die Hände gestützt. Gleich dem Herrscher waren sie, stumm und bewegungslos, in einen schweren, tiefen Schlaf versunken.
Ob dieser Pracht und Herrlichkeit sank der kleine Hirte vor dem Kaiser in banger Ehrfurcht auf die Knie. Da hob der greise Monarch müde sein Haupt, seine Lider taten sich halb auf, und ein traumverlorener, verschleierter Blick traf den erschauernden Knaben. Langsam öffneten sich die Lippen unter dem schneeweißen Bart und mit ehrfurchtgebietender Stimme fragte der Alte: »Sprich! Fliegen wohl zur Stunde die Raben noch um den Berg?« Wie unter einem inneren Zwang erwiderte der Hirte: »Sie fliegen immer noch umher!«
Schmerzerfüllt soll daraufhin der Kaiser sein Haupt gesenkt und mit klagender Stimme gesagt haben: »So muß ich weiterschlafen noch hundert Jahre!« Wieder schlossen sich seine Augen, und er versank in einen tiefen Schlummer. Mit ihm erstarrten auch alle ihn umgebenden Ritter und Herren, die für wenige Augenblicke die Häupter erhoben hatten, als ihr Herrscher erwacht war. Der Zwerg aber winkte dem Knaben, ihm zu folgen, und er führte ihn stillschweigend aus der Halle hinaus und den Weg zurück bis zu der Herde des kleinen Hirten, die sich während seiner Abwesenheit seltsamerweise nicht verlaufen und ruhig auf seine Wiederkehr gewartet hatte. Zum Abschied erhielt der Junge von dem Bergmännchen ein

reichliches Geschenk – dann war der Gnom ebenso plötzlich wieder verschwunden, wie er zuvor erschienen war.
Ein ähnliches Erlebnis soll, erzählt eine andere Sage, auch ein Forstmann gehabt haben, welcher beim Untersberg von der Dunkelheit überrascht worden war. Um irgendwo einen Unterschlupf für die Nacht zu finden, begnügte er sich schließlich mit einer Höhle im Felsgestein. Als er am nächsten Morgen die Höhle näher erkundete, entdeckte der Mann darin einen Fels, aus dem schwerer, glänzender Goldsand rieselte. In dem Felsen aber befand sich eine Tür, die in dessen Inneres führte. Als er versuchte, sie zu öffnen, gab sie nach, und der Forstmann hatte die Möglichkeit, für einige Augenblicke in das Bergesinnere zu blicken. Was er dabei zu sehen bekam, wirkte wie eine eigene Welt, die wie die unsrige ebenfalls von Tageslicht erleuchtet war. Plötzlich sei jedoch die Tür mit einem lauten Krach wieder zugefallen. Im Bergesinnern soll es dabei gedröhnt haben wie in einem großen leeren Weinfaß, glaubte der Forstmann zu vernehmen. Jedenfalls habe seit damals, heißt es, niemand mehr die geheimnisvolle Tür, den Eingang in das Zauberreich im Untersberg, wiedergefunden.
Das seien doch bloß Legenden, wird jetzt mancher mit erstaunt hochgezogenen Augenbrauen abschätzig von sich geben. Alles Horrorgeschichten, aus dem Aberglauben früherer Zeit heraus entstanden, die der aufgeklärte Mensch von heute nicht mehr ernst zu nehmen habe. Aber wie zum Trotz passieren rund um den Untersberg nach wie vor höchst merkwürdige Dinge, die jeder Logik widersprechen und sich nicht »vernünftig« einordnen lassen. So sollen in den dreißiger Jahren des vorigen Jahrhunderts ein Bäcker, ein Fleischer und ein Weinhändler im Berg verschwunden sein. *1702* erschien in Salzburg sogar ein Bericht mit dem Titel »Lazarus Gitschners Aufenthalt im verwunschenen Berg«, der damals für ungeheures Aufsehen sorgte und die angeblichen Erlebnisse eines Stadtschreibers aus dem nahen *Reichenhall* wiedergab. Er selbst hatte sein Abenteuer zu Papier gebracht und in seinem

Bericht behauptet, daß im Innern des Untersberges eine perfekt funktionierende unterirdische Welt existieren soll, die er selbst gesehen hätte.
Durch einen unserer Freunde, den in früheren Jahren im Salzburgischen wohnhaft gewesenen Schriftsteller *Walter Ernsting*, erfuhren wir, daß es solche mysteriösen Vorfälle auch in der Jetztzeit gegeben hat. Er erzählte uns von einem aus Norddeutschland stammenden Ehepaar, das sich einen kleinen Marktflecken am Fuß des Untersberges zur Erholung ausgesucht hatte.
Bei einem ihrer täglichen Spaziergänge entdeckten die beiden den Eingang zu einer der zahlreichen Höhlen. Neugierig wurde dieser Weg ins Innere des Berges betreten, doch bekam es die Frau mit der Angst zu tun und blieb nahe am Höhlenausgang zurück. Nicht so der Ehemann. Mit Hilfe einer Taschenlampe tastete er sich weiter – und schon bald verlor ihn seine Gattin aus den Augen. Als ihr Gespons sich trotz auffordernder Rufe zurückzukehren nicht meldete, machte sich die Frau auf den Rückweg in die Ortschaft. Ihr erster Weg führte sie zur Gendarmerie, wo sie angab, ihren Mann in einer Untersberger Höhle verloren zu haben. Gendarmen und die Bergwacht machten sich auf die Suche, stiegen in die Höhle ein, konnten jedoch keine Spur des verschwundenen Touristen entdecken.
Eine Woche später sei der Verschollene im Ort wieder aufgetaucht, erinnerte sich unser Freund an den zweiten Teil dieser Geschichte. Seiner überglücklichen Frau sowie den Gendarmeriebeamten versicherte er mit Nachdruck, nicht länger als anderthalb bis zwei Stunden in der Höhle gewesen zu sein. Sein noch frisch rasiertes Gesicht und der normale Appetit, den er entwickelte, schienen seine überraschende Aussage zu bestätigen. »Hier könnte es sich wieder um einen schon mehrfach beobachteten Fall von Zeitverschiebung gehandelt haben«, glaubt der allem Phantastischen aufgeschlossene Schriftsteller erkannt zu haben. Ähnlich jenem Geschehnis, das Mitte der siebziger Jahre auch dem Berchtesgadener

Zahnarzt Dr. *Eugen Koeberle* widerfahren sein soll. Koeberle verstarb 1979, aber aus verschiedenen Unterlagen, die uns zugänglich gemacht wurden – so aus einer von ihm selbst besprochenen Tonbandkassette –, geht hervor, daß dieser Mann (der sich auch auf medialer Ebene betätigte) tatsächlich mit einem unglaublichen Geschehnis konfrontiert worden ist, das sich jeder realistischen Erklärung entzieht. Hier nun die (gekürzte und bearbeitete) Wiedergabe seines Tonbandprotokolls:
»Wie schon mehrmals zuvor, war ich am 18. August 1975 auf den Untersberg gestiegen, wo mich zu meinem Leidwesen ein schweres Unwetter überraschte. Es blitzte und donnerte ohne Unterlaß, und der Hagelschlag, der dem Gewitter folgte, zwang mich, so rasch als möglich einen Unterschlupf zu suchen. Zeitweise knöcheltief im Gewässer eines Gebirgsbaches watend, gelangte ich schließlich in die Almbach-Klamm. Als ich mich schon damit abzufinden begann, im Freien übernachten zu müssen, sah ich plötzlich eine einsame Forsthütte. Zwar war das Haus, weil gerade unbewohnt, versperrt, doch rettete mich sein Vordach. Dort gab es sogar eine längere Holzbank, auf der der Eigentümer der Hütte ein Sitzpolster zurückgelassen hatte. So wurde es mir möglich, eine leidlich bequeme Schlafstatt zu finden. Acht Stunden wütete das Unwetter, das mich immer wieder aus meinen Träumen schreckte.
Damals hatte ich eine unvorhersehbare Begegnung, die mich für mein ganzes Leben prägte und von der ich beschwöre, daß es sie wirklich gegeben hat. Als ich gerade wieder einmal aus einem leichten Schlaf gerissen wurde – sah ich vor mir eine kleine Gestalt. Einen Zwerg, wie ich sofort bemerkte. In diesem Moment erinnerte ich mich der zahlreichen Sagen und Legenden, die um den Untersberg seit langem kursieren, erinnerte mich an seltsame Begebenheiten, wo Menschen von Gnomen in das Zauberreich dieses Wunderberges mitgenommen wurden, von dem man auch munkelte, es könnte sich bei diesem Massiv um eine Art Energiezentrum, ja sogar um eine UFO-Basis handeln. Alle diese Gedanken schossen mir beim

Anblick des Wesens durch den Kopf, das mich mit einer stummen Handbewegung aufforderte, ihm zu folgen. Wie unter einem unsichtbaren Zwang erhob ich mich von meiner harten Liegestatt und machte mich mit dem Männchen auf den Weg. Regen und Wind waren mir dabei völlig egal, ich war nur noch bestrebt, den vor mir herstapfenden Zwerg nicht aus den Augen zu verlieren. An einer Höhle im Fels des Untersberges machten wir halt. Wieder winkte mein kleiner Führer, nachzukommen – was ich nur allzu willig befolgte. Aber was ich im Innern des Berges gesehen und erlebt habe, soll und *muß* mein Geheimnis bleiben. Denn so wurde es mir aufgetragen, und so gedenke ich es auch zu halten …«
Eine Woche soll Dr. Koeberle ohne entsprechende Ausrüstung allein im Gebiet des Untersberges zugebracht haben, wird uns berichtet. Nach seiner Rückkehr in die Zivilisation wunderten sich jene, die ihn kannten, daß der Bart des Bergsteigers offensichtlich kaum gewachsen war – so als hätte er lediglich wenige Stunden in der Einsamkeit des Untersberges verlebt. Hatte sich hier abermals das Phänomen einer *Zeitanomalie* ereignet? Was ist damals dem Zahnarzt aus Berchtesgaden an Sonderbarem widerfahren?
»Zeitsprünge« im Bereich dieses Tafelgebirges hat es scheinbar bis in die jüngste Zeit hinein gegeben. Das rätselhafte Verschwinden dreier Münchner im August 1987 machte die phantastische Theorie sogar in einigen Organen der Presse wieder diskutabel, entdeckten doch findige Journalisten in der Wohnung der Verschollenen eine Fülle von Material über dieses strittige Phänomen. Gerüchte und Mutmaßungen waren die Folge. Die Salzburger Ausgabe der »Kronen Zeitung« machte sich in ihrem Lokalteil darüber lustig und veröffentlichte angebliche Gespräche zum Verschwinden der drei Münchner Bergsteiger: »Am Berggipfel unterhalten sich Urlauber auf der Sonnenterrasse, während vorwitzige Dohlen über den Tisch hüpfen, um Brotkrümel zu erhaschen: ›Die sind beim Kaiser Karl‹, sagt der eine und nimmt einen kräftigen Schluck von seinem Bier, und sein Gegenüber pflichtet

ihm bei: ›Die sind wahrscheinlich wirklich in irgendeine legendäre Höhle gestiegen und nicht mehr rausgekommen.‹«
Für den Buchautor *Rolf Wilhelm Brednich* war dieser undurchsichtige Vorfall Anlaß genug, ihn seiner Sammlung »Die Spinne in der Yucca-Palme. Sagenhafte Geschichten von heute« (München 1990) einzuverleiben, wo auf Seite 7 unter dem Titel »Verschwunden am Untersberg« nachzulesen ist:
»Eine Bekannte, die sich intensiv mit dem Übersinnlichen befaßt und auch eine kleine Zeitschrift herausgibt, erzählte mir Ende 1987, daß drei Menschen auf mysteriöse Weise am Untersberg bei Berchtesgaden verschwunden seien. Die drei hätten dort nach geheimnisvollen Plätzen, Höhleneingängen usw. gesucht. Weder Grenzpolizei noch Bergwacht konnten sie finden. Einzig ihr Wagen hätte noch immer in Unterschönberg am Fuße des Berges gestanden. Man hatte sie aufgegeben, vermutet, daß sie in irgendwelchen unerschlossenen Höhlen des Berges verschollen seien.
Dann, drei Monate später, hatte sich einer der drei über Radio Norddeich bei einer Bekannten gemeldet. Er sei, zusammen mit den beiden anderen, in Ägypten aufgetaucht und nun auf einem Schiff auf dem Roten Meer auf dem Weg nach Alexandria. Dort wurden sie auf dem deutschen Konsulat vorstellig, um wenig später nach Deutschland zurückzukehren. Sie hüllten sich über ihre Erlebnisse am Untersberg in Schweigen.«
Brednich nennt als Quelle für seine »sagenhafte Geschichte« eine mündliche Information vom November 1987. Und er vergleicht die Erzählung mit zahlreichen anderen traditionellen Berg- und Höhlensagen. »Sie klingt wie eine alte Sage in neuem Gewand«, meint er, das bislang ungeklärte Ereignis kommentierend. In der Tat ähneln diese »modernen Sagen« (wenn man es so nennen will) recht auffallend dem inhaltlichen Verlauf von historischen Überlieferungen – ganz abgesehen davon, daß der Untersberg keineswegs der einzige Ort zu sein scheint, um den sich rätselhafte und teils unheimliche Legenden ranken.

Ähnliches erzählt man sich auch über den Berg *Shasta* im Norden Kaliforniens sowie über den *Gavea* bei Rio de Janeiro in Brasilien. Da wie dort das gleiche Problem: Menschen verschwinden auf unerklärliche Weise – und wenn sie dann wieder zum Vorschein kommen, behaupten sie, ihre altvertraute Umgebung völlig verändert vorgefunden zu haben. Während sie sich nämlich im Innern des Berges aufgehalten hätten, seien in der »normalen« Welt viele Jahre vergangen (manches Mal ist sogar von »Generationen« die Rede). Die Betroffenen hingegen wollen sich bloß ganz kurze Zeit in einer der Berghöhlen aufgehalten haben.
Der Untersberg soll mehr als 250 solcher Durchgänge enthalten. Wohin führen sie? Birgt das Zentrum dieses Gebirgsstokkes tatsächlich ein außerordentliches Geheimnis? Enthalten all die Sagen und Erzählungen, die um den Berg kursieren, einen wahren Kern? Was darf hinter seinem angeblichen »Zauberreich« vermutet werden? Welche vielleicht erschreckende Wahrheit hält der Untersberg vor uns verborgen? Wird man sein Geheimnis jemals ergründen?
Nimmt man etwa Klein-Ingomars Erlebnisbericht zum Anlaß, um darin einen Realitätsgehalt zu finden, so fällt ganz offensichtlich auf, was der Junge darin von »durchsichtigen Menschen« zu erzählen wußte. Seine Angaben deshalb als reines Phantasieprodukt abwerten zu wollen, vermag aber ebenfalls nicht zu befriedigen. Woher hätte das zweijährige Kind diese doch recht deutliche Beschreibung nehmen sollen? Hätte es sich damals um einen zumindest sechsjährigen Knaben gehandelt, so wäre immerhin der Verdacht gerechtfertigt gewesen, eine solche oder ähnliche Erzählung gehört oder (zum Beispiel in der Schule) gelesen zu haben. Ingomar aber konnte noch gar nicht lesen, und mit zwei Jahren erscheint es doch ziemlich unwahrscheinlich, ihm das Wissen um Wesen zuzutrauen, durch die er hindurchzuschauen vermochte. Ausgenommen dann – wenn er solche (offenbar menschenähnliche) Geschöpfe *tatsächlich* und mit *eigenen* Augen gesehen haben sollte!

Existiert im Untersberg vielleicht eine geheime Basis? Haben die, welche sie zu irgendeiner Zeit angelegt hatten, allen Grund, ihre Anlage zu verbergen? Dienen die märchenhaften Geschichten um die schlafenden Kaiser Karl und Barbarossa lediglich dazu, den wahren Hintergrund um das »Zauberreich« im Untersberg zu verschleiern?

16 Irreale Phänomene

Wie intelligent sind Kugelblitze?

S*ankt Gallenkirch,* eine Streusiedlung im hochalpinen Tal des Montafon im Süden Vorarlbergs. Die Zeiger der großen Kirchturmuhr haben sich harmonisch vereinigt: es schlägt Mitternacht. Dumpfes Grollen aus der Ferne kündigt ein Unwetter an. Es wetterleuchtet am östlichen Horizont, die Gewitterfront rückt langsam näher – logische Folge eines ausnehmend schwülen Sommertages. Es ist eine jener nächtlichen Stunden, die der 21jährige *Werner Burger* wachend verbringt. Er hat sich vorgenommen, das heranziehende Gewitter zu fotografieren. Seine Spiegelreflexkamera hat er vorsorglich auf dem Stativ festgeschraubt und ist damit auf den Balkon seines Elternhauses übersiedelt. Von hier aus hat er einen umfassenden Ausblick nach Osten, wo sich über dem Grappeskogel eine Wolkenbank breitgemacht hat. Erste Blitze zukken vom Himmel; Werner Burger ist dabei, den Fernauslöser an der Kamera zu befestigen. Das wird es ihm möglich machen, eine Reihe von Aufnahmen auf den Film zu bannen.
Der junge Mann hat den Verschluß seiner Kamera geöffnet. Seine Hand hält den Zeitauslöser, bereit, im richtigen Moment aktiv zu werden. Doch es kommt anders. Über ihm ist plötzlich ein seltsames Geräusch. Es erinnert ihn an das Prasseln von Wunderkerzen oder an den Ton, den eine Drahtbürste verursacht, wenn man sie ruckartig über eine Kante zieht. Werner Burger hat keine Zeit, darüber nachzudenken. Ein riesiger Feuerball rast im freien Fall über ihn hinweg und verschwindet hinter dem Nachbarhaus. Es war alles so schnell abgelaufen, daß unser Hobbyknipser vor Schreck den Fernauslöser losgelassen hatte. Zu seinem Glück. »Da der Kameraverschluß offen stand, gelangen einige Fotos, von denen drei durchaus brauchbar waren«, freut sich Burger über sein

dennoch gelungenes Vorhaben. Möglicherweise hätte er aber den belichteten Film »in irgendeiner Schublade« vergessen, wäre da nicht der Aufruf einer Lokalzeitung gewesen. Darin wurden Fotoamateure um Aufnahmen von *Kugelblitzen* gebeten und ersucht, sich mit entsprechenden Bildern in der Redaktion zu melden. Jetzt fiel es unserem Nachtschwärmer wie Schuppen von den Augen: Was er da gesehen und fotografiert hatte – war offenbar ebenfalls eines dieser rätselhaften Naturphänomene gewesen, über die sich die Wissenschaft noch nicht schlüssig geworden ist. Eilig kramte er seine drei gelungensten Aufnahmen aus der Ablage und präsentierte sie den Zeitungsleuten. Werner Burger erinnerte sich jetzt auch, daß schon sein (verstorbener) Großvater ihm eine Menge über Kugelblitze zu erzählen gewußt hatte. Die Symptome der seltsamen Himmelserscheinung, die er in jener Gewitternacht sehen und fotografieren konnte, waren ihm unauslöschlich im Gedächtnis geblieben: »Im Gegensatz zu mir vertrauten Blitzschlägen, fehlte dem Feuerball deren blendende Helligkeit!« In jedem Fall war aber das »Exemplar«, das Burger fotografisch verewigte, ein besonders attraktiver Kugelblitz gewesen. Seine Aufnahmen zählen zu den besten, die es derzeit gibt (siehe Bildteil).

Was wissen wir über Kugelblitze? Im Grunde genommen nicht sehr viel. Einer, der sich dieses Forschungszweiges angenommen hat, ist der Wiener Physiker und Tiefenpsychologe Dr. *Alexander Keul.* Er ist um eine Antwort nicht verlegen: »Viele Wissenschaftler, die keinen Zweifel an der Existenz von Kugelblitzen haben, sehen in ihnen atmosphärische Erscheinungen, die im Gefolge eines Gewitters, in keinem Fall unter luftelektrischen Schönwetterbedingungen, auftreten. Die meisten dieser Lichtphänomene sind kleiner als ein Meter. Sie bleiben in der Regel etwa fünf Sekunden sichtbar, um dann plötzlich entweder geräuschlos oder mit lautem Knall zu verschwinden. Manchmal ist bei ihrem Auftreten auch ein zischendes oder knisterndes Geräusch vernehmbar, und ein ozonartiger Geruch macht sich breit.« Wie weit sind Menschen durch Kugelblitze gefährdet? In früheren Abhandlungen wurde er sogar als tödliche Bedrohung dargestellt. Dr. Keul schwächt ab: »Dieses Phänomen ist im Grunde genommen besser als sein Ruf im Volksmund. In einer von mir durchgeführten Analyse von 65 Fällen, die sich in Österreich ereigneten, war kein einziger Hinweis feststellbar, daß Personen durch einen Kugelblitz unmittelbar zu Schaden kamen.«

Die Besonderheit der Kugelblitze besteht darin, daß in der Physik nichts Ähnliches zu finden ist. Dr. *Neil Charman* vom Manchester Institute of Science and Technology charakterisiert das Phänomen in der Zeitschrift »New Scientist«: »Kugelblitze werden nicht von Luftzügen beeinflußt, strömen wenig Wärme aus und drehen sich. Manche von ihnen werden von Metall angezogen. Sie bewegen sich dann an einem Draht oder Zaun entlang. Andere erscheinen in geschlossenen Räumen und bewegen sich problemlos durch Türen und Gardinen. Auch Kamine und Schornsteine sowie Küchenherde üben eine merkwürdige Anziehungskraft auf diese Objekte aus. Besonders verwunderlich sind verschiedene Berichte über ihr Erscheinen in geschlossenen Flugzeugen. In mindestens einem Fall ist eine Kugel in ein Flugzeug eingedrungen und hat es, ohne Schaden zu verursachen, wieder verlassen. Einmal handelte es sich dabei immerhin um ein Tankflugzeug. Die Erleichterung des Piloten, ungeschoren davongekommen zu sein, kann man sich lebhaft vorstellen.«

Dennoch gab es gelegentlich unerfreuliche »Berührungspunkte« mit jenen Kugelblitzen, von denen Leute betroffen waren, die zuvor nicht im entferntesten mit einer derartigen Bedrohung gerechnet hatten – zwei Hausfrauen in England.

Einer der beiden Vorfälle ereignete sich 1975 in *Smethwick*, einer Stadt der englischen Midlands. Dort war eine junge Frau gerade dabei, das Mittagessen fertigzustellen, als plötzlich eine Lichtkugel über ihrem Herd erschien. Sie hatte einen Durchmesser von ungefähr zehn Zentimetern, und ihr Rand leuchtete flammenfarbig. Das Ding strahlte hell und war von purpurblauem Glanz. Der Kugelblitz bewegte sich in etwa einem Meter Höhe genau zum Standort der Frau. Ein Ausweichen war nicht mehr möglich. »Der Lichtball traf mich ungefähr unter der Gürtellinie«, schilderte die erschrockene Engländerin ihr schockierendes Erlebnis. »Als mich die Erscheinung berührte, schob ich sie in einem augenblicklichen Impuls zur Seite – worauf die Kugel verschwand. Wo ich sie unfreiwillig angefaßt hatte, war meine Hand, es war die linke, rot angelaufen und geschwollen. Mir war, als ob sich mein Ehering in den Finger brennen wollte.« Kaum hatte die Hausfrau das lästige Ding entfernt, explodierte der Lichtball und brannte ein kleines Loch in ihren Rock. Sonst aber hinterließ er keinen Schaden.

Ein ähnliches Geschehen berichtete auch das Wissenschaftsmagazin »Nature« in seiner Ausgabe vom April 1976. Auch hier machte sich ein Kugelblitz in der Küche eines Haushalts in *Staffordshire* bemerkbar. Die Köchin sah über ihrem Herd plötzlich einen purpurnen kugelförmigen Körper, der von Feuer umgeben war. Das wie aus dem Nichts erschienene Gebilde besaß die Größe eines Tennisballs und gab ein seltsamrasselndes Geräusch von sich. In der Küche begann es augenblicklich nach Versengtem zu riechen. Entsetzt erkannte die Frau, daß sich die Feuerkugel auf sie zubewegte, und sie versuchte der Bedrohung instinktiv auszuweichen. Im nächsten Augenblick kam es zur Explosion des Eindringlings. Die Spuren, die das Gebilde hinterlassen hatte, wurden später von dem Physiker *Mark Stenhoff* vom Royal Holloway College, Surrey, genau untersucht. Sie zeigten sich in Form eines etwa 7,5 Zentimeter großen Loches im Kleid der Hausfrau sowie durch eine Verletzung ihrer rechten Hand. Jene Hautteile, die mit dem Kugelblitz in Berührung gekommen waren, waren nun rot und geschwollen. Stenhoff schätzte die Temperatur des feurigen Körpers auf etwa 200 Grad Celsius. Bei einer Überprüfung des beschädigten Kleides des Opfers stellte man fest, daß das Stoffmuster an den Rändern des Loches verblichen, der Stoff selbst *geschrumpft* war.

Es konnte nicht ausbleiben, daß sich die verschiedensten Leute aus den unterschiedlichsten Gründen Gedanken über die wirkliche Identität von Kugelblitzen gemacht haben. Bei ihrer Suche nach den Ursachen dieser atmosphärischen Phänomene griffen die beiden britischen Atomphysiker *David Ashby* und *Colin Whitehead* (von der Atomenergie-Forschungsgesellschaft bei *Harwell*) auch auf eine nicht unumstrittene These zurück. Sie halten es nämlich für denkbar, daß Kugelblitze durch winzige meteoritenähnliche Teilchen aus *Antimaterie* gebildet werden und in den oberen Schichten der Atmosphäre entstehen. Beide schlagen vor, eine »hypothetische Barriere« in Betracht zu ziehen, die zwischen Materie und Antimaterie existiere. Andererseits, räumen sie ein, wäre es aber auch möglich, daß kleinere Partikelchen Antimaterie vielleicht sehr stabil und widerstandsfähig sein könnten, wenn sie mit einer relativ geringen Geschwindigkeit durch das All flögen. Käme es dann, theoretisieren Ashby und Whitehead weiter, beim Eintritt in die Erdatmosphäre zu einem Zusammenprall mit Luftmolekülen, so wären diese nicht imstande, die »hypothetische Barriere« zu durchdringen. Die Partikelchen aus Antimaterie – vermuten die beiden Atomphysiker – könnten darüber hinaus durchaus befähigt sein, während ihres Einfluges genügende Mengen von Energie in sich aufzuspeichern – ausgelöst durch besonders heftige atmosphärische Stürme. So käme es dann zu einer Entladung, die zur Bildung eines leuchtenden Balls aus purer Energie führen müßte: dem sogenannten »Kugelblitz«.
In diesem Zusammenhang scheint es interessant, zu erfahren, daß manche Wetterforscher auch die berühmte Explosion in der sibirischen Taiga am 30. Juni 1908 – die nach wie vor ungeklärte »Tunguska-Katastrophe« – mit dem Auftreten eines riesigen Kugelblitzes in Verbindung bringen, wiewohl es dafür, anhand des vorliegenden Materials sowie der festgestellten Verwüstungsspuren, keine beweiskräftigen Anhaltspunkte gibt.
Der von uns bereits zitierte *Neil Charman* hat unabhängig da-

von verschiedene Kugelblitzbeobachtungen gesammelt und die davon berührten Zeugen befragt. So beschrieb ein Mann aus *Norwich* einen von ihm gesichteten glühenden orangeförmigen Ball mit einem geschätzten Durchmesser von etwa fünf Zentimetern, der plötzlich durch sein Küchenfenster hereinschwebte, um sodann entlang eines elektrischen Drahtes zu Boden zu gleiten. Unmittelbar darauf erfolgte eine Explosion, die sich (laut dem Augen- und Ohrenzeugen) anhörte »wie ein lautes ›plops‹«. Ein anderer Brite erinnerte sich an ein unheimliches Erlebnis im Freien, als er sich vor einem heraufziehenden Gewitter in Sicherheit zu bringen versuchte und in sein Auto flüchtete. Im nächsten Moment habe er eine glühende Kugel von der Größe eines Fußballs auf das Fahrzeug zuschweben sehen. Reaktionsschnell sprang der Mann wieder aus dem Wagen, in den dieses leuchtende Ding inzwischen eingedrungen war. Der Kugelblitz glitt aber bloß hindurch und explodierte erst dann neben dem Fahrzeug auf der Straße. Die Beschädigung des Autos war dennoch enorm: Sowohl dessen vordere als auch dessen hintere Seite wiesen große Löcher auf, die durch den Feuerball bei seinem Durchzug in das Blech gesprengt worden waren. Neil Charman, der den Fall untersuchte, nimmt an, daß der Kugelblitz während seines zerstörerischen Weges durch das Fahrzeug eine Energiemenge von mindestens einer Million Joule verbrauchte.

Eine andere Beobachtung machte ein englisches Ehepaar, das seinen Urlaub in der Schweiz verbrachte. Über dem Genfer See bemerkten die beiden Leute eine Kugel, die unmittelbar nach einem grellen Blitz während eines Gewitters in Erscheinung getreten war. Das Ding hatte die Farbe und die Größe der Sonne zur Mittagszeit und schwebte plötzlich in einigen hundert Metern Höhe dahin. »Die Ränder der Kugel waren leicht ausgefranst«, beschrieb das Ehepaar den glühenden Ball. »Die Entfernung dürfte ungefähr viereinhalb Kilometer betragen haben.« Die Kugel sei mit einer sanften Bewegung geschwebt, ohne irgendeine Eigenrotation zu zeigen, erfuhr Charman, dem die Beobachtung gemeldet worden war. »Es sah aus wie ein Ballon, war auf einer Strecke von vielleicht einem Kilometer gut sichtbar, um dann unvermittelt spurlos zu verschwinden.«

Neil Charman stellte aus den ihm zugegangenen Berichten eine Liste zusammen, mit den typischen Eigenschaften von Kugelblitzen, und veröffentlichte seine Ergebnisse später im »New Scientist«:

- Kugelblitze sind im allgemeinen kugelförmig oder auch birnenförmig, mit fransigen Rändern. Ihr Durchmesser reicht von ungefähr zweieinhalb bis etwa 92 Zentimeter.
- Es gibt sie in vielen Farben: rot, orange und gelb sind die häufigsten.
- Ihre Lebensdauer liegt gewöhnlich zwischen einer Sekunde und einer Minute.
- Kugelblitze können sich sowohl horizontal als auch vertikal bewegen beziehungsweise bewegungslos verharren.
- Viele von diesen irrealen Phänomenen drehen sich um die eigene Achse.
- In manchen Fällen setzt ihr plötzliches Verschwinden Energie frei.
- Manche Kugelblitze zeigen eine »Zuneigung« für metallene Gegenstände. Sie bewegen sich an Stromleitern entlang – so an Drähten oder Metallzäunen. Andere wiederum erscheinen innerhalb von Gebäuden und passieren selbst geschlossene Fenster mit erstaunlicher Leichtigkeit.
- Schornsteine, Feuerstellen (Öfen, Herde) scheinen für diese Objekte Orte zu sein, an denen sie sich gerne aufhalten.
- Kugelblitze können sowohl leise als auch explosionsartig verschwinden. Oft bleibt danach ein Geruch zurück, der uns an *Ozon* erinnert – manchmal auch an *Schwefel* oder *Stickstoffoxyd.* In Einzelfällen hinterließen sie entweder eine Art Dunst oder sonstige undefinierbare Rückstände.

Natürlich konnte es nicht ausbleiben, das Phänomen der Kugelblitzerscheinungen mit dem von *UFOs* (den damit gerne in eine Beziehung gebrachten »Untertassen«) gleichzusetzen. Einer der Autoren (R. H.) befragte dazu Dr. *Alexander Keul.*

Der in der Kugelblitzforschung tätige Physiker bestätigt diesen Trugschluß: »Das ist leider wahr. Sie und die UFOs haben nämlich beide etwas gemeinsam«, meint er, »es ist da wie dort überaus schwierig, an sogenannte ›harte‹ Fakten heranzukommen. Gelegentlich ein Foto, selten eine *materielle* Spur, in der Mehrzahl bloß mehr oder weniger glaubwürdige anekdotische Berichte. An die 99 Prozent aller auswertbaren Daten liefert der Augenzeuge. Deshalb ist es unbedingt erforderlich, zunächst die Qualität der Daten und damit auch ihren Urheber einer genauen Überprüfung beziehungsweise Befragung zu unterziehen, ehe man mit einer ernsthaften Untersuchung beginnt. Weil viele meiner Kollegen das UFO-Thema ängstlich meiden – aus der Befürchtung heraus, einem Betrug aufzusitzen –, ist für sie auch die Beschäftigung mit dem irrealen Phänomen der Kugelblitze in gewisser Weise ›anrüchig‹. Der Grund liegt auf der Hand: Untersuchungen derartiger Erscheinungen können nicht ›sauber‹ nach dem Lehrbuch durchgeführt werden, sondern müssen interdisziplinär erfolgen. Also unter Einschluß *psychologischer* und *medizinischer* Methoden.« Die »physikalische Prüfung« vorgelegter Daten stünde damit nicht an erster, sondern an *letzter* Stelle der Kette.

Zweifellos hat diese insgesamt vorherrschende Skepsis bei vielen Wissenschaftlern, sich intensiver mit der Kugelblitzforschung auseinanderzusetzen, dazu geführt, daß die Anerkennung des Wirklichkeitscharakters jenes außergewöhnlichen Himmelsphänomens nur schrittweise vorankommt. Den Kugelblitzen geht es heute ähnlich wie seinerzeit den Meteoriten, deren Existenz vor noch gar nicht so langer Zeit energisch bestritten wurde und zu heftigen Debatten in der französischen Königlichen Akademie der Wissenschaften führte. Es war den Gelehrten jener Zeit suspekt, annehmen zu müssen, daß Steine vom Himmel stürzen sollten. Es bedurfte erst einer energischen Befürwortung durch den angesehenen deutschen Physiker *Ernst Chladni,* welcher das Vorhandensein von Meteoriten als gegeben voraussetzte, bis sich auch seine

57

59

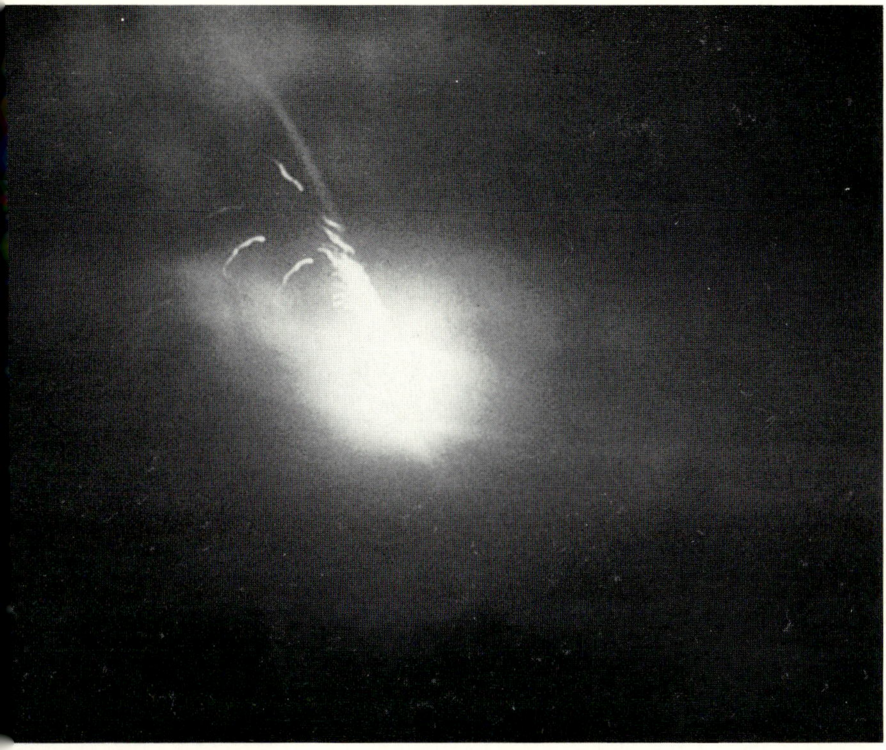

60

62

63

63a

56 Unweit des sagenhaften »Drachenloches« betraten der kleine Ingomar und sein Zwergführer eine Höhle im Untersberg.

57 Auch der medial veranlagte Zahnarzt Dr. Eugen Koeberle behauptete, von einem Zwerg in den Untersberg geleitet worden zu sein.

58 Ingomar wußte später dem Vater von seiner Begegnung mit »durchsichtigen Menschen« im Untersberg zu berichten.

59 Über den Salzburger Untersberg kursieren seit Jahrhunderten viele merkwürdige Geschichten. Enthalten sie einen wahren Kern?

60 Die besonders gut gelungene Aufnahme eines mysteriösen Kugelblitzes.

61 Gibt es Menschen, deren Blicke feste Körper sowohl lebender als auch toter Materie zu durchdringen vermögen? Georg Rieder, ein 26jähriger Mann aus Gerasdorf in Niederösterreich, besitzt offenbar PSI-Kräfte.

62 Er ist ein ausgebildeter Chemiker – aber seine größten Erfolge glückten Dr. Rudolf Wenger als Pendler und Rutengänger.

63 Die kleine Insel Oak Island in Kanada birgt ein Geheimnis. Niemand gelang es bisher, bis zum Grund eines vor langer Zeit angelegten Schachtes (Abb. 63 a) vorzudringen.

64

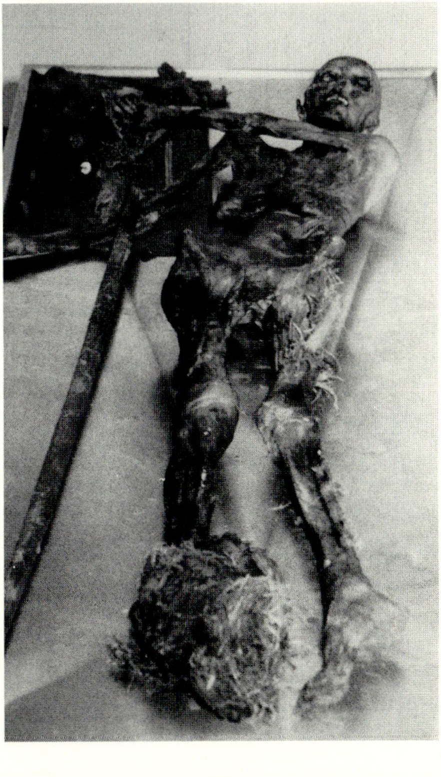

66

67

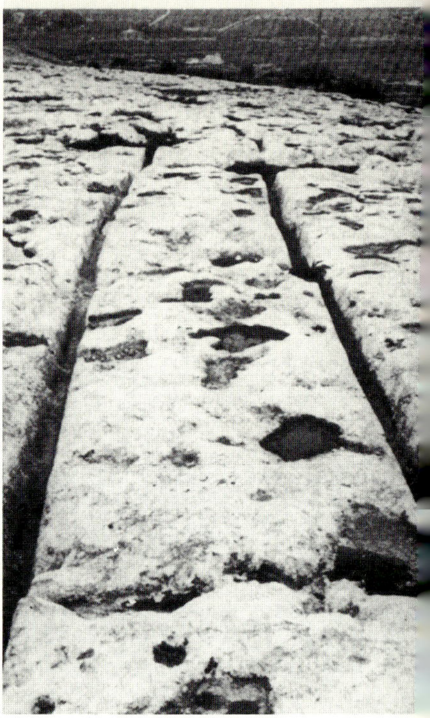

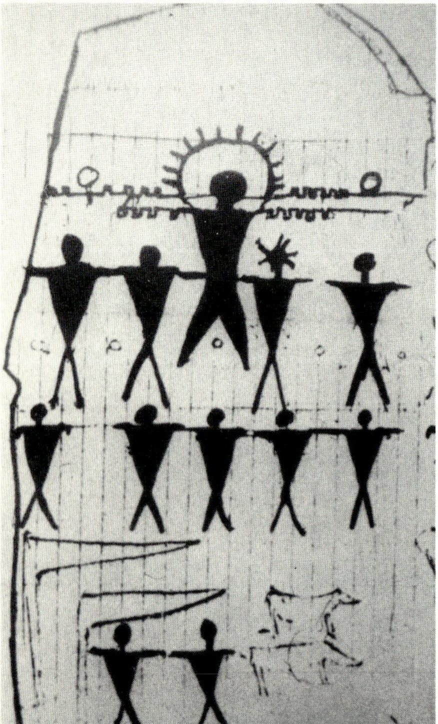
69

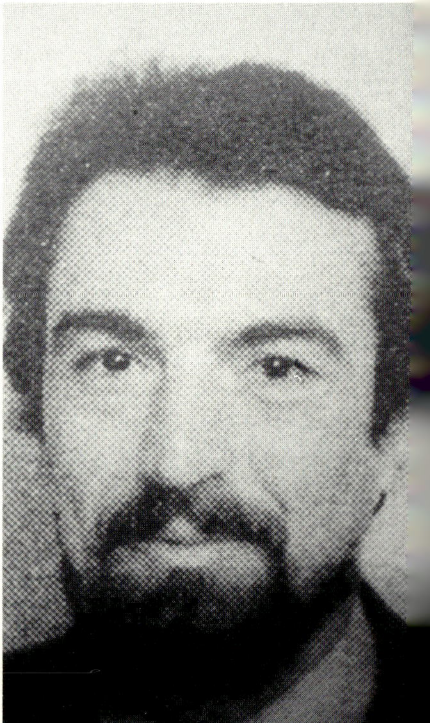

奇肱國
人能為飛車從風遠行湯時奇肱人以車乘西風至豫州湯
破其車不以示民後十里東風至乃使乘車復歸其國去門
之西一萬里

71a

71

72

73

64 »Geisterberg« wird der Pizzo Badile Camuno im Volksmund genannt. Niemand konnte bisher das Rätsel seiner magisch leuchtenden Aura lösen.

65 Das Val Camonica ist übersät mit geheimnisvollen Felsgravuren. Einige erinnern an Darstellungen moderner Raumfahrer.

66 »Ötzi« tauften die Einheimischen jenen mumifizierten Leichnam aus einem Gebirgsgletscher der Ötztaler Alpen.

67 Merkwürdige Einkerbungen im Gestein der Ligurischen Alpen lassen uns unwillkürlich an »Gleisanlagen« denken. Nur Zufall?

68 Die Wesensgleichheit jener Spuren mit schienenartigen Gebilden auf der Mittelmeerinsel Malta ist frappierend. Es gibt dort Hunderte solcher Rillen.

69 Soll dieses in den Felsen geritzte Begrüßungszeremoniell die einstige Ankunft Außerirdischer im Val Camonica symbolisieren?

70 Mit besonderer Akribie widmet sich der italienische Archäologe Ausilio Priuli seit vielen Jahren der Erforschung vorgeschichtlicher Gravuren.

71 Nur noch eine bizarr anmutende Felslandschaft ist uns von der sagenumwobenen Fánesalpe geblieben. Legenden wissen von rätselhaften Flugkörpern (Abb. 71a) geheimnisvoller »Einarmiger« zu berichten.

72 Maßstabgetreu in den Felsen geritzte Landkarte aus der Steinzeit.

73 Erregende Aufnahme eines Gewitters: Aufruhr himmlischer Elemente.

74 Ein Blitz streifte ihn, doch Johannes »Juppi« Steinhäuser kam wie durch ein Wunder mit dem Leben davon.

75 Als ihn ein Blitz streifte, gewann der Amerikaner Edwin Robinson dadurch sein verlorengegangenes Seh- und Hörvermögen zurück.

ungläubigen Kollegen eines Besseren besannen. Erst dann wurde die Meteoritenforschung ernst genug genommen, um endlich brauchbare Beobachtungen durchzuführen.

Es bleiben dennoch genügend Fragen offen, die einer analytischen Beantwortung harren. Nach wie vor ist die genaue Identität dieser oft scheinbar geradezu selbständig agierenden feurigen Bälle aus der Atmosphäre nicht erkannt. Kugelblitze deshalb als Phänomene zu werten, die in gewisser Hinsicht »irreal« (unwirklich) zu sein scheinen, ist, so betrachtet, berechtigt. Ganz abgesehen davon, daß ihr Auftreten manchmal höchst unerfreulich endete. Dr. Keul hat hierfür verschiedene Beispiele parat.

Im August 1968 war ein Bauernehepaar während eines heftigen Gewitters zum Stadel seines Anwesens in *St. Gallenkirch* im vorarlbergischen Montafon unterwegs. Blitzschlaggefahren mißachtend, versuchten beide eine im Hof stehengebliebene Mähmaschine unter Dach zu bringen. Als sie über den Hof eilten, gab es plötzlich einen gewaltigen Knall, die Bauersleute wurden von einer Druckwelle erfaßt und beinahe zu Boden geschleudert. »Gruusig erschrocken« (so ihre Aussage) drehte sich die Bäuerin um und sah zwischen Wirtschaftsgebäude und Stadel einen fußballgroßen, rot-bläulichen »Ballen« (wie sie es nannte) hangabwärts rollen. Gleich darauf war das runde Ding im Bogen um die Hausecke verschwunden. Böses ahnend, rannten beide der Erscheinung nach, eine Gefahr für das Nachbarhaus befürchtend. Ihre Ängste waren berechtigt: das Dach des Gebäudes stand bereits in Flammen. War das Feuer durch den Kugelblitz hervorgerufen worden? Dr. Keul zweifelt an dieser Annahme. Er hält die Druckwelle eher für die Folge eines Blitzeinschlages in das Nachbarhaus, wodurch sich der Dachstuhl entzündete und in der Folge zur Bildung eines Kugelblitzes geführt haben könnte. Aber ob so oder so: Das Ergebnis war gleich deprimierend. Denn das »Huus« brannte bis auf die Grundmauern ab.

Kugelblitzphänomene können sehr oft auf freiem Feld und natürlich auch in Kleinstädten und Dörfern beobachtet werden. Seltener zeigen sich derartige Erscheinungen in Großstädten. Ausnahmen bestätigen gleichsam die Regel. Im Sommer des Jahres 1948 tobte über *Wien* ein heftiges Gewitter. Es regnete in Strömen. Da es zuvor sehr schwül gewesen war, genossen zwei Bewohner einer Parterrewohnung, Mutter und Tochter, die angenehme Kühle, die dem Regenguß gefolgt war. Das Fenster, aus dem sich beide beugten, um die frische Regenluft einzuatmen, ging in den Hinterhof des Hauses hinaus. Plötzlich schreckten beide Frauen zurück: Ein fußballgroßes Ding, das einem Feuerrad ähnelte, sprang unversehens von der Hofmauer, fiel in einen Strauch, von wo es stammabwärts zu Boden rollte. Ein paar Sekunden später war die glühende Kugel über dem Kanalgitter – und gleich darauf ein ohrenbetäubender Knall. Die Explosion war so stark, daß durch den Luftdruck mehrere Hoffenster zersprangen. Am Kanalgitter selbst konnten später Spuren des Vorfalls festgestellt werden: Es sah stellenweise schwarz und wie blankgescheuert aus. Dr. Keul bedauert, daß man die Sache später nicht weiterverfolgen konnte. Das alte einstöckige Haus wurde inzwischen abgerissen und auch der alte Kanaldeckel achtlos weggeworfen.

Trotz der ständig größer werdenden Liste von Augenzeugen und dadurch wachsenden Anzahl von Merkmalen über Aussehen und Wirkungsgrad von Kugelblitzen bleibt der Forschung auf diesem Gebiet noch ein weites Betätigungsfeld. Aber immer mehr Wissenschaftler, so auch der Österreicher Dr. Alexander Keul, sind in zunehmendem Maße sicher, in nicht allzu ferner Zeit eine befriedigende Antwort darauf geben zu können, *was* ihr Auftreten bewirkt und auf welche Weise sie entstehen. Erst dann werden Kugelblitze nicht mehr als »irreale Phänomene« eingestuft werden müssen.

17 Das Medium mit den Röntgenaugen

PSI-Heiler sieht jeden Krankheitsherd im Körper

Wir hatten zuvor noch nie etwas über ihn und seine außergewöhnlichen Fähigkeiten vernommen. Aber aus gutem Grund waren wir interessiert, jetzt mehr über ihn zu erfahren. Eine Ankündigung verhieß uns nämlich die Demonstration besonderer geistiger Kräfte. Sein Name: *Georg Rieder,* ein Mann, der von sich behauptet, mit einem einzigen Blick jeden festen Körper lebender und toter Materie durchdringen zu können. Diese Begabung verschaffe ihm die Möglichkeit, bei jedem beliebigen Menschen die Organe zu erkennen und damit zusammenhängende krankhafte Veränderungen festzustellen.

Was das für manchen davon Berührten bedeuten kann, vermag wohl nur der zu ermessen, der selbst leidet und bislang auf – oft genug ratlose – schulmedizinische Diagnosen angewiesen war. Uns interessierten Georg Rieders diagnostische Auftritte auch deswegen, weil sie auf verblüffende Weise ähnlichen »Readings« zu entsprechen schienen, die seinerzeit einem Amerikaner zu Weltruhm verholfen hatten – dem noch im vorigen Jahrhundert geborenen *Edgar Cayce.* Ihn nannte man den »schlafenden Propheten«, weil er lediglich im Trancezustand befähigt gewesen war, die Leiden seiner Mitmenschen zu erkennen und ihnen das zu ihrer Gesundung geeignete Heilmittel zu beschreiben. War Cayce hingegen aus seiner Trance erwacht, erinnerte er sich an nichts mehr, was er zuvor diagnostiziert hatte.

Ein ebenso guter Ruf geht auch Georg Rieder voraus. Und so harrten wir an jenem Abend gespannt dem, was da nun in dem großen, bis auf den letzten Platz gefüllten Saal einer Wiener Volkshochschule an Aufregendem passieren würde.

Unter den vielen hundert Neugierigen, das hatten wir zuvor

in Erfahrung gebracht, befanden sich auch ein paar Menschen, die krank waren und sich von diesem Wundermann, der in wenigen Augenblicken die hellerleuchtete Bühne betreten würde, Hilfe und Heilung versprachen. Aber würde sich ihre Hoffnung erfüllen? Würde dieser Georg Rieder etwas zuwege bringen, das eigentlich jeder logischen und »vernünftigen« Anschauung zu widersprechen schien? Konnte es denn überhaupt Menschen geben, die von sich behaupteten, Röntgenaugen zu besitzen? War das alles bloß ein Trick, beruhten Rieders angebliche Fähigkeiten lediglich auf einer geschickt gehandhabten Scharlatanerie? Ehrlich gesagt, wir waren skeptisch, nunmehr das berühmte »Nonplusultra« vorgeführt zu bekommen. Andererseits jedoch wollten wir uns gerne überraschen lassen. Ob positiv oder negativ – das würde sich ja bald herausstellen.

Dann betrat der mit Spannung Erwartete die Bühne. Ein noch junger Mann, der nicht viel über 20 Lenze zählen mochte (Rieder ist jetzt 26 Jahre alt, wissen wir inzwischen). Der erste Eindruck, den wir gewannen, war eigentlich gut. Rieder war eher unauffällig gekleidet, mit dunkler Hose und einfarbigem Pullover, und gab sich von Anfang an völlig ungezwungen. Das Haar modisch zu einem kleinen Schwänzchen gebunden, vermittelte er das Bild eines der Zeit angepaßten Twens – und sein Publikum hatte er mit seiner zur Schau gestellten, saloppen Art sofort im Griff. »Servus!« rief er in den Saal, um sich danach mit einigen Sätzen vorzustellen.

Georg Rieders Sprechweise ist ungekünstelt, und der leichte Dialekt verrät das Bundesland, in dem er zu Hause ist – Niederösterreich. Er wohnt in Gerasdorf, einer Gemeinde unweit von Wien, ist aber – verständlicherweise – wenig daheim, weil man seine unorthodoxen Fähigkeiten auch andernorts beansprucht.

Launig weiß Georg Rieder über seinen Lebensweg zu berichten und wie es dazu gekommen war, auf seine aus dem Rahmen fallende Begabung aufmerksam zu werden. Bis zu seinem 17. Lebensjahr war nichts Absonderliches passiert. Georg

hatte sich nach der Schule der Gastronomie verschrieben und den kreativen Beruf eines Kochs erlernt. Einer seiner Freunde hatte ihm allerdings ein gänzlich anderes Wissensgebiet nähergebracht – den *Spiritismus*.
So fand Rieder nunmehr den Zugang zu Kreisen, wo man vorzugsweise Geister aus dem Jenseits zu beschwören versuchte oder das »Tischchenrücken« probierte. Den jungen Mann amüsierten diese grenzwissenschaftlichen Aktivitäten, allzu ernst nahm er sie nicht. Nachdenklich wurde er erst, als ihm auffiel, daß von den verschiedenen Medien immer genau das gesagt wurde, was er sich kurz vorher *gedacht* hatte. Er machte seinen spiritistisch angehauchten Freund auf diese Besonderheit aufmerksam, und dieser riet ihm, dem Phänomen durch eine freiwillig eingegangene Hypnose auf den Grund zu gehen. Georg Rieder willigte ein und begann sich nunmehr auch selbst mit dieser Materie zu befassen. Er lernte sowohl Hypnose als auch Selbsthypnose und beschäftigte sich damit in seinen freien Stunden außerhalb der durchaus anstrengenden Tätigkeit als Kochlehrling.
Das alles schuf für den jungen Mann eine schwierige Situation. Einerseits mußte er etwas verkraften, was ihm erst jetzt voll zu Bewußtsein kam: die Fähigkeit nämlich, mit seinen Gedanken die Materie beeinflussen zu können. In der Lage, sich selbst in Trance zu versetzen, war es Georg Rieder plötzlich möglich geworden, während dieser Phase in jeden Menschen hineinsehen zu können – ohne jedoch die dabei offenbar werdende Physis und Anatomie des Betroffenen zu begreifen. Andererseits führte das zu Unglauben und Anfeindungen skeptischer und mißtrauischer Zeitgenossen. »Das erst brachte mich dazu, mein Interesse der Anatomie zuzuwenden und mir auf dem Gebiet einige Kenntnisse anzueignen«, erzählte Georg Rieder einem faszinierten Publikum. Man hätte an diesem Abend im Saal eine Stecknadel fallen hören, so aufmerksam lauschten die Menschen im Auditorium den Ausführungen des Geistheilers. Letztere Bezeichnung ist nicht zufällig gewählt, Rieder selbst wartete hierbei

mit einem überraschenden Eingeständnis auf. »Während einer meiner von mir nun schon problemlos nachzuvollziehenden Selbsthypnosen«, ließ er uns wissen, »bekam ich eines Tages ganz überraschend mentalen Kontakt mit einem Geist. Es handelte sich, wie ich von ihm selbst erfahren habe, um einen im 16. Jahrhundert verstorbenen Spanier mit Namen *José Fernando de Ortega.* Er hat mich gelehrt, die Fähigkeit meines Röntgenblickes immer gezielter zu gebrauchen und diese Gabe auch unter Kontrolle zu halten.«
Das war nun allerdings eine unerwartete Eröffnung, die uns da zuteil geworden war. Ein entsprechendes, verwundertes Raunen ging durch den Saal. Georg Rieder ließ dies alles scheinbar unbeeindruckt. Es schien ihm nicht darauf anzukommen, irgend jemandem zu imponieren. Im Gegenteil. So, als wolle er sich selbst wieder auf ein normaleres Maß reduzieren, machte er uns darauf aufmerksam: »Meine Herrschaften, ich muß bei dieser Gelegenheit einen Irrtum berichtigen, dem Sie im Zusammenhang mit meiner Tätigkeit womöglich verfallen sind: Ich bin in Wahrheit kein Heiler, auch wenn Sie mich vielleicht hier dafür halten. Tatsächlich sehe ich mich nur als einen Übermittelnden von kosmischer Energie. Es ist mir anscheinend gegeben, sie durch bloßes Handauflegen auf Kranke zu übertragen und diese einer Heilung zuzuführen. Die Heilung selbst, meine lieben Freunde, erfolgt jedoch allein durch die jeweils betroffenen Patienten, weil sie an ihre Heilung auch *glauben!*«
Georg Rieder hat seine Begabung in den Dienst der Sache gestellt. Er unterzog sich an der Technischen Universität in Wien einer Reihe von Tests, die mit teilweise erstaunlichen Ergebnissen endeten und dort einen durchaus positiven Eindruck hinterließen. Selbstverständlich geht der so segensreich wirkende junge Mann auch Personen zur Hand, die ihn privat besuchen und um Hilfe bitten. Für Georg Rieder eine manchmal recht zwiespältige Angelegenheit, darf er doch in Österreich weder für diagnostische Hinweise noch für heilende Maßnahmen *offiziell* auch nur geringste finanzielle Abgeltun-

gen verlangen. Verboten ist es ihm auch durch ein Gesetz, hierzulande auf *beruflicher* Basis als Heiler in Erscheinung zu treten. *Erlaubt* ist es Rieder hingegen, seine Kenntnisse und Fähigkeiten öffentlich *testen* zu lassen. Die Nachfrage von Leuten, die krank sind oder glauben, es zu sein, ist beachtlich. Jene aber, die sich bei dem Geistheiler, der kosmische Energie verströmt, anmelden, müssen mehr oder minder lange Wartezeiten in Kauf nehmen.

Wie sieht Georg Rieder sich selbst? Welche Lebensaufgabe hat er sich, angesichts seiner nicht mit normalen Maßstäben zu messenden Fähigkeiten, gestellt? Sieht er sich und seine außergewöhnlichen Kräfte als Einzelfall, oder hält er es für eine Begabung, die viele Menschen besitzen, ohne davon etwas zu ahnen und selbst zur Entfaltung zu bringen? Der junge Heiler, der im Verlauf seiner Tätigkeit schon mit verschiedenen Medizinern zusammengearbeitet hat, war durchaus gewillt, die hier gestellten Fragen zu beantworten. Einer der Autoren (P. K.) hat mit ihm gesprochen – was hatte Georg Rieder zu sagen?

»Ich sehe mich in erster Linie als eine Art Geistheiler«, charakterisiert der junge Mann seine Fähigkeiten. Sein Lebensziel hat er sich längst gesteckt und strebt es ohne Umschweife an. »Es wäre das Höchste für mich«, verkündet Rieder enthusiastisch, »in absehbarer Zeit ein Ganzheits-Heilzentrum eröffnen zu können.« Planen tut er es schon längere Zeit, und er kann sich auch vorstellen, *wer* sich dann dort betätigen sollte. »Homöopathen beispielsweise, sowie Pendler und Rutengänger«, meint er, »und überhaupt Spezialisten grenzmedizinischer Disziplinen, die es sich ebenfalls zur Aufgabe gemacht haben, leidenden Menschen zu helfen.«

Georg Rieder beansprucht für sich nicht jenes »Nonplusultra«, wie es manche Pseudo-Heiler gerne für sich reklamieren. »Ich bin ein Mensch wie jeder andere auch – mit ein paar Begabungen, die ich erkannt und weiterentwickelt habe«, macht er deutlich. Begabungen übrigens – so glaubt Rieder herausgefunden zu haben –, die durchaus auch andere Menschen besitzen, ohne es aber zu ahnen. »Zum Beispiel sind die Kräfte des Heilmagnetismus vielen zu eigen«, läßt der erfolgreiche Geistheiler aufhorchen, »nur leider werden sie, aus Unkenntnis oder Bequemlichkeit, von jenen, die sie besitzen, nicht genützt. Wer an sich solche außerordentlichen Kräfte feststellen sollte, dem kann ich nur raten, sie auch anzuwenden – als segensreiche Gabe zum Wohle jener, die ihrer bedürfen.«

Auch wenn Georg Rieders heilende Tätigkeit vom Gesetzgeber in Österreich noch keine offizielle Genehmigung erfahren hat – sein erfolgreiches Wirken hat inzwischen auch bei vielen Schulmedizinern Anklang gefunden. Verschiedene Ärzte haben ihm ihre Zusammenarbeit nicht versagt, seit sie erkannt haben, daß hier kein Scharlatan, sondern ein ehrlich Strebender am Werk ist.

18 Der Strahlenjäger von Salzburg

Gefährliche Wasseradern und verstimmte Klaviere

Das Ganze ist unerklärlich und irgendwie irreal. Schon der Ort des Geschehens – ein geräumiges Musikzimmer im Haus einer wohlhabenden Familie am Rande von Linz im Bundesland Oberösterreich. Der Raum ist voll von neugierigen Menschen. Sie scharen sich um den klingenden Mittelpunkt: einen wertvollen, alten Heitzmann-Flügel. Eingeladen hat der Hausherr, Direktor *Ernst Emminger.* Ein Experiment steht bevor. Einer der Autoren (P. K.) ist mit dabei.

Aber Klavierkonzert ist keines angesagt. Im Gegenteil: Dir. Emmingers Sohn schlägt ein paar Tasten an. Grauenhaft! Jede Menge falscher Töne. Da ist uns allen im Zimmer klar: Das Ding ist total verstimmt!

Ein älterer Herr tritt ans Klavier. In seinen Händen hält er ein Stück Draht. Es ist omegaförmig zurechtgebogen. Das Gebilde wird nun mit geübtem Griff an der Wand hinter dem Klavier befestigt, dann gibt der Mann dem Pianisten ein aufmunterndes Zeichen. Dieser greift in die Tasten, intoniert eine bekannte Melodie. Unglaublich! Ist das die Möglichkeit? Der »Heitzmann« klingt so harmonisch, als wäre er nie verstimmt gewesen. Der ältere Herr lächelt vielsagend, dann nimmt er sein »Omega« wieder von der Wand. Emminger Junior probiert es noch einmal. Dieselbe Melodie, aber diesmal klingt sie uns mißtönend in den Ohren. Irgend etwas scheint da nicht zu stimmen. Das Spielchen wiederholt sich einige Male. Zuletzt läßt man das »Omega« an seinem alten Platz, und der Flügel funktioniert wie neu.

Zauberei? Schwindel? Nichts von alldem. Direktor Emminger hat sich lediglich der Dienste eines Chemikers versichert. Dieser hat sich jedoch einer anderen Tätigkeit zugewendet. Da ist er sehr gefragt: als *Strahlenjäger!*

Es ist jener ältere Herr, dem es zuvor mühelos gelungen war, einem verstimmten Klavier wieder zu Wohlklang zu verhelfen. Mit Hilfe eines einfachen Instruments, eines zu einem »Omega« geformten Drahtgebildes. Dr. *Rudolf Wenger* (von ihm ist hier die Rede) hat sich seit Jugendjahren der *Radiästhesie* verschrieben – das ist, verständlicher ausgedrückt, die sogenannte Ruten- oder Pendelkunde. In unseren Landen umgibt diese Disziplin noch immer ein Hauch von Scharlatanerie. Anders in den romanischen Ländern wie etwa in Südamerika: Dort wird Radiästhesie als seriöse Wissenschaft anerkannt und an vielen Universitäten gelehrt.

Aber Dr. Wenger war nicht eines alten »Heitzmanns« wegen nach Linz gekommen. Direktor Emminger hatte ihn in erster Linie deswegen geholt, um seiner Frau zu helfen. Gattin Erna hatte seit Tagen über starke Kopfschmerzen geklagt. Und so wie es Dr. Wenger gelang, die Verstimmung des Flügels zu beseitigen, fand er auch die Ursache für Frau Emmingers Leiden: Erdstrahlungen am Kopfende ihres Ehebettes. Auch dort befestigt er ein »Omega« an der Wand – und siehe da, schon die nächste Nacht verläuft für Direktor Emmingers Ehefrau störungsfrei. Sie schläft durch, ihr Kopfweh ist wie weggeblasen.

Erdstrahlungen sind gesundheitsschädigend. Sie können sich, laut Dr. Wenger, auf sämtliche Organe des Körpers negativ auswirken. Sogar Gebrauchsgegenstände werden manchmal davon berührt. Das ist auch der Grund, weshalb der »Strahlenjäger« gerne für Wohnungsnutzungen herangezogen wird. Mit Hilfe seiner Abwehrgeräte gelingt es Dr. Wenger in jedem Fall, betroffene Räume vor den Strahlungen wirkungsvoll abzuschirmen. Ein für den Außenstehenden beeindruckendes Erlebnis!

Erdstrahlungen dürfen unter keinen Umständen unterschätzt werden. In gewissen Fällen werden sie zur tödlichen Gefahr. Das gilt vor allem für Autofahrer! Viele Menschen – und natürlich auch solche am Steuer – sind nämlich strahlungsanfällig. Geraten sie in das Wirkungsfeld einer flächendeckenden

Erdstrahlung, dann reagieren sie mit dem Lenkrad ihres Fahrzeugs ähnlich wie die Rute oder *der* Pendel in der Hand des Radiästheten: Sie schlagen unversehens aus.
So erging es dem berühmten Opernsänger *Peter Anders.* An einem Spätsommertag vor fast 40 Jahren fuhr er auf der Bundesstraße 209 zwischen Hannover und Hamburg mit seinem Mercedes 300. Niemand war unterwegs, es gab auch keinen Gegenverkehr. Im Bereich eines Waldstücks verriß eine unbekannte Kraft plötzlich das Lenkrad des Künstlers. Das Fahrzeug schleuderte, schlitterte dann nach links und prallte mit unverminderter Geschwindigkeit gegen einen Telegraphenmast. Peter Anders war auf der Stelle tot, sein teurer Wagen nur noch Schrott.
Polizei und Unfallexperten standen vor einem Rätsel. Niemand vermochte sich die Unfallursache zu erklären. Erst Dr. Wenger, damals noch ein junger Chemielaborant, machte die Fachleute auf den eigentlichen Tatbestand aufmerksam. Seither ist er bei den Verkehrsspezialisten ein gern gesehener Gast. Und ein Grund mehr, ihn auch für die »Isolierung« einer Unfallstelle heranzuziehen, die den verantwortlichen Organen große Sorgen machte: ein durchaus übersichtliches Straßenstück auf der Westautobahn in Oberösterreich, Baukilometer 116,5 zwischen Linz und Sattledt.
Dort raste ein 46jähriger Mechaniker mit seinem Porsche 1600 in den Tod. Sein Wagen kam ins Schleudern, stürzte die steile Böschung hinunter und landete an einem Baum. Nichts hatte den Lenker behindert, niemand wußte eine Erklärung für den tödlichen Unfall. Dr. Wenger wußte es.
Er machte die Gendarmerie auf starke Erdstrahlungen im Bereich des Straßenstücks aufmerksam und verwies auf die gelegentliche Sensibilität verschiedener Autofahrer. Auch *Eduard Emde* aus Erkrath, Kreis Düsseldorf, war offensichtlich strahlungsanfällig gewesen. Die Ansicht des Radiästheten fand nicht überall Zustimmung – aber die Linzer Autobahnverwaltung entschloß sich dennoch zu einem ungewöhnlichen Experiment. Gemeinsam mit einem Beamten der Autobahnverwal-

tung nahm sich Dr. Wenger die Unfallstelle vor. Das Ergebnis seiner Überprüfung war überraschend: Drei schräg in der Fahrtrichtung verlaufende Wasseradern wurden von ihm ausgependelt. Er vergrub an der Unfallstelle drei sogenannte Abschirmgeräte. Die omegaähnlichen Gebilde würden in Zukunft die Strahlen ableiten und unschädlich machen. Nur acht Monate später erfolgte die Probe aufs Exempel. Ich hatte Gelegenheit, gemeinsam mit Dr. Wenger die Wirksamkeit seiner Geräte zu überprüfen. Und siehe da: Aus den Aufzeichnungen der Autobahngendarmerie ging einwandfrei hervor, daß es seither auf jenem Straßenstück der Westautobahn zwischen Linz und Sattledt *keinen Unfall* mehr gegeben hatte!
Rudolf Wenger beschäftigt sich schon seit seiner Jugend mit dem Umgang von Pendel und Rute. Im Verlauf vieler Jahre nützte er seine Fähigkeiten auch dafür, andere sensitive Menschen auf ihre Begabung in dieser Disziplin zu testen. Es zeigte sich aber bald, daß nur wenige auf diesem Gebiet die entsprechende Eignung mitbringen: etwa 10 Prozent bewährten sich mit dem Pendel, nur fünf Prozent als Rutengänger.
Nun könnte man durchaus zu der Auffassung gelangen, bei dem Instrumentarium eines »Strahlenjägers« – Rute und Pendel – müßte es sich um irgendwelche mysteriösen Gegenstände handeln, die dem Außenstehenden fremd und in ihrer Konstruktion verschlossen sind. Absolut unrichtig. Ein Messinglot, eine an einer Silberkette befestigte Meeresschnekke sowie eine aus Messingschweißdraht gefertigte Metallrute kann sich jeder von uns beschaffen, die Materialien hierfür sind allgemein zugänglich.
Anders verhält es sich hingegen mit der Gabe, damit Wasseradern aufzuspüren, sie »auszupendeln«, oder auf sogenannte Erdstrahlungen in bestimmter Weise zu reagieren. Diese Befähigungen vermag selbst der Betroffene, Dr. Wenger, nicht ausreichend zu erklären. »Eine Theorie besagt«, versuchte es der Rutengänger zu definieren, »daß es sensible, für gewisse Strahlungen empfindsame Menschen gibt. Solche Personen – zu denen auch ich mich zählen darf – nehmen jene Strahlun-

gen an und reagieren entsprechend darauf. Ich vermute, daß es ihre Nerven sind, die die ausschwingende Reaktion von Rute und Pendel zur Folge haben.«

Es ist durchaus denkbar, daß auch Sie, lieber Leser, oder jemand aus Ihrem Familien- und Freundeskreis, die Fähigkeit besitzt, mit einem solchen Instrumentarium umzugehen.

»Den meisten Menschen«, eröffnet mir der »Strahlenjäger« von Salzburg, »ist derlei Begabung zeitlebens gar nicht bewußt. Gerade das kann im Extremfall aber auch zum Nachteil werden. Sowohl der Opernsänger Peter Anders als auch jener deutsche Autofahrer, der zwischen Linz und Sattledt tödlich verunglückte, muß wahrscheinlich zu dieser Kategorie gezählt werden. Das Lenkrad ihres Autos reagierte infolge des Strahleneinflusses auf die Psyche der Fahrer gleich einer ausschlagenden Rute. Dadurch verloren beide die Herrschaft über ihr Fahrzeug, was dann zu den tödlichen Unfällen führte.« Eine durchaus plausible Überlegung.

»Sehen Sie«, setzt Dr. Wenger fort, »in meiner Disziplin gab es ein paar berühmte Radiästheten. Johann Wolfgang von Goethe gehörte dazu. Er galt zu seiner Zeit als ein Meister mit Rute und Pendel. Und im Alten Testament der Bibel finden Sie bei der Schilderung über den Wüstenzug der Hebräer auch jene Stelle, wo Moses mit seinem Stab Wasser aufspürte und auf diese Weise sein Volk vor dem Verdursten bewahrte. Bei dem Stab handelte es sich in Wahrheit um eine sogenannte ›Wünschelrute‹, mit deren Hilfe es Moses möglich wurde, eine rettende Quelle im Erdreich zu entdecken.«

Auch wenn manches, was ich bislang zu sehen und zu hören bekommen hatte, durchaus vernünftig geklungen hatte – irgendwie wollte es mir nicht in den Kopf, weshalb bestimmte Leute befähigt sein sollten, mit lediglich einem Stückchen Messingschweißdraht – u-förmig gebogen – beziehungsweise mit einem an einer simplen Silberkette hängenden Gehäuse irgendeines Meerestieres unsichtbare Kräfte im Erdreich wahrzunehmen und empfindsam auf deren Strahlung zu reagieren. Das widersprach jeder Logik. Es sei denn, jene Gabe wäre letztlich jedermann zugänglich – folglich auch mir. Ich wollte es wissen. Spontan mache ich Dr. Wenger den Vorschlag, es jetzt, nach so vielen theoretischen Studien, doch einmal selbst versuchen zu dürfen. Dieser willigt lächelnd ein. »Kommen Sie mit mir in den Garten!« fordert er mich auf. Unser Gespräch hatte in seiner Salzburger Wohnung stattgefunden. Neugierig folge ich ihm.

Dr. Wenger führt mich zu einer entfernten Ecke seines Gartens. Dort wächst ein unglaublich verkrüppelter Baum. Sein Stamm ist auf eine merkwürdige Weise geformt. Er schlängelt sich gleichsam am Boden entlang, als wäre er bemüht, einem unsichtbaren Hindernis auszuweichen.

»Dieser Baum hat Schmerzen«, erfahre ich, und muß die überraschende Bemerkung meines Gastgebers erst einmal verkraften. »Schmerzen?« frage ich ungläubig. »Kann ein Baum denn fühlen?«

»Genauso wie wir Menschen«, läßt mich Dr. Wenger wissen. »Dieses Gehölz zeigt dies deutlich an. Es wird durch Erdstrahlungen gepeinigt, und so versucht es auf seine Weise, deren unheilvollem Einfluß zu entfliehen.«

Damit sind wir beim Thema. »Wie entstehen eigentlich solche gefährlichen Strahlungen?« will ich wissen. »Durch unterirdische Wasserläufe sowie durch Verwerfungen des Bodens. Wenn beispielsweise verschiedene Mineralien aufeinandertreffen«, erfahre ich. Solche ließen sich durch sensitive, für die Radiästhesie befähigte Menschen mit Hilfe des geläufigen Instrumentariums feststellen. »Passen Sie auf und beobachten Sie jetzt meine Hände!«

Dr. Wenger hält ein u-förmiges Drahtstück in beiden Händen. Dann macht er mich aufmerksam: »Zwischen Ihnen und mir steht nunmehr der verkrüppelte Baum. Somit befindet sich auch das ihn quälende Strahlungsfeld dazwischen. Beachten Sie die Reaktion meiner Rute!«

Der »Strahlenjäger« hält das stumpfwinkelig abgebogene Stück Metalldraht fest in beiden Händen und bewegt sich jetzt langsam in meine Richtung. Mit skeptischen Blicken ver-

folge ich das seltsam anmutende Gehabe des Rutengängers.
Plötzlich dreht sich das metallene Ding einmal durch – dann noch einmal, während Dr. Wenger jenen Bereich passiert, unter dem sich der Strahlungsherd befinden soll. Kaum geschehen, verharrt seine Rute bewegungslos. Der Vorgang wird wiederholt. Neuerlich schreitet er über die ominöse Stelle. Und wieder rotiert sein Gerät, einmal, zweimal – um dann stillzustehen. Dr. Wenger ist an seinen Ausgangspunkt zurückgekehrt.
Ich habe währenddessen die Hände des Rutengängers nicht aus den Augen gelassen. Dabei versuche ich festzustellen, ob er nicht mit den Fingern nachhilft, das metallene »U« in Rotation zu versetzen. Aber ich vermag nichts dergleichen zu entdecken.
»Nun probieren Sie es selbst«, lockt lächelnd der Experte. Zögernd nehme ich die Rute in meine Hände. Ich umklammere den kühlen Draht mit den Fäusten, mache mich auf den Weg. Ich durchmesse dieselbe Strecke, die sich zwischen meinem vorherigen Platz und jenem Dr. Wengers befindet. Seitlich das verkrüppelte Gehölz. Aber es tut sich nichts. Bewegungslos ruht die ›Wünschelrute‹ in meinen Händen. Ich probiere es ein zweitesmal. Wieder keine Reaktion. Wahrscheinlich ist mir die Enttäuschung ins Gesicht geschrieben, denn mein Gastgeber versucht mich zu trösten: »Nicht jeder hat die Begabung. Zudem erfordert der Zugang zur Radiästhesie eine fortwährende Beschäftigung mit dieser Disziplin. Da heißt es vor allem konzentrieren und üben, üben, üben ...«
Nur wenige Menschen bringen angeblich die Befähigung mit, Rute und Pendel in Bewegung zu setzen, behauptet Dr. Wenger. *Logisch* läßt sich das, was er tut, nicht erklären. Wie so vieles, dem wir bei Abfassung dieses Buches begegneten.

19 Das Geheimnis von Oak Island

Was verbirgt sich in dem raffinierten Versteck?

Nur sehr wenige Menschen haben Kenntnis von jener kleinen Insel vor der Küste Neuschottlands in Kanada. Kaum jemand hat bislang etwas von dem wunderlichen Geheimnis vernommen, das dieses Eiland umgibt. Seit bald 200 Jahren ist *Oak Island* (bedeutet »Eicheninsel«) das Zielobjekt risikofreudiger Abenteurer. Sie alle waren und sind von der Hoffnung erfüllt, dort endlich fündig zu werden und mit großem Reichtum ausgestattet heimzukehren. Reichtum? Ja – denn um das Geheimnis von Oak Island rankt sich ein Gerücht, wonach auf dieser Insel seit langem ein sagenhafter Piratenschatz vergraben liege. Das Seltsame daran ist nur, daß zwar die Stelle, wo er sich angeblich befinden soll, für jedermann zugänglich ist, es aber niemandem bisher auch nur in Ansätzen gelingen mochte, sich dieses Reichtums zu bemächtigen.

Der von so vielen Goldgräbern so heiß ersehnte Schatz – oder was da auch immer auf Oak Island verborgen sein mag – ist keineswegs frei zugänglich, sondern liegt unter vielen Tonnen Erdreich begraben. Geschützt von einer raffiniert konstruierten technischen Anlage – in einem Brunnenschacht.

Oak Island ist eine von vielen kleinen Inseln an der Mahonebucht und liegt etwa 100 Kilometer südlich des Hafens Halifax. Daß das Eiland unbewohnt geblieben ist, dürfte auch den Spukgeschichten zuzuschreiben sein, die dort seit gut 300 Jahren kursieren. Da gibt es die Erzählung von drei Fischern, die um das Jahr 1700 auf Oak Island seltsamen Lichterscheinungen nachgegangen sein sollen – und spurlos verschwanden. Fast 95 Jahre wagte es niemand, das Inselchen zu betreten. Die Angst vor Gespenstern schreckte die Festlandbewohner davon ab.

Erst 1795 wurde dieses Tabu durchbrochen. Nicht von mutigen Schatzsuchern, sondern von drei Jugendlichen, die es darauf angelegt hatten, auf Oak Island auf Entenjagd zu gehen. Mit Ruderbooten umschifften sie die 1,2 Kilometer lange und 800 Meter breite Insel. An Land gegangen, entdeckten der 16jährige *Daniel McInnes* aus der kleinen neuschottländischen Stadt Chester sowie seine beiden etwa gleichaltrigen Freunde im Dickicht einen schmalen Pfad, dem sie neugierig folgten.

Der Weg führte die drei Jungen auf einen Hügel, der von Bäumen und Buschwerk bedeckt war. Dort oben, auf einer Lichtung, endete der Pfad. Vor ihnen stand eine einsame, riesige Eiche. Überrascht erkannten sie, daß hier jemand schon einmal gewesen sein mußte, denn an einem angesägten Ast über ihnen hing – ein uralter Flaschenzug! Als ihn Daniel vorsichtig berührte, zerfiel das Material augenblicklich. Der Junge verlor dabei das Gleichgewicht und stürzte in eine etwa zwei Meter breite Mulde im Hügel.

Jetzt war das Staunen auf seiten der drei jugendlichen Entenjäger. Denn zu ihrer Überraschung zeigten hier die Wände jener Vertiefung Spuren von Bearbeitung. Sollte da unten etwas vergraben sein? In Daniel und seinen Freunden erwachte die Lust auf ein Abenteuer. Ihre Jagdambitionen waren wie weggeblasen, sie erfüllte allein die Erwartung, auf das Versteck eines Schatzes gestoßen zu sein, das Piraten irgendwann vielleicht an dieser Stelle angelegt hatten. Derartige Gerüchte waren den dreien bereits in ihrer Heimatstadt Chester zu Ohren gedrungen, alle möglichen Leute hatten darüber getuschelt – vielleicht war da wirklich etwas Wahres dran. Bubenträume erwachten, man schwor sich in die Hand, über »Money Pit«, wie sie ihr vermeintliches Piratenversteck nunmehr nannten, absolutes Stillschweigen zu bewahren. Und schon bald kehrten Daniel und seine Freunde heimlich zu der einsamen Eiche auf dem Hügel zurück, mit Schaufeln bewaffnet. Voller Hingabe widmeten sie sich ihrer neuen reizvollen Aufgabe.

Ihr Verdacht schien sich zu bestätigen. In drei Metern Tiefe stießen sie unversehens auf Gesteinsschichten, die – wie sich dann später herausstellen sollte – *keinesfalls* von Oak Island stammten. Aus einem unbekannten Grund waren die großen Blöcke von anderswo herbeigeschafft und hierorts vergraben worden. Das war aber noch nicht alles, was an Überraschungen auf unsere drei jugendlichen Schatzsucher wartete. Die Grabungen hatten inzwischen einen etwa vier Meter breiten kreisförmigen Schacht in der kieselhaltigen Lehmgrube freigelegt. In jeweils drei, sechs und neun Metern Tiefe kamen da plötzlich an den Wänden der eindeutig *künstlich* angelegten Vertiefung – *Eichenbohlen* zum Vorschein. Diese dicken, aus Eichenholz gefertigten Plattformen behinderten den Fortgang der Grabungsarbeiten der Jungen beträchtlich. Sie hatten ihre Tätigkeit inzwischen über Jahre hinweg betrieben, waren inzwischen längst ins Berufsleben eingetreten und hatten ihrer ungewöhnlichen Ambition einen großen Teil der Freizeit geopfert. Jetzt aber waren die Möglichkeiten von Daniel McInnes und seiner Geheimnisträger erschöpft. Fünf Jahre lang hatten die drei – längst schon zu Männern herangewachsen – eifrig gewerkt, um das Geheimnis des künstlichen Schachtes zu ergründen. Ausgerechnet an ihrem 21. Geburtstag mußten sie schließlich resignieren. Ihr Bemühen, Leute aus Chester als Mitarbeiter zu gewinnen, schlug fehl: Die abergläubische Bevölkerung des Städtchens verweigerte jedwede Hilfe. So ruhte die Suche nach vermeintlichen Schätzen bis zum Jahre 1804.

Natürlich ist es dabei nicht geblieben. Andere Glücksjäger folgten und machten da weiter, wo Daniel und seine Freunde abbrechen mußten. Die Suche nach einem angenommenen Schatz, die *bis zum heutigen Tag* andauert und bereits Millionen von Dollar verschlungen hat. Mehr als 25 Bergungsgesellschaften wurden seither ins Leben gerufen. Auf deren Minusseite steht leider auch der Tod von sechs Menschen – verunglückte Schatzsucher.

Aber das allein ist es nicht, was die Fachwelt über den möglichen Inhalt des Oak-Island-Schachtes – den Piratenschatz oder was immer – seit langem rätseln läßt. Es ist die *Anlage* selbst, die ihr Geheimnis beharrlich bewahrt, und es ist die geradezu künstlerische Raffinesse, mit der ihre Erbauer es verstanden haben, die offensichtliche Kostbarkeit, die tief in der Erde ruht, vor unbefugten Zugriffen abzusichern.

Je tiefer man nämlich in den Untergrund der Insel vordrang, desto *komplizierter* wurden die Barrieren, die sich den Suchenden entgegenstellten. Zunächst entdeckte man in 13 Meter Tiefe eine Sandsteinplatte von 60 Zentimeter Länge. Auf ihr waren unbekannte Buchstaben und Zeichen eingeritzt worden, die niemand zu entziffern und zu deuten wußte. Irgendwann im Verlauf der Jahrzehnte ging die mysteriöse Platte verloren; sie verschwand spurlos.

In 20 Meter Tiefe stießen die Suchenden auf die erste von mehreren Schichten von *Kokosfasern.* Allein das war seltsam genug – denn da es Kokosnüsse in Kanada nicht gibt, müssen die Erbauer der Anlage jene Fasern extra nach Kanada transportiert haben, um sie danach auf Oak Island im »Money Pit« (der sogenannten *Geld-Grube*) verschwinden zu lassen.

Trotz aller Widrigkeiten, die die Grabungsarbeiten behinderten, machte man weiter. Selbst immer wieder auftretender Geldmangel vermochte die Schatzsucher nicht von ihrer Tätigkeit abzuhalten. Schließlich hatte man eine Tiefe von 33 Metern erreicht – da ereignete sich ein neuerlicher Unglücksfall: Plötzlich brach Wasser in jenen Tunnel ein, auf den man in der Zwischenzeit gestoßen war und der, wie man herausgefunden hatte, ebenfalls künstlich angelegt worden war. Die damals mit den Grabungen befaßte »Truro«-Gesellschaft entdeckte dabei zweierlei: Der Tunnel führte direkt zum Meer und war außerdem für das Faktum mitverantwortlich, daß sich der Wasserspiegel im Schacht mit den Gezeiten jeweils hob und senkte. Man schrieb das Jahr 1893, als es den Forschenden zu bunt wurde, der immer wieder hereinströmenden Wassermassen Herr werden zu müssen. Kurzerhand wurde der Tunnel gesprengt. Aber das Ergebnis war gleich null: Die Grube füllte sich neuerlich mit Wasser. Inzwischen hatte

man eine Tiefe von 36 Metern erreicht, und wieder standen die Leute auf Oak Island vor einem Dilemma. Trotz modernster Geräte jener Zeit und dem Einsatz gewaltiger Pumpen, aufgeboten, um den Schacht trockenzulegen, sowie mehr als 20 angelegter Nebenschächte, mit deren Hilfe man an das Geheimnis von »Money Pit« heranzukommen hoffte, kam man nicht weiter. Als nämlich der erste Nebenschacht bis zu einer Tiefe von 36 Metern ausgehoben worden war, wurde dieser plötzlich ebenfalls von Meerwasser überflutet.
Bald schon entdeckten die Oak-Island-Forscher die Ursache für diese neuerliche Verzögerung: Die schlauen Erbauer der Anlage hatten seinerzeit weite Teile der Insel mit einem künstlichen Flutsystem durchzogen. Es nützte den Kanadiern wenig, daß sie schließlich den Ursprung dieses Flutsystems – eine Bucht – zu lokalisieren vermochten. Das System selbst trockenzulegen mißriet ihnen gründlichst.
Erst jetzt fand man heraus, daß zum eigentlichen »Money Pit« mindestens *drei* Flutkanäle führen. Sie bewirkten es, daß der Schacht in unterschiedlicher Tiefe immer wieder vollief. 1942 kam in 45 Meter Tiefe dann noch ein *zweiter* Tunnel zum Vorschein. Es hatte den Anschein, als wollten sich die unbekannten Erbauer der Anlage jetzt noch über die kanadischen Glücksjäger lustig machen. Immer schienen sie um einen Schritt voraus.
Hindernis um Hindernis stellte sich den Vorwärtsdrängenden entgegen. Mal waren es Platten aus Eichenbohlen, dann wiederum Eichenkisten. In 51 Meter Tiefe wurde dann ein rätselhaftes Stück Pergament aus dem Erdreich gebuddelt, ein paar Meter weiter senkrecht nach unten wurden die Grabungen durch *Eisenplatten* blockiert. Heute ist man in einer Tiefe von etwa *60* Metern angelangt – ein Ende der Bemühungen, den »Schatz« auf Oak Island zu heben, ist nicht in Sicht. 1849 hatten ein paar Optimisten geglaubt, endlich fündig geworden zu sein. Ihre Probebohrung in 33 Meter Tiefe hatte je-

Querschnitt jenes geheimnisvollen Schachtes auf Oak Island. ▷

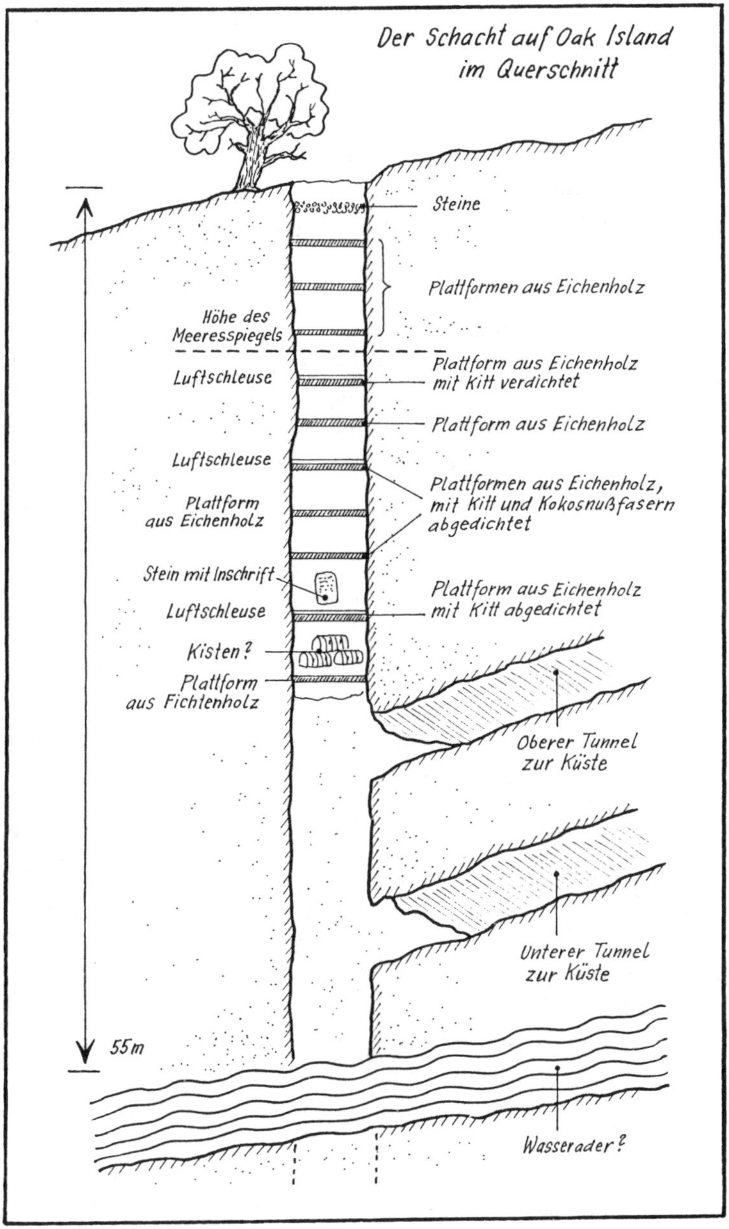
Der Schacht auf Oak Island im Querschnitt
Steine
Plattformen aus Eichenholz
Höhe des Meeresspiegels
Luftschleuse
Plattform aus Eichenholz mit Kitt verdichtet
Plattform aus Eichenholz
Luftschleuse
Plattform aus Eichenholz
Plattformen aus Eichenholz, mit Kitt und Kokosnußfasern abgedichtet
Stein mit Inschrift
Luftschleuse
Plattform aus Eichenholz mit Kitt abgedichtet
Kisten?
Plattform aus Fichtenholz
Oberer Tunnel zur Küste
Unterer Tunnel zur Küste
55m
Wasserader?

doch bloß drei Glieder einer schmalen Goldkette ans Tageslicht befördert. Weiteres Edelmetall wurde nicht gefunden.
Weshalb wurde aber diese gewaltige und mit so viel Raffinement ausgestattete Anlage dann eigentlich gebaut? *Von wem* und *wofür?* Niemand kennt die Antwort, niemand vermag auch nur andeutungsweise anzugeben, *was* da drunten verborgen sein könnte. Seemannsgarn über den legendären *Kapitän Kidd,* der angeblich den behaupteten »Schatz« hier vergraben haben soll, kann man vergessen. Der Käpt'n mag ein tüchtiger Seebär gewesen sein – die Fähigkeit, eine so bemerkenswerte Anlage zu schaffen, besaß er ganz bestimmt nicht. Ein derartiges Meisterwerk ist nur einem besonders begabten Ingenieur zuzutrauen. Dieser muß über hervorragende Kenntnisse im Tief- und Bergbau sowie über ein Team ausgebildeter Mitarbeiter verfügt haben, um so etwas zustande zu bringen. Keinesfalls kann die Behauptung aufrecht erhalten bleiben, *Piraten* hätten seinerzeit das Versteck auf Oak Island angelegt. Zwar waren Seeräuber einst überaus kriegerische und kämpferische Typen, aber im Grunde höchst einfache Leute, um nicht zu sagen: Analphabeten. Ihnen war damals allein nur wichtig, auf schnellstem und bequemstem Weg an ihr Beuteversteck heranzukommen. Kompliziert zu betretende Anlagen wie jene auf dem winzigen Eiland vor der Küste Neuschottlands hätten die Piraten bloß behindert.
Verschiedene Publizisten haben sich natürlich Gedanken darüber gemacht, wer hinter all dem Mysteriösen stecken könnte und welchen Sinn eine solche Anlage letztendlich hat. *Rupert Furneaux* sieht in den britischen *Königlichen Pionieren,* die um 1778 in Halifax in Neuschottland stationiert gewesen waren, die einzige Gruppe in dieser Gegend, der er die entsprechenden Kenntnisse und Fähigkeiten zubilligt, ein so kompliziertes Versteck, wie das auf Oak Island, anzulegen. Er vermutet, daß dort ein Schatz von außerordentlichem Wert – zum Beispiel *Soldkisten* – vergraben worden sein könnte. *Janusz Piekalkiewicz* wiederum kommt zu der Auffassung: »Auf jeden Fall deutet das derart kompliziert angelegte Schatzver-

steck darauf hin, daß die Männer, die dort arbeiteten, ihren Schatz, wenn nicht für sich, so doch für die Gemeinschaft, der sie angehörten, für die Zukunft bewahren wollten, sei es auch für eine Zeit, die erst nach Generationen kommen würde.«

Vorläufig jedoch ist alles höchst ungewiß. Weder kennt man die *Erbauer* der rätselhaften Anlage, noch das was sie an Wertvollem enthält. Selbst über die Zeit, in der dieses Versteck geschaffen wurde, vermag man nichts zu sagen. Sicher bestand es *vor* dem Jahr 1700 – aber ob es Jahrzehnte waren oder gar Jahrhunderte, darüber tappt man im Dunkeln. Drei scheinbare Hinweise, die hoffen ließen, endlich eine zielführende Spur gefunden zu haben, erwiesen sich als trügerisch: So der eingangs erwähnte *Flaschenzug,* von dem man zuerst angenommen hatte, er stamme von den Erbauern. Heute weiß man: er ist mit Sicherheit weit späteren Datums und vermutlich von früheren, ebenfalls gescheiterten Schatzsuchern zurückgelassen worden. Ähnlich dürfte es sich auch mit jenem in 51 Meter Tiefe aufgefundenen (im übrigen zerrissenen) *Pergament* verhalten, auf welches irgend jemand mit einem Federkiel die Buchstaben *»V«* und *»I«* gekritzelt hatte. Bedeutung derselben: unbekannt. Und schließlich erwiesen sich auch jene seltsamen Zeichen als sinnlos, die ein paar Schatzsucher 28 Meter unter der Erde auf einem *Stein* entdeckten und glaubten, als Schrift entziffert zu haben: »Drei Meter tiefer sind drei Millionen Pfund vergraben.« Fehlalarm! Wahrscheinlich hatte ein frustrierter Spaßvogel, der wie die anderen erfolglos einem imaginären »Schatz« nachgejagt war, diesen Scherz der Nachwelt hinterlassen.

Allen bisherigen Fehlgrabungen zum Trotz: Irgend etwas dürfte tatsächlich dort drunten im Schacht verborgen sein. Und nimmt man die gesamte, komplizierte Anlage zum Maßstab für die wahrscheinliche *Bedeutung* ihres irgendwo in der Tiefe ruhenden Inhalts, dann sind jedweder phantastischen Spekulation Tür und Tor geöffnet. Was da, an der Schwelle zum 3. Jahrtausend, darauf wartet, endlich gehoben zu werden, bleibt ein Geheimnis.

20 Die Rätsel des magischen Berges

Im Val Camonica existieren außerirdische Beweise

Er muß heute als die wahrscheinlich bedeutendste archäologische Rarität seit Tut-ench-Amun im ägyptischen »Tal der Könige« angesehen werden – jener geradezu unglaubliche Fund am *Hauslabjoch* in den Ötztaler Hochalpen zwischen Tirol und Italien: Gemeint ist das vor nicht ganz zwei Jahren eher zufällig entdeckte Skelett eines Menschen, der in prähistorischen Zeiten, vor ungefähr *5300* Jahren, in dieser Gegend gelebt hatte und hier auch gestorben ist. Seine mumifizierte Leiche war über die Jahrtausende hinweg im Eis eines Gebirgsgletschers eingeschlossen, dabei konserviert worden und auf diese Weise fast unversehrt geblieben. Das allmählich abschmelzende Eis hatte »Ötzi«, wie der Gletschertote von den Tirolern inzwischen liebevoll genannt wird, schließlich freigegeben.

Seit jenem 19. September 1991, dem Tag seiner Entdeckung, sorgt »Ötzi« für Aufregung unter den Wissenschaftlern. Viele Fragen wurden durch den Sensationsfund aufgeworfen, und immer neue werden gestellt. Archäologen sehen in dem Toten einen verirrten Hirten, Jäger oder Händler, andere wiederum einen Priester – eine Art Medizinmann oder Magier –, worauf die Ausrüstung »Ötzis« sowie gewisse körperliche Merkmale, vom Amulett, das man bei ihm fand, bis zu seltsamen Tätowierungen auf seinem Rücken und den Knien, schließen lassen. Auch um einen Schamanen könnte es sich (so vermutet es jedenfalls der an der Universität Innsbruck tätige Archäologe Dr. *Reinhold Pöder*) bei dem mumifizierten Mann gehandelt haben. Eigentlich hatte sich der Wissenschaftler zuerst lediglich mit der Untersuchung jenes Fundes befaßt, den seine Tiroler Kollegen für den Teil eines recht urigen Feuerzeuges hielten: trockene Baumschwämme, mit denen man damals Funken geschlagen hatte. Pöders mikrobiologische Analyse führte jedoch diese Annahme ad absurdum. Die Schwämme dienten nämlich nicht zum Feuermachen, sondern wurden von den Menschen jener Zeit als »eine Art bewußtseinserweiterndes Rauschmittel« herangezogen. »Bei Naturvölkern«, erläutert Dr. Pöder seine Entdeckung, »benützen die Schamanen auch heute noch diese Pilze als berauschenden Wirkstoff.«

Der Verdacht, bei »Ötzi«, dem Gletschermann, könnte es sich tatsächlich um etwas Ähnliches gehandelt haben, gewinnt an Beweiskraft, seit der österreichische Volkskundler *Hans Haid* nahe dem Gletschergrab fündig geworden ist: Er entdeckte eine prähistorische *Kultstätte.* Der Forscher registrierte Steinkreise mit aufgerichteten Felsplatten, die von kleinen Menhiren unterbrochen werden. Alles zusammen ergibt ein Heiligtum aus grauer Vorgeschichte. In der Steinzeit standen solche Menhire, Dolme oder *Hinkelsteine* (»Obelix« läßt grüßen!) auf jenen rituellen Plätzen, wo Priester und Schamanen ihren zeremoniellen Kulten huldigten und Verbindung zu höheren Wesen suchten. Diese Wesen galten damals als »Schneegötter«, die Berge waren ihr Domizil. War »Ötzi« in seiner priesterlichen Funktion ihrem Ruf gefolgt? Hatte er Kontakt zu den von ihm verehrten überirdischen Geschöpfen gesucht?

Felsheiligtümer genießen in vielen Gebieten der alpinen Region besondere Verehrung. So werden der *Monte Bego* in Südfrankreich, das schweizerische *Wallis, Carschenna* im eidgenössischen Graubünden, das *Veltlin,* die Hochebene von *Asiago* sowie die Hänge des *Monte Baldo* am Gardasee – vor allem aber *Val Camonica* (alle auf *italienischem* Gebiet) als »heilige Orte« bezeichnet.

Val Camonica, das »Tal der hunderttausend Wunder«, ist eine idyllische, anmutige Landschaft im Nordosten von Mailand. Sie erstreckt sich vom romantischen Iseosee bis zur Ortschaft Edolo im Norden des Gebietes. Hier fraß sich im Laufe von Hunderttausenden von Jahren der schmale Ogliofluß durch Erde und Gestein, und vor gut zwölftausend Jahren, während der Eiszeit, schoben sich gewaltige Eismassen durch das Val Camonica. Als die Gletscher wieder zu schmelzen begannen – was mehrere hundert Jahre dauerte –, hinterließen sie eine höchst unwirtliche Vegetation. Das Talbett hatte sich zu einer Sumpflandschaft verändert, und gigantische, flache Steinplatten umgaben das Terrain. So finden wir sie heute noch am Fuße riesiger, bis zu 2500 Meter hoher Felsmassive.

Gerade dort befindet sich ein besonderes Kuriosum: der *Pizzo Badile Camuno* – ein imposanter Felsturm von majestätischer Größe. Er wird von alters her als *Geisterberg* bezeichnet und genießt »heilige« Verehrung. Einheimische wissen von einer Volkslegende, in der von einer Höhle berichtet wird mit einem den Göttern geweihten, in prähistorischer Zeit errichteten Altar. Dort soll – der Sage nach – ein »Berggeist« sein Unwesen treiben. Bislang ist jedoch der Höhleneingang zu jener Kultstätte unentdeckt geblieben. Nicht so der Geist des Berges. Er versetzt Talbewohner wie Touristen der Jetztzeit gleichermaßen in Staunen. Das Außergewöhnliche des Pizzo Badile Camuno ist nämlich nicht nur seine bizarre Größe – sondern vor allem sein *Schatten!* Der offenbart sich zuweilen gleich einer magischen Aura als gespenstisch anmutender Lichtschein am Himmel. Ein Phänomen, das sich regelmäßig wiederholt und stets zu Frühlings- und Herbstbeginn bewundert werden kann (siehe Bildteil des Buches).

Was hat zu dieser eindrucksvollen Aura des Pizzo Badile Camuno geführt? Welche Lösungen haben Wissenschaftler dafür gefunden? Läßt sich die Ursache des »Geisterschattens« über dem Gipfel dieses »magischen« Berges erklären? Einer der Autoren (R. H.) hat kompetente Leute dazu befragt. So den Direktor des Deutschen Geodätischen Forschungsinstituts in Bonn – Professor Dr.-Ing. *Karl-Rudolf Koch.* Dieser meint herausgefunden zu haben, die Leuchterscheinung entstehe dadurch, daß »in der Luft Teilchen vorhanden sind, die das Licht reflektieren, so daß jener Schatten sichtbar« werde. Was natürlich zu der Frage führen muß, weshalb dieses strahlende Phänomen und der damit verbundene Schatten nur beim Pizzo Badile Camuno beobachtet werden kann. Die Antwort des Professors scheint in sich etwas widersprüchlich. »Das Phänomen des Schattenbildes tritt ganz sicher nicht bloß bei diesem Berg zutage«, glaubt er zu wissen. »Es scheint aber beim Pizzo Badile Camuno offenbar besonders ausgeprägt zu sein. Schatten werden wohl auch andere Berge werfen.« Nur: Wer vermag auf ähnliche »Heiligenscheine« über anderen Berggipfeln hinzuweisen? Gibt es davon (wo immer es auch sein möge) dokumentierte Fotos? Mir ist nichts derartiges bekannt. Und offenbar ist diese Unkenntnis über ähnliche Erscheinungen nicht allein mir zu eigen – wir vermochten bisher niemanden ausfindig zu machen, der uns das Gegenteil beweisen konnte. Schließlich schloß Professor Koch seine Ausführungen mit der (allerdings rein *hypothetischen*) Überlegung: »Da das Phänomen im Frühjahr und im Herbst auftritt, vermute ich, daß es feine Wassertröpfchen sind, an denen das Licht abgelenkt wird.« Sein Tip: »Wenden Sie sich an einen Meteorologen, um herauszufinden, ob meine Theorie zutrifft.«

Gesagt, getan. Ich wandte mich also an einen profunden Experten. Universitäts-Professor Dr. *Steinhauser* ist der Leiter der Wiener Zentralanstalt für Meteorologie und Geodynamik. Seine Definition: »Bei der beschriebenen optischen Erscheinung des Bergschattens handelt es sich um ein Phänomen, das nicht nur im Val Camonica sichtbar wird, sondern prinzipiell bei jedem Berg und zu allen Jahreszeiten auftreten kann und auch auftritt.«

Bei *jedem* Berg und zu *jeder* Jahreszeit? Ein offensichtlicher *Widerspruch!* Denn gerade der »magische« Pizzo Badile Camuno läßt uns seine geheimnisvolle Aura doch nur an bestimmten Tagen im Frühjahr und im Herbst bestaunen. Professor Steinhauser sieht das anders. Er verweist darauf, daß »in speziellen Fällen auch eine Leuchterscheinung um die Spitze des Schattenbildes sichtbar wird«. Das Phänomen, das als »Brockengespenst« im »Lehrbuch der atmosphärischen Optik« beschrieben ist – ein Naturschauspiel also –, wird auf eine Lichtreflexion zurückgeführt, die durch eine Nebelwand oder eine Wolkendecke ausgelöst werde und auf diese Weise imstande sei, dem Beobachter ein vergrößertes Schattenbild vorzutäuschen. Wörtlich heißt es weiter: »Im Nebel irrt man sich bekanntlich fast stets in der Größe und Entfernung eines Gegenstandes. Infolge der Trübung und undeutlichen Sichtbarkeit verlegt man einen Gegenstand von bekannten Umrissen unwillkürlich in viel größere Distanz als wo er wirklich ist, und hält ihn dann für viel größer. So entsteht der Eindruck des erschreckend Großen. Damit wird also jedenfalls das gespenstische jenes Schattenrisses zusammenhängen. Ist der Beobachter selbst außerhalb des Nebels, dann fehlt die optische Täuschung. Das eigentliche Brockengespenst erfordert daher wohl, daß der Beobachter selbst in einer dünnen Wolke steht.«

Ob der (im übrigen) *bläuliche* Strahlenkranz des »magischen Berges« wirklich bloß unter bestimmten Wetterbedingungen sichtbar wird, wäre einer näheren wissenschaftlichen Überprüfung wert. Vorläufig bleibt auch diese Auslegung des Phänomens auf dem Pizzo Badile Camuno lediglich eine hübsche Theorie. Das beweisen die unterschiedlichen Denkmodelle.

Dr. *Dietrich,* Geophysiker am Institut für Meteorologie und Geophysik an der Goethe-Universität in Frankfurt am Main, will sich jedenfalls nicht exponieren. Das Problem sei von hier aus am grünen Tisch natürlich nicht einwandfrei zu lösen, meint er vorsichtig, auf die mögliche Herkunft des »Geisterschattens« angesprochen. Er vermutet, daß bei dieser Erscheinung auch noch andere Schatten von höheren und weiter entfernt befindlichen Berggipfeln beteiligt sein könnten. Nichts Genaues weiß man nicht – ist man versucht zu spötteln. Offenbar hat man sich in meteorologisch-wissenschaftlichen Kreisen mit dem Rätsel noch nicht genügend auseinandergesetzt. Der Schriftführer der deutschen Geophysikalischen Gesellschaft in Hannover, *Greinwald,* gab jedenfalls unumwunden zu: »Der von Ihnen zitierte ›Bergschatten‹ ist ein mir bislang unbekanntes Phänomen. Die einzige Erklärung, die mir

dazu einfällt, ist eine Projektion des Berges gegen den Himmel, wobei die Sonne als Projektor wirkt.«
Diese Annahme hat nur dann Gültigkeit, wenn zu ihrer Bestätigung bestimmte Voraussetzungen gegeben sind. So darf der Bergschatten dann nur in *östliche* Richtung fallen, und die Aura nur bei *stark bewölktem* Himmel sichtbar werden. Zudem wäre hier der Schatten lediglich während des Sonnenunterganges zu sehen – nämlich dann, wenn die Sonne bereits hinter dem Horizont verschwunden sein sollte und das Licht somit waagerecht auf den Berg fiele. »Nur unter solchen Wetterbedingungen kann ich mir vorstellen, daß ein Schatten des Berges gegen den bewölkten Himmel geworfen wird«, begründet der Geophysiker seine Folgerung. Seiner Meinung nach sollten die hier genannten Fakten einmal gesondert nachgeprüft werden.
Da beginnt man sich zu fragen, weshalb das nicht schon längst geschehen ist; weshalb bislang vor Ort noch keine genaueren Untersuchungen vorgenommen worden sind? Ein Rätsel harrt der Lösung.
Aber es ist nicht allein die geheimnisvolle »Aura« des Pizzo Badile Camuno, die in ihrer Besonderheit unsere Neugier geweckt hat – dieser »magische Berg« hat darüber hinaus im gesamten Val Camonica unübersehbare Spuren hinterlassen. Wir finden sie als ewige Zeugen einer im Dunkeln liegenden Vorgeschichte eingeritzt in die Felslandschaft. Eine Vielzahl seltsamster Gravuren, szenische Darstellungen, die unsere Phantasie herausfordern. Weder in Italien selbst noch anderswo kennt man eine ähnlich vergleichbare Anhäufung von Felszeichnungen prähistorischer Kunst. Sie nahmen in einer Epoche ihren Ausgang, als die Eiszeit zu Ende gegangen war und die gewaltigen Gletscher abzuschmelzen begannen. Seit damals prägen sie nachhaltig die Charakteristik dieses Tales. Riesige Steinmassive wurden abgeschliffen und in natürliche Felsplatten verwandelt. Die ältesten Kunstwerke der Talbewohner. Es dürfte Jahrtausende gedauert haben, ehe die Folgen der Eiszeit überwunden waren. Val Camonica war wäh-

renddessen eine sumpfige, öde Gebirgslandschaft und bestimmt kein angenehmer Lebensraum. Dennoch siedelten sich Menschen an, errichteten im Tal sumpfgeschützte Pfahlbauten (manche sogar mehrstöckig) und verwandelten die kahlen, abweisenden Berghänge nach und nach in ein faszinierendes Freilichtmuseum.

Ein Arbeitsvorgang, der sich über viele Generationen und mehrere Jahrtausende erstreckt haben muß. Diese in die Felsen geritzten Bilddokumente konzentrieren sich im Übermaß auf den Bereich zu Füßen des Pizzo Badile Camuno sowie auf die Umgebung der nächstgelegenen Ortschaft *Capo di Ponte.* Eine Drittelmillion Ritzgravuren konnte bisher freigelegt werden. Aber immer noch gibt es dort viele Felshänge, durch Erdreich, Moos oder Flechten verdeckt, die dem Auge des Forschers entgangen sind oder noch nicht eingehender untersucht werden konnten. Fremdartige Symbole machen es schwer, »Sinn und Zweck der Zeichen auf befriedigende Weise zu interpretieren«, bekennt Dr. *John Waechter* vom Archäologischen Institut London. Der Spielraum an Deutungen reicht von Ritualen bis hin zu im Drogenrausch erdachten Geisterwesen. Etliche Gravuren bereiten den Vorzeitexperten schlaflose Nächte – so etwa jene Abbilder, die von Bestsellerautoren wie *Erich von Däniken* oder *Peter Kolosimo* als Prä-Astronauten gedeutet wurden.

Im Zurla-Gebiet, etwas abseits der üblichen Geröllfelder und nur über privates Gelände zugänglich, stieß einer von uns (R. H.) auf jene zuvor erwähnten Darstellungen – wahrscheinlich die populärsten, die über Val Camonica hinaus weltweit bekannt geworden sind: zwei männliche Wesen in Anzügen, die eigenartige Geräte oder Waffen in den Händen halten. Ihre Köpfe sind von Helmen umgeben, diese wiederum von einer strahlenden Aura eingerahmt. Spricht man Einheimische darauf an, bezeichnen sie jene Felsgravur als *»Astronauti«.* Im übrigen eine Steingrafik, die, wie beinahe alle Ritzzeichnungen von Val Camonica, lediglich an die 30 Zentimeter Größe mißt. Dennoch sticht im besonderen Fall

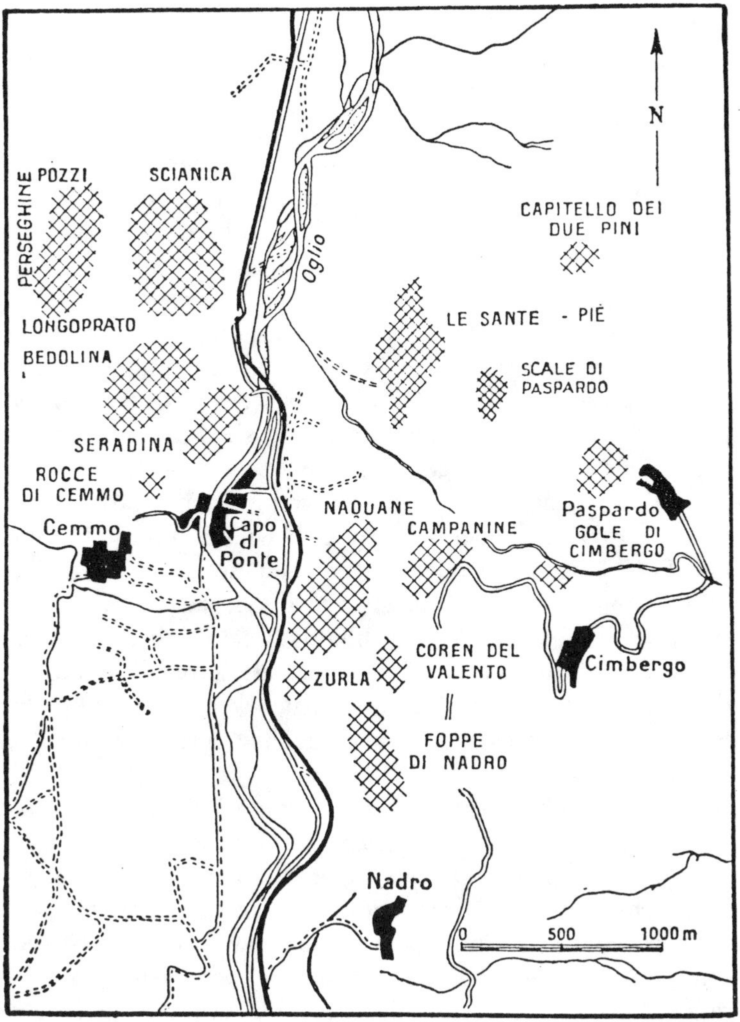

Verteilungsplan der Steinzeichnungszonen im Gebiet von Capo di Ponte.

die Ähnlichkeit der Figuren mit modernen Raumfahrern deutlich ins Auge. Aber es sind längst nicht die einzigen dort sichtbaren behelmten Gestalten. Um das festzustellen, bedarf es bloß eines Besuchs von *Foppe di Nadro*. Im Umkreis dieses

Gebietes, inmitten des örtlichen Nationalparks, finden wir an die 60 bebilderte Felsen mit einer Vielzahl der verschiedensten Gravuren. Da ist über dem Kopf eines Mannes mit dem obligaten Strahlenhelm ein propellerförmiges Objekt erkennbar. Es vermittelt dem Beschauer den Eindruck eines Fluggerätes. Originellerweise deckt sich eine derartige Annahme in gewisser Weise mit der offiziellen archäologischen Interpretation: Altertumsforscher glauben, in der bildlichen Aussage der Gravur ein »Kraft-« oder »Bewegungssymbol« erkannt zu haben. In nächster Nähe – ein weiteres »Weltraumgeschöpf«. Leider nur noch schlecht sichtbar, da durch Umwelteinflüsse beschädigt. Das ist überhaupt das Dilemma vieler Ritzzeichnungen im Val Camonica. Jahrtausende waren sie durch das auf ihnen gelegene Erdreich geschützt gewesen. Seit Prähistoriker jedoch die Steinplatten freizulegen vermochten, sind die Gravuren den Unbillen der Witterung, bewußten und unbewußten Beschädigungen durch Menschen sowie der Luftverschmutzung ausgesetzt. Inzwischen überlegt man in wissenschaftlichen Kreisen, das reichhaltige steinzeitliche »Bilderbuch« – also die zeichenübersäten Felsplatten – mit einer durchsichtigen *Kunststoffschicht* abzudecken, um dieses kostbare Zeugnis aus unserer Vergangenheit auch kommenden Generationen zu erhalten.

Besonders einem Mann liegt das sehr am Herzen – dem italienischen Archäologen Dr. *Ausilio Priuli.* Seit vielen Jahren widmet er sich intensiv der Erforschung vorgeschichtlicher Felszeichnungen, und das nicht nur im eigenen Land, sondern auch in ähnlich reichhaltigen Gebieten von Europa, Afrika und den USA. Dr. Priuli ist es in den vergangenen Jahren geglückt, da wie dort verblüffende Gemeinsamkeiten in den Darstellungen aufzuzeigen. Er gilt heute als einer der herausragendsten Experten dieses Forschungszweiges. Um so erfreulicher für mich, als ich bei meinem Streifzug durch wildes Gestrüpp und Kletterpartien über felsige Steilhänge zufällig Dr. Priuli begegnete und damit Gelegenheit erhielt, diesen sympathischen Wissenschaftler kennenzulernen. Schon seine erste Reaktion kam für mich überraschend. Als ich nämlich Dr. Priuli (der das Museum für prähistorische Kunst von Capo di Ponte leitet) auf die Gravuren der behelmten Wesen hinwies, gab er offen zu, daß dabei tatsächlich eine gewisse Ähnlichkeit mit Raumfahrern festgestellt werden könne. Er selbst, gestand er mir lächelnd ein, habe in seinem (übrigens sehr populären) Sachbuch »Felsbilder in den Alpen« jene eingangs erwähnte Felszeichnung »Roccia degli Astronauti« betitelt.

Selbstverständlich weist er eine ernsthafte Verbindung dieser Darstellung mit einem möglichen Vorzeitbesuch aus dem All weit von sich. Er sieht darin vielmehr »eine Verbindung der Wirklichkeit mit dem Übernatürlichen und Göttlichen«. Seiner Ansicht nach handelt es sich bei den Gravuren mehrheitlich um »die Manifestation von Gebetsformen, die bloß von eingeweihten Priesterkünstlern in die Felsen geritzt werden durften – in Gestalt von Wesen mit symbolischem und erzählendem Charakter, zu denen auch die Darstellungen der behelmten Männer gehörten«. Dem einfachen Volk sei lediglich die Freiheit zugestanden worden, vermutet der Archäologe weiter, »sich in kleineren Zeichen auszudrücken und zu beten«.

Daß dem Gebet sowie der Verehrung höherer Wesen besondere Bedeutung beigemessen wurde, davon weiß auch eine alte Volkslegende aus Südtirol zu berichten. Vor langer, langer Zeit hatten »furchtbare Kämpfe zwischen Göttern, Dämonen und Zauberern stattgefunden, mit dem Ziel, die Valmasca, das Hexental, vom Übel zu befreien. Das gelang einem alten Einsiedler, der später in einer Höhle verstarb. Seither begaben sich Priester und Hirten der Gegend, aus Dankbarkeit, jedes Jahr auf Pilgerschaft in dieses Tal und ließen jeweils auf den Felsen dauerhafte Zeugnisse ihres Glaubens und ihrer Erkenntlichkeit zurück.«

Man mag sich mit dem Gedanken durchaus anfreunden, hinter jener alpinen Felskunst einen lediglich religiös motivierten Ursprung zu vermuten; was aber war der *eigentliche* Anlaß dafür gewesen? Beruhten alle die kultischen Gebräuche bloß auf der Angst und dem Respekt vor irgendwelchen grotesken Geisterwesen? Oder hatte es davor einen *realen* Anlaß gegeben, der die späteren Ergebenheitsgesten der Leute, und die damit unmittelbar zusammenhängenden künstlerischen Aktivitäten einzelner Steingraveure ausgelöst hatte? Was war damals an Konkretem im Val Camonica vorgefallen? Was hatte dazu geführt, ihm den Namen »Tal der hunderttausend Wunder« zu geben?

Nun wissen wir selbstverständlich, daß der Mensch seit Urzeiten bestrebt war, etwas zu schaffen, das ihn überleben konnte. Sein Drang, unübersehbare Spuren seiner Tätigkeit und seines Wirkens zu hinterlassen, um nachfolgenden Generationen Zeugnisse seiner geistigen und manuellen Fähigkeiten mit auf den Weg zu geben, scheint in ihm geradezu programmiert zu sein. Es beflügelte bereits den Frühzeit-Geborenen, erste kunstvolle Höhlenmalereien und Felsbilder anzufertigen. Ritzzeichnungen, die keineswegs bloß aus Zeitvertreib, Langeweile oder Geltungsbedürfnis geschaffen wurden. Nein, die Künstler der Prähistorie dachten rein naturalistisch. Was sie in ihrer unmittelbaren Umgebung, auf Feldern, in Wäldern und wo immer sie sich bewegten, auch sahen, versuchten sie aus ihrem Vorstellungsempfinden heraus nachzuahmen. Dazu zählten ziemlich genaue Wiedergaben von Jagdszenen sowie von Menschen und Tieren, denen sie begegnet waren. Alle diese Darstellungen verraten eine gute Beobachtungsgabe, und sie faszinieren noch immer wegen ihrer Frische und Lebendigkeit in Ausdruck und Bewegung. Ein Hirsch etwa, mit seinen Attributen – dem Geweih und seinem kraftvollen Körperbau –, wurde von den Künstlern aus der Vorzeit naturgetreu auf Felswänden wiedergegeben. Kein Altertumsforscher käme auf die Idee, dahinter etwas *anderes* als eben dieses Tier zu vermuten. Nur bei den Gravuren der behelmten Gestalten in raumfahrerähnlicher Kleidung spricht man unseren zeichnerisch begabten Vorfahren den Sinn dafür ab, Geschautes naturgetreu in den Stein geritzt zu haben. Da redet man plötzlich und unmotiviert von »Geisterwesen« sowie (natürlich *erfundenen*) »Phantasiegeschöpfen«. Warum eigentlich? Nur deswegen, weil jede andere – insbesondere die »naturalistische« – Interpretation dem dogmatisierten Geschichtsbild unserer Vorzeitforscher widersprechen würde?

Wie zur Bestätigung für eine solche Annahme deutet der italienische Archäologe Professor *Emmanuel Anati* eine Ritzzeichnung im »Cemmo«-Gebiet – eine recht merkwürdig anmutende »Prozession« und damit verbundene Huldigung von »Göttern« – als »wahrscheinliche Zauber- oder Hexenszene«. Aber ist selbiges damit wirklich gemeint? Zu sehen sind zwei Personen, die die Arme zum Himmel erhoben haben. Sie stehen einer Gestalt *ohne* Arme und *ohne* Geschlechtsteile gegenüber. Prof. Anati bringt seine offensichtliche Ratlosigkeit sowie die seiner Kollegen »auf den Punkt«, wenn er in seiner Gesamtbetrachtung sich zu dem Eingeständnis durchringt: »Im Val Camonica befinden sich zahlreiche Bilder dieser Art, aber deren eigentlicher Sinn ist bis heute noch unbekannt.«

Niemand vermag also mit absoluter Sicherheit zu sagen, ob nicht vielleicht *doch* außerirdische Lehrmeister (die als »Götter« angesehen wurden) die Kultur im und um Val Camonica mit ihren überlegenen Kenntnissen »befruchtet« haben – Tatsache jedoch ist: Steinzeitmenschen aus dem »Tal der hunderttausend Wunder« besaßen ganz erstaunliche Kenntnisse. Das belegen jahrtausendealte Landkarten, die hier gefunden worden sind.

Die berühmteste davon ist die »Mappa di Bedolina«, 207 mal 386 Zentimeter groß. Es handelt sich dabei um die älteste geografische Karte, die bisher in Europa gefunden werden konnte. Darauf ist alles exakt wiedergegeben: Siedlungen aus der Vorzeit ebenso wie darin errichtete mehrstöckige Bauwerke, und natürlich sämtliche Flüsse, Seen, Wege und Wiesen, die sich damals in dem Gebiet befanden und die auch heute noch – aufgrund dieser Landkarte und obwohl die Natur inzwischen zu ihrem Recht gekommen ist – lagemäßig andeutungsweise zu erkennen sind. Sogar die verschiedenen Metallvorkommen hatte man seinerzeit auf der Karte vermerkt. Vergleiche mit modernen Landkarten ergaben eine überraschende Deckungsgleichheit mit den Steinzeitkartografien. Das beweist einmal mehr, daß die Kenntnisse der Leute vor Jahrtausenden keineswegs primitiv gewesen sind und in mancherlei Beziehung den unseren durchaus ebenbürtig waren. Es ist also nicht so, wie gelegentlich gerne behauptet wird, daß es erst nach und nach ein Anwachsen kultureller Errungenschaften bei den Menschen gegeben habe – im Gegenteil: Da und dort ist vielmehr sogar ein regelrechter Niedergang des kulturellen Niveaus gegenüber früher feststellbar. Man beginnt sich zu fragen, wer oder was beispielsweise den Kartografen der Steinzeit zu ihren Erkenntnissen verholfen haben könnte. Es muß verwundern, auf der Landkarte zu sehen, daß darauf topografische Einzelheiten nicht nur einfach in den Felsen geritzt, sondern *verzerrungsfrei* und *maßstabsgetreu* wiedergegeben wurden. Welche Projektionsverfahren kannten die Kartografen der Frühgeschichte? Was befähigte sie, dermaßen exakt zu arbeiten? Und überhaupt: Woher bezogen sie ihr Wissen von der Vermessungstechnik?

Manches Relikt aus dem Val Camonica vermittelt dem Betrachter ein etwas zwiespältiges Gefühl. Es fällt ihm schwer, dabei an eine primitive Steinzeitkultur zu denken, verraten ihm doch einige dieser Dinge ein erstaunlich hohes Wissen.

Das gilt auch für das »Symbol der Schaufel«. Das ist ein mysteriöses Ritzzeichen, das in der Felslandschaft des Tales häufig anzutreffen ist und bei den Experten für die unterschiedlichsten Interpretationen gesorgt hat. Einig sind sich die Vorzeitforscher lediglich darin, daß diese Gravur eine *magische* Bedeutung hat. In prähistorischer Zeit wurden ihr von den Einwohnern des Val Camonica (so ist legendär überliefert) große *überirdische* Kräfte zugeschrieben. Um welche »Kräfte« es sich jedoch gehandelt haben könnte, das wissen die Gelehrten nicht zu sagen.

Seltsam berührt auch jenes Kreissymbol, das sich nicht nur im »Tal der hunderttausend Wunder« wiederfindet. Es wurde häufig auch an anderen alpinen Orten entdeckt. Das Symbol zeigt einen offensichtlich vereinfacht dargestellten Kreis, den Experten wie Professor Anati als primitive Sonnenscheibe deuten, die oft durch einen Punkt in der Kreismitte angezeigt wurde. Er vermutet deshalb in dem Kreissymbol einen frühzeitigen Sonnenkult. Jedenfalls sei das Entstehen dieser Gravuren in der ältesten Epoche der Val-Camonica-Kultur anzusiedeln, meint der Forscher, die unmittelbar nach der letzten Eiszeit begonnen habe.

Sinnbilder der Sonne stehen meist im Zusammenhang mit anderen Motiven. Man findet sie neben fadenförmigen, menschlichen Gestalten mit zum Himmel emporgestreckten Armen, aber ebenso neben unzähligen Sternendarstellungen, Strahlenbündeln, geometrischen Anordnungen sowie Treppen oder Netzen. Zweifellos alles Bilder, die den Aufstieg zum Himmel – die Verbindung zwischen irdischer und himmlischer Welt verdeutlichen sollten.

Oft finden wir in diesem Gebiet mehrere dieser »Sonnen« in Gruppenformation abgebildet. Derlei Darstellungen lassen sich aber nur schwer zu einem von den Altertumsforschern so beharrlich in Erwägung gezogenen Sonnenkult zurechtbiegen. Könnte mit den Gravuren seinerzeit etwas völlig anderes gemeint gewesen sein? Vielleicht eine ganz bestimmte Botschaft? Verschiedene dieser angeblichen Sonnensymbole sind nämlich mit sonderbaren »Strahlen« versehen, was manche Betrachter der Ritzzeichnungen unwillkürlich an Flugkörper in rascher Bewegung denken läßt. War mit so einem sonnenähnlichen Objekt in Wirklichkeit ein vom Himmel kommendes Götterfahrzeug nachgebildet worden? Gesteuert von denen, die als Gestalten in strahlenumkränzten Helmen uns heute als Steinreliefs im Val Camonica und Umgebung begegnen? Handelte es sich damals um außerirdische Besucher mit ihren fliegenden Maschinen?

Wer über solche Fragen ungläubig den Kopf schütteln sollte, dem sei vorerst einmal das Studium von Sagen aus den Dolomiten anempfohlen. Darin wimmelt es nur so von fliegenden

Wagen und deren »göttlichen« Insassen, die offenbar aus dem Kosmos kamen. Diese Überlieferungen erzählen von einem »fliegenden Himmelsvolk« und sind erstaunlicherweise im gesamten Alpenraum anzutreffen. Egal aus welchem geografischen Gebiet sie auch stammen – oft aus voneinander weit entfernten und abgeschiedenen Gegenden –, jene Sagen ähneln einander in verblüffender Weise. Manche Legenden scheinen über Kontinente und Ozeane hinweg eine gemeinsame Urquelle zu besitzen. Läßt sich dahinter ein reales Geschehen vermuten? Versuchen wir einmal, uns die Antwort darauf selbst zu geben und tauchen wir hinein in die geheimnisvolle Welt mythologischer Berichte, die rund um den »magischen Berg«, den Pizzo Badile Camuno im Val Camonica, kursieren.

Eine der Sagen macht uns mit dem Zauberer *Spina de Mùl* vertraut, der sich gerne in die abschreckende Gestalt eines halbverwesten Maultieres zu verwandeln pflegte. Er besaß angeblich das größte Heiligtum im gesamten Alpenraum – die »Rayéta«, einen wunderwirkenden Stein, von dem Strahlen ausgegangen sein sollen. *Karl Felix Wolff* hat diese alte Volkslegende aufgezeichnet und in seinen berühmten »Dolomitensagen« veröffentlicht. Weiter heißt es darin, daß die »Rayéta« später in die Obhut eines Königs gelangt sei, der das Reich der *Fànis* regierte. Es lag in seiner beherrschenden Dominanz angeblich hoch droben im Gebirge. Heute finden wir dort, wo das legendäre Königreich vermutet wird, eine bizarre Felsenwüste – sowie die den Namen erhaltende *Fànisalpe.*

Es gibt von Sage zu Sage unterschiedliche Angaben, auf welche Weise der König die »Rayéta« erhalten haben soll, gleichlautend sind nur jene Passagen, worin es heißt, der Monarch habe den geheimnisvollen Strahlenstein seiner bezaubernden Tochter geschenkt. Die Prinzessin trug ihn danach bis zu ihrem Ende in Gestalt eines Diadems. Nach dem Tod der Königstochter unternahm der Magier Spina de Mùl alle Anstrengungen, sich in den Besitz dieses kostbaren Relikts zu setzen. Eines Tages, liest man im Legendentext, sei ein gespenstischer

»Drachenvogel« vom Himmel niedergefahren, habe die »Rayéta« mit seinen Krallen gepackt, um danach wie ein »feuriger Schweif« durch den Nachthimmel zu entschwinden. Der Strahlenstein soll schließlich in einem tiefen Bergsee versenkt worden sein. Fast gleichlautende Wiedergaben dieses dramatischen Geschehens finden sich nicht nur im Sagenschatz der Dolomiten – auch im *Vintschgau* erzählt man vom »furigen Alber«, der nachts mit dem kostbaren »Karfunkelstein« durch die Lüfte braust. Alles bloß Märchen?

Eine voreilige Annahme. Heute wissen wir nämlich, daß die Fànis-Legende einen wahren Kern enthält. Der Heimatforscher Wolff war jedenfalls überrascht zu erfahren, daß die Geschichte von Fànis »sehr viel älter ist«, als er ursprünglich vermutete. Ein alter Ladiner aus *Enneberg*, den Wolff in den Südtiroler Alpen kennengelernt hatte, als er dort Material für sein Sagenbuch sammelte, gab ihm diese Auskunft und wußte außerdem zu berichten, daß die Erzählung seit langem von Generation zu Generation weitergereicht werde. Ein Bewohner aus dem *Gadertal* wiederum ließ Wolff wissen, daß oben auf der Fànisalpe einst ein Schloß gegenüber der Berglücke von *St. Kassian* gestanden habe, dort ein König regierte und alles später in einem furchtbaren Krieg zugrunde gegangen sei.

Spätestens seit *1953*, viele Jahre nach Karl Felix Wolffs Aufzeichnungen, weiß man mit Bestimmtheit, daß jener Mann aus dem Gadertal kein Märchen ersponnen hatte. Hoch droben in der unwirtlichen Felsenwildnis der Fànisalpe entdeckte nämlich der Bozener Archäologe Dr.-Ing. *Georg Innerebner* tatsächlich die Überreste einer vorgeschichtlichen *Wallburg*. Den Rest des Herrschersitzes im legendären Fànis-Reich. Die Burgruinen fanden sich in schwindelnder Höhe von über 2600 Metern. Niemand hatte hier jemals die Existenz einer Vorzeitkultur ernsthaft in Erwägung gezogen. Der Sachbuchautor *Felix R. Paturi* gibt in seinen »Zeugen der Vorzeit« Innerebners Beschreibung des außergewöhnlichen Fundortes wieder:

»Gleich dem Geleise einer Grottenbahn hebt sich aus dem infernalisch wirkenden Steintrümmerfeld ein kreisbogenförmiger Steinwall von rund 50 Metern Länge, einigen Metern Höhe und im Mittel vier Meter Kronenbreite heraus. Unschwer läßt er sich in seinem unter den Steintrümmern verborgenen Teil zu einem Kreiszug von rund 60 Meter Durchmesser beziehungsweise 200 Meter Umfang ergänzen, der insgesamt eine Fläche von 3000 Quadratmetern einschließt und in seiner Mitte, wie es scheint, einen heute zu einer Kuppe zusammengestürzten Zentralbau getragen hat. Oberflächliche Schürfungen auf der Wallkrone, im Sattel und auf der Kuppenhöhe des Burgstalls ergeben typische Branderde und Scherbenstükke grober Ausführung, deren Zeitbestimmung mangels charakteristischer Merkmale nicht möglich ist, aber späte Bronzezeit vermuten läßt.«

Heute noch heißt der Berggipfel neben der Burgruine »Burgstall«, ein älterer Name für Burgstelle.

Somit steht fest: Das sagenhafte Fànis-Reich hat es wirklich gegeben – und ebenso die in den Sagen beschriebenen Nachbarstämme, welche sich damals mit den Fànis-Leuten im permanenten Kriegszustand befanden. Eines der von dem Herrscher bedrängten Völker waren die *Camuni,* jene Bewohner, die sich – wie historisch belegt ist – vor Jahrtausenden im Val Camonica angesiedelt hatten und der Nachwelt ihre »Fleißarbeit« – Millionen von Ritzzeichnungen auf Felsplatten – hinterließen.

Doch jetzt wird es interessant: Die Fànis-Sage weiß auch von mysteriösen Verbündeten der Gebirgsbewohner zu berichten – genannt »das Volk der Einarmigen«. Um wen es sich dabei konkret handelte und wo die Heimat der geheimnisvollen Beschützer lag, verschweigen die Annalen. Um so überraschender berührt die legendäre Eröffnung, wonach die »Einarmigen« nicht auf dem Landweg, sondern »durch die Luft« gekommen sein sollen. Sie seien *vom Himmel herabgestiegen,* erfahren wir. Ausgerüstet mit »Adlermänteln«, wären sie herbeigeflogen – zu einem Zeitpunkt, als die Fànis in einen wilden Kampf mit anderen Bergvölkern verstrickt gewesen seien und dabei bereits ins Hintertreffen geraten waren. Das Gemetzel soll sich nach überlieferten Quellen rund um die Gebirgsspitze »Fúrtya dai Fèrs« ereignet haben. Aber dann gab es eine unerwartete Wendung. Der Heimatforscher Karl Felix Wolff gibt den Inhalt einer der Dolomitensagen wieder, worin es heißt: »Bei Sonnenuntergang erschienen dann plötzlich die Einarmigen; in Adlerkleidern kamen sie aus den Lüften herab – jeder ein Schwert in der Hand – und stürzten sich auf die Feinde der Fànis.«

Gab es also diese Einarmigen tatsächlich? Die Wahrscheinlichkeit gewinnt an Bedeutung, daß unsere Vorfahren jenen seltsamen Himmelsboten leibhaftig begegnet sind. Wir sagten es bereits: Manche Legenden scheinen sogar eine *globale* Gemeinsamkeit aufzuweisen. Denn wie anders wäre es sonst zu verstehen, daß uns diese rätselhaften »Einarmigen« noch ganz anderswo, nämlich ausgerechnet in *altchinesischen* Aufzeichnungen, wiederbegegnen? Dort finden wir, völlig losgelöst von irgendwelchen Alpensagen oder steinzeitlichen Felsgravuren, fast gleichlautende Beschreibungen über »Himmelssöhne« und ihre »fliegenden Wagen« – und über die »Einarmigen«.

In dem im Jahr 1341 veröffentlichten chinesischen Werk »Ku yü t'u« findet sich der entsprechende Hinweis: »Vor alter Zeit«, heißt es da, »unter Kaiser Tscheng von der Tschou-Dynastie (1115–1077 v. Chr.) schickte *das Land der Einarmigen* Gesandte mit Tributgeschenken. Sie saßen auf einem Wagen aus Federn, der vom Winde getrieben wurde. So kamen sie zum Hofe der Tschou herangeflogen. Der Herzog von Tschou fürchtete, daß das seltsame Kunstwerk seine Bevölkerung aufregen könnte, und er ließ daher die Wagen zerstören.«

Das uralte Wissensgut über derartige Flugapparate wird dem Volk der *Tschi-Kung* zugeschrieben – ethnologisch vorläufig nicht einzuordnen, sofern es sich dabei überhaupt um einen erdansässigen Menschenschlag gehandelt hat. Frappierend bleibt in jedem Fall die deckungsgleiche Bezeichnung der

Tuschzeichnung mehrerer »Himmelswagen« der rätselhaften Tschi-Kung, die China und (vielleicht auch) Südtirol besucht haben. Dieses Volk ist vorläufig ethnologisch nicht einzuordnen, wobei offen bleiben muß, ob es sich bei den Tschi-Kung überhaupt um Intelligenzen handelte, die von unserer Erde stammten. Kamen die »Einarmigen« aus dem All?

Fremden als »die Einarmigen«, was immer das im besonderen bedeutet haben mochte. Älteste Berichte über die Erbauer der fliegenden Wagen reichen in eine Epoche zurück, von der uns heute bald 3800 Jahre trennen. In einer Chronik aus dem 1. Jahrhundert nach Christus heißt es über den ersten Kaiser der Shang-Dynastie: »Unter den Beherrschern der achtzehnhundert Völker, die sich mit ihren Dolmetschern versammelten, um die Thronfolge T'angs des Vervollständigers zu ehren, kam das Tschi-Kung-Volk in fliegenden Wagen.« Das soll sich im Jahr 1766 v. Chr. ereignet haben. Verschiedene altchinesische Schriften bestätigen, daß sich die Tschi-Kung *fliegend* fortbewegten und daß sie durchaus imstande waren, mit ihren Luftfahrzeugen bei gutem Wind große Entfernungen zurückzulegen. In einem chinesischen Werk aus dem 3. Jahrhundert n. Chr. erfahren wir Ergänzendes über dieses flugerfahrene Volk: »Die Tschi-Kung kennen viele Dinge, die anderen Völkern verborgen bleiben. Sie reisen auf großen Wagen mit Windeseile durch die Lüfte. Als der Kaiser T'ang die Welt regierte (1760 v. Chr.), trug ein Westwind die fliegenden Wagen bis nach Yüchow (Hunan), wo sie landeten. T'ang ließ die Wagen auseinandernehmen und verbergen, weil er nicht wünschte, daß sein Volk sie sähe. Die Besucher blieben zehn Jahre, ließen neue Wagen anfertigen und flogen auf starkem Ostwind in ihr eigenes Land zurück, das 40000 Li vom Jü-men-Paß entfernt war.«
Den Entfernungsangaben zufolge lag die Heimat der chinesischen »Einarmigen« am anderen Ende des Globus. Interessant! Wo könnte das gewesen sein? Die Angaben über den Herkunftsort der »Einarmigen« sind sowohl in den Texten aus China als auch in jenen der Sagen aus Südtirol unergiebig, um nicht zu sagen: dürftig. Fernöstliche Überlieferungen nennen dabei eine zu überbrückende Entfernung von 40000 Li. Nach heutigen Maßen etwa 26000 Kilometer! Zweifellos lag damit ihr heimatliches Reiseziel *außerhalb* der chinesischen Landesgrenzen. Vage sind auch die Angaben in den legendären Berichten des Dolomitengebietes. Als Herkunftsort der

»Einarmigen« wird darin *»eine sehr ferne Insel«* genannt. Handelte es sich da wie dort um den gleichen Ausgangspunkt? Zeigt dies an, daß die Tschi-Kung *weltweit* in Erscheinung traten? Weil sie mittels ihrer fliegenden Wagen scheinbar mühelos auch große Entfernungen zu überbrücken vermochten, läßt sich das durchaus vermuten. Und wo muß ihre »sehr ferne Insel« gesucht werden? Lag sie vielleicht im Atlantik? Handelte es sich dabei – um *Atlantis?* Oder kamen die Fremden von viel weiter her? War der Begriff »Insel« bloß allegorisch gemeint gewesen? Kamen die »Einarmigen« aus dem Weltraum – von einem fernen, fremden Planeten?
Das sind natürlich alles nur theoretische Spielereien, Überlegungen jedoch, die sich zwangsläufig ergeben, wenn man das dolomitische sowie fernöstliche Schriftgut etwas genauer analysiert. Uns scheinen gewisse Zusammenhänge zwischen den chinesischen und den alpenländischen »Einarmigen« durchaus glaubhaft, dazu kommt, daß sie jeweils in Fluggeräten unterwegs waren – und daß sich die Geschehnisse, im südtiroler wie im chinesischen Bereich, in *vorgeschichtlichen* Epochen ereigneten.
Aber es gibt noch eine recht merkwürdige Übereinstimmung.
Chinas Chronisten nannten die Gäste ihres Kaisers – »Tschi-Kung«. Somit ein durchaus chinesisch klingender Name. Um so auffallender ist es, daß die Schwester von *Spina de Mùl* – jenes Magiers, der der Sage nach den strahlenden Stein »Rayéta« nach dem Niedergang des Fànis-Reiches durch einen »Drachenvogel« durch die Lüfte entführen ließ – ausgerechnet *Tsikúta* hieß! Nur eine Namensähnlichkeit? Oder müssen hinter all diesen Dingen Zusammenhänge vermutet werden?
Auch die Bezeichnung »Drachenvogel« für das (wahrscheinlich gesteuerte) Fluggerät des Zauberers scheint nicht zufällig gewählt worden zu sein. Der *Drache* ist ein fernöstliches Symbol und wurde dort, vor allem im alten China, als ein legendäres, fliegendes Transportmittel angesehen. Die »Himmels-

söhne«, heißt es da, seien damit am Anfang der Zeiten von weither gekommen, und sie hätten sich in dem »Reich der Mitte« (wie China vormals hieß) angesiedelt.

Auch die Erinnerung an die legendären »fliegenden Wagen« ist noch nicht völlig verblaßt. Andeutungsweise Darstellungen ihres Aussehens sind auf dem Felsmassiv der Ligurischen Alpen in *Manie* zu entdecken. Neben einer Vielzahl von Felsgravuren begegnet dem aufmerksamen Bergtouristen ein weiteres prähistorisches Rätsel: Eigenartige *Rillen* verlaufen parallel gleich *Schienen* und sind tief in das Gestein hineingedrückt. Ihre frühere Bedeutung ist ungeklärt, die Archäologen sind ratlos. Oder muß hier eine Verbindung zu den allerorts kursierenden Flugsagen gesucht werden? Hängen diese seltsamen »Geleise« damit unmittelbar zusammen? Handelte es sich dabei vielleicht um »Bremsspuren« der von den »Einarmigen« gesteuerten Himmelsfahrzeugen? Zugegeben, das sind verwegene Gedanken. Aber weswegen sollten sie eigentlich nicht gedacht werden? Irgendeinen praktischen Sinn müssen diese Rillen schließlich gehabt haben. Daß sie lediglich als »Kultsymbole« gedient haben, zweifeln wir an.

Im übrigen lassen sich mit diesen »Schienen« abermals überraschende Gleichklänge herstellen. Diesmal mit der Mittelmeerinsel *Malta.* Hier finden wir Hunderte solcher Rillenspuren, die an Geleise erinnern. Ähnlich wie in Manie wissen die Altertumsforscher auch dort nicht zu sagen, welche Bedeutung das alles einst hatte. Die Rillen finden sich auf Malta überall. Sie führen über Berge, durch Täler und versinken an mehreren Stellen buchstäblich im Meer, wo sie unter der Wasseroberfläche weiterführen – irgendwohin. Oft verlaufen mehrere Rillen parallel nebeneinander. Sie sind auch unterschiedlich tief in den Kalkstein eingegraben. Andere »Geleise« sind kurvenartig angelegt oder enden abrupt bei einem steil abfallenden Riff.

Alle diese Relikte liegen offen vor uns. Jeder kann sie besichtigen. Ganz gleich, ob auf Malta – oder im Alpenraum Südtirols. Sie alle harren darauf, enträtselt zu werden. Doch wie es

aussieht, treten die Archäologen auf der Stelle. Selbst ein Experte der Val-Camonica-Forschung wie Dr. *Ausilio Priuli* läßt uns wissen: »Es könnte inzwischen der Eindruck entstehen, die Forschungen seien weit fortgeschritten und durch systematische Ermittlungen abgesichert – in Wirklichkeit stehen wir noch fast am Anfang!«
Sind in naher Zukunft neue, überraschende Entdeckungen zu erwarten? So bei »Ötzi«, dessen mumifizierter Körper in einer Spezial-Kühlbox der Innsbrucker Universität aufbewahrt wird – alarmgesichert! Wird man seine Identität jemals klären? Welche wirkliche Aufgabe war ihm zu Lebzeiten gestellt? Läßt sich womöglich ein Zusammenhang herstellen zwischen »Ötzi« und jenem sagenhaften Zauberer »Spina de Mùl«, der im Dolomitengebiet gelebt haben soll? War unser Gletschermann tatsächlich ein Magier oder Schamane? Viele Fragen um ungelöste Rätsel der Alpen …

21 »Ich bin ein lebender Blitzableiter!«

Das riskante Dasein des Johannes St.

Wer jemals in seinem Leben unfreiwillig in ein Gewitter geraten sein sollte und gezwungen war, sich im unmittelbaren Zentrum seiner Entladung aufzuhalten, der weiß am besten, welche Urkraft jenen Gewalten der Natur innewohnt. Vom Himmel zuckende Blitze, deren pausenlos erfolgender Einschlag von der prasselnden Akustik wütend wirkender Donnerschläge begleitet ist, erregen und ängstigen den davon Betroffenen in gleicher Weise.

Es empfiehlt sich in solchen Fällen unbedingt, Bäumen fernzubleiben, denn von einem Blitz getroffen zu werden, hat den sofortigen Tod zur Folge. Glücklich jene Menschen, die dem Toben der Elemente zwar nicht zu entkommen vermochten, vom Schicksal aber sozusagen eine Galgenfrist erhielten: etwa dann, wenn ein niederfahrender Blitz sie nicht unmittelbar berührte, sondern »nur« streifte. Sie können sich glücklich preisen, noch einmal und in gewissem Maße glimpflich davongekommen zu sein – wie bei nachfolgendem Vorfall geschehen.

Wir schreiben das Jahr 1977. Es ist endlich Frühling geworden, aber noch spielt das Wetter manchmal »verrückt«. Wie das im April zuweilen geschieht. *Johannes Steinhäuser,* 19, »Juppi« gerufen, leistet in der Heereskaserne Leobendorf in Niederösterreich seinen mehrmonatigen Militärdienst. Etwas mißmutig stapft er in seiner Uniform über das nur spärlich ausgeleuchtete Areal des Kasernenhofs. Gerade heute, am Wochenende, während die Mehrzahl der Jungsoldaten mit ihren Urlaubsscheinen die Kaserne verlassen haben, »erwischte« ihn die Diensteinteilung seines Stabwachtmeisters.

»Juppi« muß Wache »schieben« (wie das im Soldatenjargon heißt): Nachtwache. Im Zwei-Stunden-Rhythmus wechselt er sich mit anderen von dieser Diensteinteilung Betroffenen ab. Das gesicherte Sturmgewehr geschultert, eine Patrone im Lauf, weitere 19 im Magazin, zieht der Soldat seine Runden. Er wirft einen besorgten Blick zum Himmel. Der ist verhangen, drohend ballen sich die Wolken zusammen. Klugerweise hat er sich den Mantel über die Uniform gezogen. Sein Plastikhelm schützt ihn gleichzeitig vor den immer stärker werdenden Windböen. Jeden Augenblick muß mit einem Wolkenbruch gerechnet werden, die Abendstunden des Samstags versprechen wenig Angenehmes.

Juppi hört es von ferne donnern. Auch das noch. Ein Gewitter zieht auf. Er blickt auf seinen Chronometer: Es ist kurz vor 18 Uhr. Kein sehr angenehmes Gefühl, dem Toben der Naturgewalten ausgeliefert zu sein. Unwillkürlich schauert der Junge zusammen und beschleunigt seine Schritte; er will die Pflichtrunde so rasch wie möglich und noch *vor* dem Ausbruch des Unwetters zu Ende bringen. Aber das schafft er nicht mehr – das Gewitter ist schneller. Schon ist er inmitten des Infernos. Mit Brachialgewalt ist es losgebrochen. Blitz auf Blitz, Donnerschlag um Donnerschlag wechseln einander ab. Das Kasernengelände ist in ein gespenstisches Licht getaucht, Regenfontänen peitschen ihm ins Gesicht.

Jetzt hat Juppi den Militärsportplatz erreicht. Von hier bis zur Wachstube sind es höchstens ein paar hundert Meter. Er passiert den seitlich stehenden Fahnenmast – ein blendendweißer Blitz zuckt plötzlich vom Himmel …

»Da war unvermittelt eine grell-leuchtende Wand vor meinen Augen, ein gleißendheller Vorhang – dann nichts mehr. Ich stürzte in ein nachtschwarzes Loch.«

Wie lange der Soldat wie leblos am Wegrand gelegen hat, vermag er heute nicht mehr zu sagen. Irgendwann kehrte das Bewußtsein wieder. »Das erste, was ich spürte, war der heftige Regen, der auf mich niederprasselte. Auf mein Gesicht, meine Hände, meine Uniform. Doch seltsam: Ich fühlte zwar die dicht fallenden Tropfen, aber ich sah und hörte sie nicht. Meine Sinne hierfür waren wie betäubt. Die ersten Worte, die ich vernahm, wieder *hören* konnte, werde ich bestimmt nie mehr vergessen. Es war die Stimme eines Kameraden aus der Wachmannschaft, die mich in der Zwischenzeit gesucht hatte, weil ich nicht, wie erwartet, zur Ablöse im Wachzimmer erschienen war. Im kernigen Dialekt drang es an meine Ohren: ›Isch er tot?‹ Dann wurde es mir wieder schwarz vor Augen.«

Juppi war von den Kameraden dicht neben dem Fahnenmast des Sportplatzes auf dem Boden liegend aufgefunden worden. Wie eine spätere Untersuchung des Vorfalls ergab, muß der Blitz zunächst den Mast getroffen haben, ehe er den unglücklichen Soldaten streifte.

Dieser hatte zudem unwahrscheinliches Glück. Bei einem Trockengewitter wäre es wohl trotzdem um ihn geschehen gewesen, aber der unaufhörlich herabströmende Regen hatte Juppi dermaßen durchnäßt, daß dadurch die Elektrizität des Blitzschlages von seiner Kleidung über die Schuhe direkt in den Boden abgeleitet worden war. Die Spuren zeigten sich deutlich an der Uniform sowie den Schuhsohlen des Soldaten: Verkohlte Stoff- und Lederreste. Der Betroffene selbst war völlig unverletzt geblieben.

»Als ich zum ersten Mal aus der Bewußtlosigkeit erwachte – noch bevor ich die Stimme meines Kameraden vernahm –, befiel mich augenblicklich ein panisches Gefühl. ›Bleibe ich blind?‹ war mein allererster Gedanke.«

Sein volles Bewußtsein erlangte Juppi aber erst in der Sanitätsstation wieder, wohin er eilig transportiert worden war.

»Jetzt konnte ich mich auch wieder bewegen, mein Hörvermögen war zurückgekehrt. Nur Sehen konnte ich immer noch nicht. Erst nach geraumer Zeit, für mich wie eine Ewigkeit, war es mir möglich, nach und nach Licht und Schatten wieder zu unterscheiden. Mich durchströmte ein Glücksgefühl, wußte ich doch in jenen Augenblicken, nicht blind bleiben zu müssen, wieder sehen zu können.«

Körperliche Schmerzen stellten sich nicht ein. Von Brandwunden war der Junge, wunderbarerweise, verschont geblieben.

Man glaubt es dem nunmehr 34jährigen Versicherungsangestellten, wenn er, 16 Jahre nach jenem Vorfall, eingesteht: »Damals fühlte ich mich, nachdem ich den Schock überwunden hatte, wie neugeboren!«
Den Einschlag des Blitzes hat er nicht mehr im Gedächtnis. »Dieser Moment ist wie ausgelöscht. Das einzige, woran ich mich erinnere – ist dieses grellweiße, alles überstrahlende Nichts.«
Der Tod war um Haaresbreite an ihm vorbeigegangen.
Erst nach seinem makabren Erlebnis erinnerte sich Juppi wieder jenes Traumes, den er drei oder vier Wochen vorher geträumt hatte. »Am folgenden Morgen war er mir noch völlig bedeutungslos erschienen – jetzt aber, nach dem eben heil überstandenen Unfall, trat mir das Traumbild wieder deutlich ins Gedächtnis. Mir war plötzlich so gewesen, als hätte mich unversehens ein Schwall von Licht geweckt. ›Wer hat denn da vergessen, die Lampe in meinem Zimmer auszuschalten?‹ war mein erster – geträumter – Gedanke. Aber schon im nächsten Augenblick war ich hellwach – und in dem Raum war es natürlich stockfinster. Heute glaube ich zu wissen, daß es sich damals um eine Art *Vorwarnung* gehandelt haben dürfte. Sie nahm lediglich vorweg, was mir ein paar Wochen später tatsächlich widerfuhr.«
Das waren jene Sekundenbruchteile, die fast jedem schon irgendwann einmal widerfahren sind. Momentaufnahmen, ähnlich einem Blitzlicht im Gedächtnis, wo man sich schlagartig zu erinnern glaubt: »Das habe ich doch alles schon einmal erlebt?!«
Sein glücklich überstandenes Abenteuer blieb für den jungen Mann nicht ohne Folgen: »Seit damals bin ich irgendwie elektrisch geladen«, konstatiert Juppi. Gegenüber Strom fühlt er sich nunmehr »weitgehend resistent«. Andererseits hütet er sich davor, bei Gewitter ins Freie zu gehen. »Ich bin offensichtlich *blitzanfällig*.« Schon zweimal hätte es ihn um ein Haar »erwischt«. So trat er während eines Unwetters auf den Balkon seiner Wohnung und streckte eine Hand über das Ge-

länder. »Im nächsten Augenblick zischte ein Blitz an mir vorbei, höchstens einen halben Meter entfernt, und fuhr in die Fassade unseres Wohnhauses. Seither bin ich gewarnt«, meint er geläutert. »Man soll sein Schicksal nicht herausfordern. Wahrscheinlich bin ich ein lebender Blitzableiter ...«

Was unser Freund wie durch ein Wunder überlebt hatte, widerfuhr in den Vereinigten Staaten einem Fernfahrer namens *Edwin Robinson.* Der Bedauernswerte war mit seinem Truck, 53jährig, so schwer verunglückt, daß er in der Folge erblindete und fast sein gesamtes Hörvermögen einbüßte. Zahlreiche Konsultationen bei anerkannten Ärzten, die ihn behandelten, waren vergeblich gewesen. Ihre Kunst versagte, Mr. Robinson war gezwungen, jede Hoffnung auf gesundheitliche Besserung aufzugeben. Er lernte es, sich mit seinem Schicksal abzufinden.

An einem trüben Tag im Juni hielt *Edwin Robinson* Ausschau nach seinem Lieblingshuhn »Took-Took«, das er in der Nähe seiner Autogarage vermutete. Wie immer ausgerüstet mit seinem Gehstock aus Aluminium sowie dem Hörgerät im Ohr, suchte und lockte der Mann unentwegt das zunächst unauffindbare Tier und ließ sich von dieser Tätigkeit auch nicht durch ein schnell heraufziehendes Unwetter abhalten. Schon fielen erste Regentropfen, und in dem Wolkengebirge über ihm blitzte es verräterisch. Robinson wandte sich wieder der Haustür zu, immer noch nach »Took-Took« rufend. Jetzt befand sich Mr. Robinson auf gleicher Höhe mit einer Pappel vor seinem Heim – im nächsten Augenblick fuhr ein gewaltiger Blitz in das Gehölz und ließ den Baum auflodern wie eine Fackel. Dabei fungierte Robinsons Aluminiumstock wie ein Blitzableiter. Der Mann spürte einen Schlag und verlor das Bewußtsein. Wie ein Klotz stürzte er zu Boden.

Erst Minuten später kehrte die Besinnung wieder, und zunächst wußte Edwin Robinson nicht, wie ihm geschehen war: Aber er erkannte in Sekundenschnelle, daß er plötzlich wieder gut sehen und hören konnte. Zu seiner Überraschung hielt die positive Wirkung weiter an, und auch der Augenarzt des

Betroffenen, Dr. *Moulton,* vermochte es nicht, die Ursachen für die jähe Heilung seines Patienten zu erklären. »Es grenzt an ein Wunder«, meinte er nur fassungslos. »Ich weiß auch nicht, wie es mit Mr. Robinson gesundheitlich weitergehen wird, aber ich hoffe mit ihm, daß sein Zustand so bleibt. Schocks bewirken manchmal die sonderbarsten Dinge.«

Edwin Robinson erlebte die ihn umgebende Welt mit einem ihm völlig ungewohnt gewordenen Gefühl. »Ich fühle mich neugeboren und komme mir vor wie eine leere Batterie, die wieder aufgeladen worden ist«, gestand er glücklich. Doch das war noch längst nicht alles. Einen Monat nach dem Blitzschlag begannen auf Robinsons kahlem Haupt plötzlich wieder Haare zu sprießen. Einem Reporter der »New York Times«, der ihn zu dem ihm widerfahrenen Erlebnis befragte, erzählte der Mann freudestrahlend: »Auch mein Haar wächst jetzt dicht und kräftig. Meine Frau ist darüber begeistert – von mir gar nicht zu reden. Schließlich war ich drei Jahrzehnte meines bisherigen Lebens kahlköpfig gewesen ...«

Natürlich zerbrachen sich, außer Robinsons Hausarzt Dr. Moulton, auch noch andere Kapazitäten der Medizin ihre Köpfe und suchten nach einer plausiblen Erklärung. Aber sie fanden keine. Tatsache bleibt, daß die vom Blitz getroffene Pappel vor Robinsons Haus völlig niederbrannte und sein Hörgerät nach dem Vorfall unbrauchbar geworden war.

Aber nicht immer muß allein ein Blitzschlag zu wundersamen Folgen führen. Elektrische Phänomene machen sich gelegentlich auch auf andere Weise bemerkbar. So wissen wir aus den Aufzeichnungen eines Arztes von der Entbindung eines Jungen. Als die Hebamme das Baby aus der Wiege nehmen wollte – zuckte sie erschrocken zurück: Ihr war unvermittelt ein elektrischer Schlag versetzt worden. Aus La Perrière in Frankreich ist uns ein Fall geläufig, der damals, 1846 – als die praktische Anwendung der Elektrizität noch in den Kinderschuhen steckte –, großes Aufsehen erregte. *Angélique Cottin,* 13 Jahre jung, zog während vieler Wochen Gegenstände, die sie berührt hatte, geradezu »magisch« an. Ohne es eigentlich zu wollen, bewirkte es ihre »elektrische Ladung«, einen 75 Kilogramm schweren Backtrog etwa 30 Zentimeter hoch *schweben* zu lassen. In Angéliques Umfeld begannen zudem Kompaßnadeln wie verrückt auszuschlagen. Ähnlich verhielt es sich auch bei der zwölfjährigen *Philippine Singer* aus der Pfalz in Deutschland. Ihr »Fall« ereignete sich nur sechs Jahre nach jenem der kleinen Französin – 1852. Eltern, Verwandte und sonstige Augenzeugen wußten sich gegen jene elektrischen Phänomene, denen das Mädchen ausgesetzt war, keinen Rat. Näherte sich Philippine nämlich irgendwelchen metallenen Gegenständen, dann wurden diese von ihr, wider Willen, »magnetisch« angezogen. Sie blieben an ihren Händen haften, und es bedurfte sehr oft schmerzhafter Prozeduren für das bedauernswerte Kind, sie von dort wieder zu entfernen.

Von der Heilung durch Blitzschlag berichtet uns der französische Astronom *Camille Flammarion,* der Anfang dieses Jahrhunderts mehrere solche Fälle aufgezeichnet hat. So schildert er uns das Schicksal einer Frau, die 38 Jahre lang gelähmt gewesen sein soll, dann von einem Blitz gestreift wurde und plötzlich wieder gehen konnte. Unabhängig davon ist unseren Wissenschaftlern schon lange bekannt, daß Menschen imstande sind, so etwas wie Elektrizität zu erzeugen. Das geschieht auf die Weise, daß im Gehirn gewissermaßen »Signale« durch winzige elektrische Ladungen von einer Zelle zur anderen befördert werden. Um die verschiedenen Tätigkeiten des Gehirns zu erkunden und zu messen, benützt die moderne Medizin ein Gerät, welches Elektroenzephalograph genannt wird. Damit ist man in der Lage, elektrische Impulse anzuzeigen. Dem Gehirn schwer depressiver Menschen führt man deshalb, zwecks Heilung, in bestimmten Fällen starke Stromstöße zu – eine Methode, die uns heute als Elektroschock-Therapie geläufig ist. Aber wenn man damit auch bereits einige beachtliche Erfolge aufzuweisen hatte – das Verfahren ist unter Fachleuten dennoch ziemlich umstritten. Der Grund wird Laien der Medizin vermutlich überraschen: Aber der eigentliche Vorgang bei dieser Heilmethode, konnte von

der medizinischen Forschung in ihrem Ablauf bisher weder nachvollzogen noch zufriedenstellend erklärt werden.
So gibt es also unter uns eine kleine Gruppe einer Spezies, die als »elektrische Menschen« bezeichnet werden. Ob nun ihre ungewollte Fähigkeit als »Krankheit« angesehen werden muß, wie das gemeinhin geschieht, sei dahingestellt. Jedenfalls hat dieses elektromagnetische Phänomen bereits einen Namen erhalten: Man nennt es »Hochspannungs-Syndrom«.
Ob auch unser ehemaliger Jungsoldat »Juppi« St. zu dieser Kategorie zu zählen ist? Jedenfalls hat er inzwischen das Beste aus seinem »Leiden« gemacht: Er betätigt sich seither als – Hobby-Meteorologe ...

Epilog

Sie ist nun zu Ende, unsere abwechslungsreiche Reise durch die Welt des Übersinnlichen. Unversehens wurden Sie, lieber Leser, hierbei mit Geschehnissen konfrontiert, die Ihnen unerwartet begegneten und zweifellos erstaunlich waren. Sie vermochten zu beweisen, daß der uns geläufige Begriff »Wirklichkeit« ein zweischneidiges Schwert zu sein scheint – ein »Januskopf«, der alle Klischees ad absurdum führte, die wir bisher vielleicht widerspruchslos akzeptierten.
Auf den vorangegangenen Seiten ging es uns nicht darum, Ihnen, lieber Leser, um jeden Preis irgendeinen sogenannten »Knüller« aufzudrängen, bloß darauf abgestimmt, ein paar billige Schlagzeilen zu produzieren und den wichtigtuerischen »Aha-Effekt« auszulösen. Vielmehr war unser Bestreben darauf ausgerichtet, die Existenz des Andersartigen darzustellen, den Nachweis zu erbringen, daß jene paranormale Daseinsebene auf keinem Hirngespinst beruht, und darüber hinaus aufzuzeigen, daß unsere schöne Welt bei weitem *facettenreicher* ist, als allgemein angenommen wird. Bestimmte Fingerzeige belegen unsere Behauptung.
Achteten Sie beispielsweise bislang auf gewisse »Synchronizitäten«? *Zeitliche Übereinstimmungen,* wo unvermutet Zusammenhänge sichtbar werden, die unsere Aufmerksamkeit verdienen. Eben läuft da ein spannender Fernsehkrimi über den Bildschirm. Beiläufig registrieren wir die Handlung und den Dialog zweier Hauptdarsteller. Weit konzentrierter blättern wir währenddessen in der TV-Programmzeitschrift, um darin nach einer bestimmten, uns interessierenden Sendung zu suchen. Endlich haben wir die betreffende Stelle gefunden. Zeit und Tag stehen fest, wo das Gewünschte ausgestrahlt werden wird: am kommenden *Mittwoch.*

Da geschieht das Unfaßbare: In dem Sekundenbruchteil, als unser Blick auf den betreffenden Wochentag fällt, wir ihn gedanklich verarbeiteten, vernehmen wir vom Bildschirm die Frage: »Und wann treffen wir uns?« – und die spontane Antwort darauf: »Am *Mittwoch!*«
»Zufall« werden manche sagen und darüber hinweggehen. Zufall – was ist das? Was eigentlich »fällt uns zu«? Wodurch wird jener Zufall ausgelöst? Wer oder was beeinflußt das »zufällige« Geschehen? Muß dahinter ein unsichtbarer *Drahtzieher* vermutet werden?
Sensitiv veranlagte Menschen lassen derartige Fragen nicht unberührt. Sie suchen nach den *Ursachen.* Allerdings: Wer immer sich auch mit dem Paranormalen beschäftigt, tastet sich vorsichtig voran. Man fürchtet zu Recht negative Reaktionen der Umwelt, ihren Spott und Hohn. Nur gegenüber Gleichgesinnten, *Gleichbegabten,* öffnet man Herz und Verstand. Sind vielleicht auch Sie, lieber Leser, so ein »Grenzgänger des Phantastischen«? Ist vielleicht auch Ihnen etwas widerfahren, das Sie zuvor für denkunmöglich hielten? Es wäre erfreulich, wenn Sie uns, die Autoren des Buches, an Ihrem PSI-Erlebnis teilhaben ließen. Teilen Sie uns mit, was sich ereignete. Schreiben Sie es nieder, und senden Sie es uns zu:

Peter Krassa/Reinhard Habeck
c/o Herbig-Verlag
Thomas-Wimmer-Ring 11
D-80539 München

Wir versprechen Ihnen, alle eingesandten Beiträge gewissenhaft zu prüfen und auf Ihre Verwendbarkeit auszuwerten. Die interessantesten Berichte aus der Welt des Übersinnlichen wollen wir dann (so Sie damit einverstanden sind) in einem Folgeband veröffentlichen.
Denn wir fühlen uns Ihnen, lieber Leser, verpflichtet.

Weiterführende Literatur

Anati, Emmanuel: »Capo di Ponte«, Brescia 1981

Biedermann, Dr. Hans (Hrsg.): »Mysteriöse Fabeltiere und geisterhafte Wesen«, Gütersloh 1987

–: »Gesichter aus einer anderen Welt«, Gütersloh 1987

–: »Verloren und wiedergefunden«, Gütersloh 1987

Bonin, Dr. Werner F. (Hrsg.): »Faszination des Unfaßbaren«, Stuttgart – Zürich – Wien 1983

Bord, Colin/Bord, Janet: »Der Yeti – Das Geheimnis der Schneemenschen«, München 1988

–: »Geheimnisse des 20. Jahrhunderts«, Bayreuth 1990

Buttlar, Johannes von: »Zeitsprung«, München 1977

–: »Zeitriß«, München 1989

–: »Gottes Würfel«, München 1992

Clarke, Arthur C.: »Geheimnisvolle Welten«, München 1981

Däniken, Erich von: »Erscheinungen«, Düsseldorf 1974

–: »Prophet der Vergangenheit«, Düsseldorf 1979

–: »Der Götter-Schock«, München 1992

Darlton, Clark: »Die neun Unbekannten«, Rastatt 1983

Fiebag, Dr. Johannes: »Die Anderen«, München 1993

Fiebag, Dr. Johannes/Fiebag, Peter: »Die Entdeckung des Grals«, München 1989

–: »Himmelszeichen«, München 1992

Fortune, Dion: »Glastonbury«, München 1991

Graupe, Friedrich/Scherer, Max: »Der Mann aus dem Eis«, Wien 1991

Grimal, Pierre (Hrsg.): »Mythen der Völker«, Band II, Frankfurt am Main – Hamburg 1967

Haid, Hans: »Mythos und Kult in den Alpen«, Mattersburg 1990

Hamp, Vinzenz/Stenzel, Meinrad/Kürzinger, Josef: »Die Heilige Schrift« (kath.), Aschaffenburg 1954

Hardcastle, F.: »The Chalice Well«, Glastonbury 1990

Haussig, Hans Wilhelm (Hrsg.): »Wörterbuch der Mythologie«, Bd. V: »Götter und Mythen des indischen Subkontinents«, Stuttgart 1984

Hitching, Francis: »Die letzten Rätsel unserer Welt«, Frankfurt am Main 1982
Hoffmann, Helmuth: »Die Wahrheit über die Botschaft von Fatima«, Bietigheim 1983
Holbe, Rainer (Hrsg.): »Unglaubliche Geschichten«, München 1985
-: »Phantastische Phänomene«, München 1993
Ions, Veronica: »Indische Mythologie«, Wiesbaden 1967
Jäger, M.: »Eisenberg 1956 bis 1983«, München 1983
Kammerhofer-Aggermann, Ulrike (Hrsg.): »Sagenhafter Untersberg«, Salzburg 1991/92
Kluge, Manfred (Hrsg.): »Das Buch Avalon«, München 1986
Krassa, Peter: »Gott kam von den Sternen«, Freiburg 1974
-: »Phantome des Schreckens«, Wien 1980
-: »... und kamen auf feurigen Drachen«, Wien 1984
Krassa, Peter/Habeck, Reinhard: »Das Licht der Pharaonen«, München 1992
Krupp, Edwin C.: »Astronomen, Priester, Pyramiden«, München 1980
Ludwiger, Illobrand von (Hrsg.): »Unglaubliche Erscheinungen«, Gütersloh 1986
-: »Von Hexen, Wahrsagern und Alchimisten«, Gütersloh 1987
Macdonell, A. A.: »Vedic Mythology«, Straßburg 1897
Machac, Alexander: »Das geheimnisvolle Kreuz von Eisenberg«, St. Andrä – Wördern 1987
Michell, John/Richard, Robert J. M.: »Die Welt steckt voller Wunder«, Düsseldorf 1979
Napier, John: »Bigfoot«, London 1972
Paturi, Felix R.: »Zeugen der Vorzeit«, Düsseldorf 1976
-: »Die großen Rätsel unserer Welt«, Stuttgart 1989
Pischinger, Dr. Alois (Hrsg.): »Sagen aus Österreich«, Wien 1949
Rohr, Wulfing von (Hrsg.): »Magisch reisen: Indien«, München 1991
Sager, Peter: »Süd-England von Kent bis Cornwall«, Köln 1977
Schneider, Dipl.-Ing. Alois: »Physiologische und psychosomatische Wirkungen der Strahlen unbekannter Flugobjekte«, aus: *Ludwiger, Illobrand von (Hrsg.):* »Strahlenwirkungen in der Umgebung von UFOs« (Bericht von der MUFON-Herbsttagung 1977 in Ottabrunn), Feldkirchen – Westerham 1978
Shackley, Myra: »Und sie leben doch«, München 1983
Simpson, Jacqueline: »Mythen und Legenden des alten Europa«, Klagenfurt 1990

Taylor, Busty: »Cropcircles of 1991«, Marlborough, Wiltshire 1992
Walker, Benjamin: »Hindu World«, London 1968
Westwood, Jennifer: »Sagen, Mythen, Menschheitsrätsel«, München 1989
Wunderlich, H. G.: »Wohin der Stier Europa trug«, Reinbek bei Hamburg 1972

Zeitschriften

Habeck, Reinhard: »Wer spukt am Himalaya?« (»Magazin 2000«, Nr. 1), Luxemburg 1980
-: »Dem Yeti auf der Spur« (»Die Welt des Unerklärlichen«), Offenburg 1988
Hesemann, Michael: »Menetekel im Korn« (»Magazin 2000«, Nr. 86/87, Sonderheft Oktober), München 1991
Krassa, Peter: »Der Strahlenjäger von Salzburg« (»Volksblatt«, 14. Juni), Wien 1969
-: »Jagd nach dem Phantom« (»Esotera«, Nr. 6), Freiburg 1975
-: »Die Männer in Schwarz« (»Samstag«, Nr. 15), Wien 1978
Langbein, Walter-Jörg: »Das Rätsel vom Val Camonica« (»Das neue Zeitalter«, Nr. 2), München 1988
Megalli, Tadros: »Die Madonna in der Lichtwolke« (»Die andere Welt«, Nr. 7), Freiburg 1968
Mittelbach, Christine: »Mancher Eindruck täuscht ...« (»Esotera«, Nr. 9), Freiburg 1992
O. *V.:* »Neue Funde stellen die Evolutionstheorie in Frage« (»Kurier«, 1. März), Wien 1988
-: »Ist Gott der Autor?« (»Die Welt«, 4. März), Hamburg 1986
Pahl, Herbert: »Auch heute noch geschehen manchmal Wunder« (»P. M. Perspektive Jenseits«), Hamburg 1989
Saizew, Wjatscheslaw: »Wissenschaft – oder Phantasie?« (»Sputnik«, Nr. 1), Stuttgart 1968
Scheiblich, Reinhard: »Jago jagt den Quastenflosser« (»Hobby«, Nr. 10), Hamburg 1989
Scheppach, Joseph: »Gletschermann« (»Stern«, Nr. 29), Hamburg 1992
Screeton, Paul: »Aert de Gelder's ›UFO‹-Painting« (»Fortean Times«, Nr. 16–25), London 1991

Shmueloff, E./Krösney, M.: »Stammt die Bibel nicht von Menschenhand?« (»Münchner Merkur«, 7. März), München 1986
Siebenhaar, Wolfgang: »Das Rätsel von Oak Island« (»G.R.A.L.«, Nr. 3), Berlin 1992
Zhenxin, Yuan/Wanpo, Huang: »Wild Man – Chinas Yeti« (»Fortean Times«, Nr. 1), London 1981

Persönliche Mitteilungen an die Autoren

Außerbichler, Grete, Salzburg: Brief vom 26. Juli 1992
Dietrich, Dr. H., Institut für Meteorologie und Geophysik (Johann-Wolfgang-Goethe-Universität), Frankfurt am Main: Brief vom 26. September 1988
Ernsting, Walter, Monatrea/Youghal: Brief vom 11. Juni 1992
Greinwald, S., Deutsche Geophysikalische Gesellschaft e.V., Hannover: Brief vom 9. September 1988
Koch, Prof. Dr.-Ing. Karl-Rudolf, Deutsches Geodätisches Forschungsinstitut, Bonn: Briefe vom 16. August und 25. August 1988
Lex, Hjalmar von, Salzburg: Brief vom 23. Juli 1992
Steinhauser, Univ.-Prof. Dr. P., Zentralanstalt für Meteorologie und Geodynamik, Wien: Brief vom 7. September 1988

Register

Hochtechnologie und elektrischer Strom im alten Ägypten

Peter Krassa und Reinhard Habeck
DAS LICHT DER PHARAONEN
Hochtechnologie und elektrischer Strom im alten Ägypten
HERBIG

Die jahrtausendealte Geschichte Ägyptens verlief ganz anders als bisher angenommen. Die alten Ägypter besaßen bereits eine sensationelle Hochtechnologie – sie kannten elektrischen Strom! Ihre Lehrmeister kamen aus dem Weltraum: Sie sind die legendären Götter des Pharaonenreichs. Alte Hieroglyphentexte führten auf ihre Spur. Sie werden von den Autoren zeitgemäß interpretiert ...

Herbig